El cerebro del líder

Friederike Fabritius
Hans W. Hagemann

El cerebro del líder

Neurociencia para rendir
de forma más eficiente, fácil y feliz

SINE
QUA
NON

Papel certificado por el Forest Stewardship Council®

MIXTO
Papel | Apoyando la
silvicultura responsable
FSC
www.fsc.org
FSC® C117695

Penguin
Random House
Grupo Editorial

Título original: *The Leading Brain*

Primera edición: noviembre de 2024

Printed in Spain – Impreso en España

ISBN: 978-84-666-8060-8
Depósito legal: B-16.025-2024

Compuesto en Llibresimes, S. L.

Impreso en Black Print CPI Ibérica
Sant Andreu de la Barca (Barcelona)

BS 8 0 6 0 8

Friederike:

A mi marido, Jochen, y a nuestros hijos, Benita, Wolf y Heinrich.
Llenáis mi vida de amor y alegría

Hans:

A mi esposa, Heinke, y a nuestros hijos, Oskar, Anton y Tom.
Es maravilloso compartir la vida con vosotros

Índice

PRIMERA PARTE
ALCANZA LA CIMA

INTRODUCCIÓN

La ciencia del liderazgo

El liderazgo ha sido tratado durante mucho tiempo como un arte, una filosofía difusa más basada en modas que en hechos. Eso explica el sinfín de libros de gestión «revolucionarios» que parecen ir y venir casi tan rápido como las modas de París. También explica por qué el gurú del liderazgo actual, tan demandado, a menudo es la nota al pie olvidada del mañana.

Pero el liderazgo eficaz no es un arte. Es una ciencia. No debería depender de palabras de moda o eslóganes. Debería cimentarse sobre una base fundamental de nuestra comprensión del cerebro. La forma en que actuamos, reaccionamos e interactuamos es producto de procesos cognitivos distintivos. Lo que nos motiva, lo que nos aburre, cómo respondemos a las amenazas y las recompensas como individuos y como grupos depende de redes neuronales complejas y en apariencia milagrosas que operan justo detrás de la frente y por encima de las orejas.

Hasta hace poco, el cerebro era una especie de caja negra. Gran parte de lo que sucede en su interior era un misterio. Pero gracias a los avances en neurociencia, como la imagen por resonancia magnética funcional, o IRMf, ya no tenemos que limitarnos a especular sobre el comportamiento de nuestro cerebro. De hecho, podemos verlo en acción. Lo que hemos aprendido a partir de estudios científicos rigurosos puede cambiar radicalmente cómo lideramos y triunfamos.

De repente, las noticias sobre neurociencia están en auge. Lo que se conoce y debate en los laboratorios desde hace años por fin se está abriendo camino entre los libros más vendidos. Por lo visto, casi todo el mundo tiene curiosidad por saber más acerca del funcionamiento de nuestro cerebro y lo que puede hacer ese conocimiento para mejorar la vida tanto en el hogar como en el trabajo.

No siempre ha sido así. Hace solo unos años, cuando uno de nosotros trabajaba en una gran consultoría de gestión tradicional, nadie parecía interesado en oír hablar de la neurociencia. Esa falta de entusiasmo era mutua. Cuando pedimos a algunos investigadores destacados del cerebro que buscaran aplicaciones empresariales para sus hallazgos, la mayoría no parecían interesados en encontrar vínculos.

A consecuencia de ello, cuando empezamos a integrar esos emocionantes descubrimientos en seminarios empresariales y sesiones de *coaching*, figurábamos entre los pocos consultores que estaban haciendo esa conexión crucial. Tras presentar nuestro estilo de negocio basado en el cerebro a empresas de todo el mundo, recibimos una respuesta casi siempre entusiasta de los altos directivos.

Teniendo en cuenta el tipo de público, fue sorprendente y extremadamente gratificante. Al fin y al cabo, los altos directivos pueden ser una audiencia complicada. Como es comprensible, a menudo son escépticos con respecto al *coaching* y el desarrollo de liderazgo, ya que los consideran campos demasiado «blandos». Nuestra perspectiva estaba llenando un vacío. Ha sido asombroso y muy gratificante ser testigo de la transformación positiva de personas y organizaciones desde que empezamos a aplicar conocimientos de investigación vanguardista y tender lo que, con la perspectiva del tiempo, parece un puente entre la neurociencia y la empresa. Los clientes que han asistido a nuestros seminarios los han descrito como «sumamente aplicables a la práctica» e incluso afirman que les han cambiado la vida.

Una pregunta que nos formulaban una y otra vez al final de nuestros seminarios era si podíamos recomendar un libro compatible con el mundo de los negocios que ahondara en los temas de neurociencia que tratamos en nuestras presentaciones. En aquel momento éramos incapaces de recomendar una obra de esas características. Pero ahora sí podemos.

En sus nueve capítulos, *El cerebro del líder* nos lleva a un viaje que comienza con el uso de la neurociencia para alcanzar el máximo rendimiento individual y concluye ayudándonos a aplicar esos hallazgos para crear equipos de alto rendimiento.

La primera parte, «Alcanza la cima», no solo explica cómo lograr un rendimiento óptimo, sino también cómo mantenerlo. El capítulo 1, «Encuentra tu punto óptimo», proporciona los ingredientes para el cóctel neuroquímico que da lugar al máximo rendimiento y explica por qué esa receta con frecuencia será distinta de un directivo a otro. El capítulo 2, «Regula tus emociones», explora el factor X que puede ser determinante para ese rendimiento en función de cómo lo utilices. El capítulo 3, «Mejora la concentración», ofrece una solución neurológica a un problema cada vez mayor, y te ayuda a mantener la atención en un mundo inundado de información.

La segunda parte, «Cambia tu cerebro», desmonta el mito de que nuestros procesos mentales en gran medida son cerrados y programados. El capítulo 4, «Gestiona los hábitos», te explica cómo hacerlo. Al aprender la neurociencia de cómo funcionan los hábitos, obtendrás ventaja a la hora de adoptar buenas rutinas y eliminar las malas. El capítulo 5, «Da rienda suelta al inconsciente», aborda un tentador paso al frente y te muestra cómo aprovechar la impresionante fuerza y eficacia de una parte de tu cerebro que por definición desconoces. El capítulo 6, «Fomenta el aprendizaje», presenta el apasionante concepto de la neuroplasticidad, que muestra cómo se puede seguir reprogramando el cerebro y mejorar sus capacidades a lo largo de toda su vida.

La tercera parte, «Construir equipos de ensueño», combina y amplía las reflexiones basadas en la neurociencia que plantean los capítulos anteriores para situarlas en un contexto de grupo. El capítulo 7, «Aprovecha la diversidad», redefine el concepto de diversidad, traza un mapa de las sustancias químicas cerebrales que hacen distintas a las personas y ofrece maneras de reunir las mejores combinaciones de compañeros de trabajo. El capítulo 8, «Cultiva la confianza», se centra en uno de los temas más importantes y, sin embargo, menos valorados de los equipos eficaces, y esboza los mecanismos fundamentales que pueden unir o separar a las personas. Finalmente, en el capítulo 9, «Crea el equipo del futuro», te enseñamos cómo hacerlo. Estudiamos la ciencia que ayuda a encontrar y formar a los mejores talentos y a describir los factores que pueden permitir a los equipos alcanzar un nivel notable de energía, productividad y satisfacción.

Durante el tiempo que hemos dedicado a documentarnos para este libro y escribirlo, así como las horas y horas de formación que hemos empleado con altos directivos de todo el mundo, se ha fortalecido aún más nuestra convicción original de que la neurociencia puede tener un efecto crucial en nuestra forma de hacer negocios. Creemos firmemente que los resultados de la investigación neurocientífica cambiarán nuestra manera de dirigir, comunicar e interactuar en las empresas. Las ideas de este libro no se basan simplemente en la ciencia, sino que se han aplicado con éxito en una notable variedad de empresas y han dado lugar a una mayor satisfacción y rendimiento. Vemos aflorar una nueva era de liderazgo que transformará radicalmente nuestra forma de relacionarnos y llevará la comunicación en las empresas a un nuevo y emocionante nivel.

Múnich, febrero de 2017
Friederike Fabritius y Hans W. Hagemann

PRIMERA PARTE

ALCANZA LA CIMA

1

ENCUENTRA TU PUNTO ÓPTIMO

¿Cómo conseguir la combinación adecuada
de neuroquímicos para dar lo mejor de ti mismo
cuando lo necesitas?

El 15 de mayo, poco antes del amanecer, Leroy Gordon Cooper Jr., con traje nuevo y una caja metálica del tamaño de un maletín bajo el brazo, subió diez pisos en ascensor, bajó y fue atado rápidamente a una silla acolchada por unos asistentes con batas blancas.[1] La estancia era muy estrecha, similar a lo que podría ser el típico baño de una aerolínea comercial. Pero Cooper, conocido como Gordo por sus amigos, no estaba sentado en el baño de una aerolínea. Iba cerrado herméticamente dentro de una cápsula espacial cónica de aluminio encaramada a 90.000 kilos de oxígeno líquido extremadamente inflamable y estaba a punto de embarcarse en un viaje de 878.970 kilómetros.[2]

Corría el año 1963 y estaba previsto que el astronauta *Gordo* Cooper fuera el sexto estadounidense que viajara al espacio exterior. No era un viaje de placer. Varios vuelos anteriores habían tenido problemas. Problemas graves. Poco más de un año antes, John Glenn, un compañero de Cooper, había estado a punto de morir incinerado en la atmósfera terrestre cuando se soltó el escudo térmico de su nave espacial.[3] A pesar de que todos los astronautas eran pilotos experimentados elegidos por su fortaleza mental, la misión de Cooper sometería incluso al piloto de caza más resistente a un estrés importante.

Una serie de interrupciones en la cuenta atrás de la misión estaban siendo una agonía incluso para los experimentados técnicos de la sala de control. Mientras Cooper se veía obligado a soportar otro retraso, los médicos en tierra firme vigilaban de cerca su telemetría biomédica y lo que vieron en sus lecturas les impactó hasta la incredulidad. Aunque parecía casi inconcebible, ¡el astronauta *Gordo* Cooper estaba echando una cabezada![4]

Delante de un modesto laboratorio de Lille, Francia, horas después de que la jornada laboral hubiera terminado oficialmente y más de un siglo antes de que *Gordo* Cooper viajara al espacio, se podía ver a un hombre pensativo, con barba, chaleco y americana oscuros, recorriendo un largo pasillo con una cojera notable y haciendo tintinear de vez en cuando las llaves que llevaba en el bolsillo para dar una especie de ritmo a sus cavilaciones.[5]

El hombre era Louis Pasteur, y su firme dedicación a la ciencia y la investigación revolucionaron prácticas tanto de la medicina como de la industria. Trabajando con extrema cautela, nunca dejaba nada al azar.[6] Para Pasteur, alcanzar el punto óptimo de su rendimiento requería una paciencia increíble y una concentración permanente. Como hombre reflexivo, era muy consciente del secreto de su éxito. «Mi fuerza —explicaba— radica únicamente en mi tenacidad».[7]

LA BÚSQUEDA DEL RENDIMIENTO MÁXIMO

Nadie habría confundido al engreído y bien afeitado *Gordo* Cooper con el barbudo y contemplativo Louis Pasteur, y nunca habrían podido intercambiar sus respectivos trabajos. Sin embargo, ambos eran maestros a la hora de alcanzar un nivel de excelencia al que solemos referirnos como rendimiento máximo. El rendimiento máximo de Pasteur dio lugar a enormes descubrimientos en materia de ciencia y medicina. El de Cooper no le llegaba mientras dormía. El hecho de que pudiera conciliar el sueño durante los preparativos de un viaje peligroso ponía de relieve la amplia gama de diferencias en las condiciones en que las personas rinden al máximo. Mientras que Gordo tenía el temperamento de un velocista, Pasteur poseía la mentalidad de un maratoniano. Aunque Cooper dormía plácidamente en los estrechos confines de su cápsula, a la que había bautizado Faith 7, antes de que su cohete Atlas 9 abandonara la plataforma de lanzamiento, su reto y su momento crucial de rendimiento máximo aún estaban por llegar.

La «U» que te motiva

Cualquiera que haya empuñado una raqueta de tenis o un bate de béisbol, o que haya ejecutado un *swing* con un palo de golf, conoce el punto óptimo, el lugar donde la pelota responde de la mejor manera posible. Todos nos esforzamos en encontrar nuestro punto óptimo de rendimiento, esa zona en la que somos más productivos y eficaces. Es más, la mayoría notamos cuando llegamos a ese punto. Pero ¿cómo lo hacemos? ¿Qué es necesario? Sin conocimientos sobre el cerebro ni la capacidad para utilizar ese conocimiento, se desaprovechan oportunidades para rendir al máximo y no se cumple el potencial para cosechar grandes logros. La buena noticia es que las habilidades necesarias para potenciar nuestro juego mental en los negocios y en la vida se pueden aprender, entrenar y mejorar.

En 1908, los psicólogos Robert Yerkes y John Dillingham Dodson descubrieron que someter a ratas a pequeñas descargas eléctricas mejoraba la capacidad de los animales para orientarse en un laberinto. Pero, si las descargas se incrementaban más allá de cierto punto, esa capacidad para recorrer el laberinto se degradaba rápidamente. En lugar de estar concentrados y alerta, los roedores sentían cada vez más pánico e intentaban escapar. Yerkes y Dodson se referían a las descargas eléctricas como «excitación». Nosotros solemos llamarlo «estrés».

Los dos psicólogos pudieron ilustrar la relación entre la excitación y el rendimiento en un gráfico sumamente sencillo que se conoce como «U» invertida (véase la fig. 1). El rendimiento máximo se da en la parte superior del gráfico, el punto en el que el nivel de excitación es suficiente para proporcionar una concentración y atención óptimas. Sin una excitación adecuada, es probable que nos sintamos aburridos o apáticos. ¿Y cuando la excitación es demasiado alta? Esos son los casos en los que nuestra concentración degenera en una situación de estrés o, peor aún, de pánico. Nuestra búsqueda del rendimiento máximo se parece un poco a cuando Ricitos de Oro probó las gachas de los tres osos. Nuestro objetivo es encontrar un nivel que no sea ni demasiado frío ni demasiado caliente, sino adecuado.

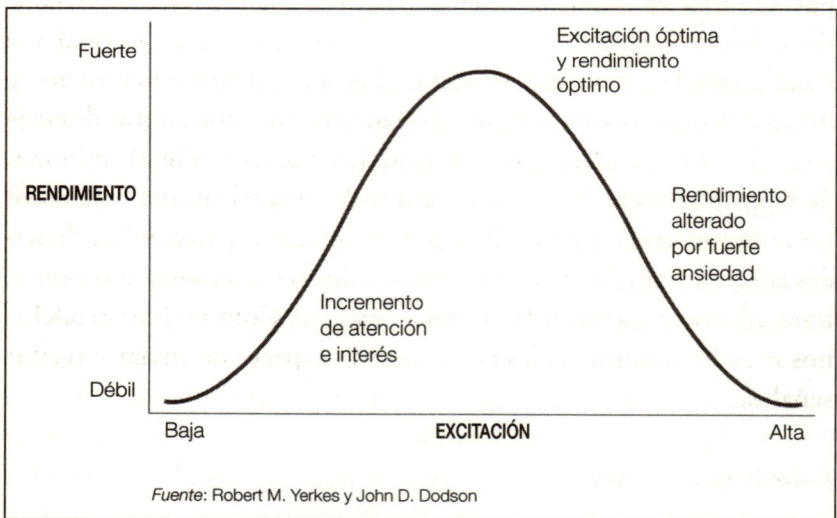

Fuerte — Excitación óptima y rendimiento óptimo

RENDIMIENTO — Rendimiento alterado por fuerte ansiedad

Incremento de atención e interés

Débil

Baja — EXCITACIÓN — Alta

Fuente: Robert M. Yerkes y John D. Dodson

Figura 1. Curva del rendimiento máximo.

Aunque es útil contar con una forma de visualizar el rendimiento máximo, obviamente no es lo mismo que alcanzarlo. Para comprender mejor qué es necesario para buscar y alcanzar tu punto óptimo, es interesante comprender cómo funciona el cerebro cuando rindes al máximo, y también al mínimo.

LA ANATOMÍA DE LA EXCITACIÓN

El cableado de tu cerebro no es realmente un cableado, sino una serie de señales que saltan de una célula a otra. Cuando trabajan juntos, esos mensajeros microscópicos son responsables de cada acción, reacción y emoción que experimentas, incluyendo la condición que Yerkes y Dodson llamaron excitación.

Neurotransmisores

En el cerebro hay alrededor de un billón de células nerviosas, cada una de las cuales mide en torno a una centésima de milímetro.[8] Físicamente, cada célula nerviosa, conocida como neurona, recuerda un poco a una salpicadura en la encimera de la cocina. Asimismo, contiene una mancha con pequeños tentáculos de materia neuronal que irradian desde el centro. Diferentes neuronas pueden tener formas y funciones distintas, pero el diseño básico de las salpicaduras de cocina es el mismo de una neurona a otra. Aunque esos miles de millones de neuronas están apretujados dentro de tu cerebro, sus tentáculos no se conectan físicamente. Mantienen brechas microscópicas llamadas sinapsis y emplean mensajeros químicos conocidos como neurotransmisores para salvar la distancia restante. Como si fueran teléfonos móviles diminutos, las neuronas son capaces de enviar y recibir señales.

Dónde está el axón

Los emisores se conocen como axones, y cada neurona contiene solo uno. Sin embargo, tiene muchas dendritas, que, aunque parecen miembros de una oscura secta religiosa, en realidad son receptores neuronales. El hecho de que los nervios no estén conectados físicamente es una ventaja. Eso les confiere una notable capacidad para crear circuitos nuevos, conocidos como vías neuronales, sin necesidad de utilizar una soldadora o llamar a un electricista. E igual que el camino que recorres al bajar de la acera y tomar un atajo cruzando el césped de un vecino, esas vías neuronales, aunque no matan la hierba, se definen mejor cuanto más se utilizan.

Ese aspecto de los nervios no se limita al rendimiento. También explica cómo aprendemos y cómo los hábitos, tanto los buenos como los malos, en última instancia se convierten en acciones en las que participamos sin tan siquiera pensar. Con el tiempo, la vía está tan bien definida que los neurotransmisores casi pueden hacer el viaje con los ojos cerrados. O, como dicen los científicos cognitivos: las neuronas que se disparan juntas se conectan juntas. Y, una vez más, ese cableado no es permanente, al igual que una vía no es permanente. Pero, si no dejas de utilizarla, se vuelve tan transitable como una carretera asfaltada. Por la misma razón, si dejas de seguirla, la vía se vuelve cada vez más tenue con el paso del tiempo. Eso explica en parte por qué puedes recordar tu número de teléfono con relativa facilidad, pero ni una palabra del francés que aprendiste en el instituto.

Aunque se han identificado más de cien neurotransmisores, desde el punto de vista del rendimiento máximo, solo tres son verdaderamente importantes: la dopamina, la noradrenalina y la acetilcolina. Los llamamos el «ADN del rendimiento máximo».

Dopamina

La dopamina, como señalaba un periodista, se ha convertido en «la Kim Kardashian de los neurotransmisores» por cómo ha aderezado las páginas de ciencia con relatos de placer, adicción y recompensa.[9] Parece haber despertado el interés y la imaginación del público, probablemente por su asociación con la emoción, la novedad y el riesgo.

La dopamina interviene en tu capacidad para actualizar la información en la memoria y también afecta a tu capacidad para concentrarte en la tarea que tienes entre manos.[10] Proporciona una recompensa similar a una droga que te hace querer más. Y, como ocurre con muchas drogas, el subidón desaparece y, con frecuencia, la próxima vez necesitas más cantidad para experimentar el mismo efecto. Por eso se conoce a la dopamina como un neurotransmisor de la novedad.

Sus efectos son más fuertes cuando el estímulo que los genera es nuevo. Eso explica parcialmente el entusiasmo que podemos sentir cuando empezamos un nuevo proyecto y por qué la emoción no suele ser tan intensa cuando llevamos un tiempo trabajando en él.

La dopamina desempeña una serie de funciones en el organismo, entre ellas ayudar al control motriz. Pero en el contexto del cerebro y el rendimiento máximo, es el elemento químico de la diversión. Para alcanzar de verdad el rendimiento máximo, debes divertirte. La experiencia debe resultar gratificante. Si no te sientes así, es posible que estés rindiendo más de lo normal, pero probablemente no hayas alcanzado tu punto álgido.

¿Por qué tanta prisa? ¡Noradrenalina!

Casi todo el mundo conoce la noradrenalina (también denominada norepinefrina), o al menos así lo cree. Es el subidón que sentimos cuando hacemos *puenting* o cuando reaccionamos con sorpresa a la embestida súbita del «amigable» perro de un vecino. El principal propósito de la noradrenalina es asegurar tu supervivencia. Se diseñó evolutivamente para ayudarte a responder con rapidez a cualquier amenaza, ya sea real o aparente. Lo hace regulando tu atención y estado de alerta. Los estudios indican que unos niveles más elevados de noradrenalina conducen a una mayor precisión a la hora de detectar errores en una tarea visual cuando estamos despiertos, atentos y con buena disposición.

La noradrenalina se encuentra en un nivel óptimo cuando te sientes ligeramente abrumado; te lleva a pensar: «Esto es difícil, pero creo que puedo hacerlo». También se libera cuando te fuerzas a realizar una tarea difícil mejor, más rápido o con menos recursos.

De foco a láser: acetilcolina

El tercero de los tres neuroquímicos que componen el ADN del rendimiento máximo es la acetilcolina, que se encuentra en abundancia en un segmento sorprendente de la población. De hecho, hay un grupo muy especial de seres humanos que probablemente pueda enseñarte mucho sobre el rendimiento máximo. Mira a tu alrededor y verás que parecen estar prácticamente en todas partes. ¿Son químicos dedicados a la investigación? ¿Deportistas de talla mundial? ¿Emprendedores que asumen riesgos? ¿Grandes maestros ajedrecistas? ¿Agentes de ventas que han recibido galardones? ¿Políticos? Ni mucho menos. Y, sin embargo, puede que incluso tengas a uno viviendo bajo tu mismo techo. Y no, no es tu suegra o ese huraño veinteañero que aún vive con sus padres y ha confundido tu casa con una combinación de bufet libre y lavandería. Es un bebé. Exacto: ¡los bebés!

Si alguna vez has pasado tiempo con bebés, es posible que sepas que figuran entre las personitas más atentas y observadoras del planeta. Aunque excreten un montón de cosas desagradables, a la vez están absorbiendo imágenes, sonidos, sabores y olores como si fueran potentes aspiradoras cognitivas con pañales. El mismo mecanismo que utilizas tú para alcanzar el rendimiento máximo de vez en cuando, un bebé lo usa prácticamente sin parar durante sus primeros años de vida. Y la sustancia química que hay detrás de ese rendimiento extraordinario es la acetilcolina.

La acetilcolina procede de una parte del cerebro llamada núcleo basal. Los bebés liberan acetilcolina sin tan siquiera provocarlo. Los neurocientíficos lo denominan «periodo crítico de la neuroplasticidad», una época en la que los nuevos cerebros son extremadamente receptivos a la información que desconocen y crean vías neuronales de forma constante. Como explica el neurocientífico Michael Merzenich, durante la plasticidad crítica, «la maquinaria de aprendizaje funciona permanentemente».[11] Los adultos no tenemos tanta suerte. El mecanismo automático de concentración extraordinaria se apaga cuando aún somos bastante jóvenes, y debemos gestionarlo de modo manual a partir de entonces.

Entonces ¿cómo accionamos los adultos el interruptor que pone en marcha la acetilcolina? Una vez superado ese periodo inicial, solo podemos hacerlo de unas pocas maneras: cuando nos esforzamos conscientemente por prestar atención, cuando practicamos ejercicio físico o cuando estamos expuestos a algo importante, sorprendente o novedoso. En otras palabras, cuando nuestro cerebro libera dopamina.

Otra forma de ver el ADN del rendimiento máximo es imaginarlo como una fotografía premiada. La noradrenalina te indica que apuntes con la cámara en la dirección correcta, la dopamina te ayuda a hacer *zoom* hasta que consigues una buena composición y por último está la acetilcolina, que te permite enfocar hasta obtener la imagen perfecta. Si solo uno o dos de esos elementos son correctos, tendrás una instantánea. Si añadimos el tercero, de repente es una obra de arte.

NO TODO SIRVE PARA TODOS

La representación de la curva de rendimiento como una simple «U» invertida ofrece una explicación clara y concisa de cómo funciona. Pero, como habrás notado, el gráfico no tiene unidades. ¿Cómo se mide la excitación? ¿En pulgadas? ¿En ergios? ¿En unidades Scoville?* Dicho de otro modo: ¿cuánta excitación es necesaria para alcanzar el rendimiento máximo? La respuesta concisa es que no lo sabemos. La respuesta más extensa es que puede variar drásticamente de una persona a otra y de una tarea o situación a otra. No existe una norma universal para la excitación óptima. En ese sentido, la excitación tiene mucho en común con la comida picante.

Picante, pero no tanto como el de ella

Ponte por un momento en la piel de un camarero de un restaurante tailandés en California. Entra una pareja bien vestida y se sienta a una mesa justo debajo de las fotos del rey y la reina. Cuando te acercas a tomarles nota, ella pide «albahaca tailandesa con cerdo, muy pican-

---

* Las unidades Scoville se utilizan para medir el picante de los chiles. Mientras que un chile jalapeño tiene un rango Scoville de 3.500-10.000 unidades, el habanero rojo puede ser entre diez y cien veces más picante, con un rango de 100.000 a 350.000 unidades Scoville.

te», mientras que él se decanta por el mismo plato, pero con pollo, y añade, casi como una acotación: «Pero no tan picante como el de ella». ¿Qué le vas a decir al chef? Tienes la corazonada de que si prepara los platos «muy picantes» según los criterios del pueblecito de las afueras de Bangkok en el que se crio, los clientes podrían agravar ellos solos las sequías periódicas del estado pidiendo continuamente que les rellenen los vasos de agua. ¿Quién sabe? Puede que incluso presenten una demanda.

La definición de picante en un restaurante tailandés es un poco como la definición de excitación en un gráfico de Yerkes-Dodson. Los criterios sobre lo que constituye excitación pueden variar mucho de una persona a otra. Algunos estamos en el lado derecho de la curva, como *Gordo* Cooper, y otros en el izquierdo, como Louis Pasteur. Otros se encuentran en un punto intermedio. Por suerte, disponemos de una especie de prueba del picante que realizamos a los asistentes de nuestros seminarios para calibrar el nivel óptimo de excitación de cada uno.

El encargo de último minuto

Imagínate que estás en la siguiente situación. Tú y tus compañeros habéis asistido a uno de nuestros seminarios. Hasta ahora lo habéis pasado muy bien. Las sesiones han sido interesantes, informativas, entretenidas y útiles. Pero, poco después de que os dividamos en grupos, llega el anuncio: tu jefe hará una aparición sorpresa en el seminario y cada grupo tendrá poco más de una hora para preparar una presentación que entregará por la noche, cuando él esté allí.

¿Cómo te sentirías? Cuando dimos la noticia, algunos grupos se mostraron aterrorizados, mientras que otros parecían completamente vigorizados y, de hecho, daba la sensación de que esperaran con ansia los acontecimientos de aquella noche.

Pero habíamos podido vaticinar esas reacciones.

Esto obedece a que, sin que los participantes lo supieran, los habíamos dividido en función de sus puntuaciones en el índice de rasgos de ansiedad, una prueba que evaluaba sus necesidades de excitación para alcanzar el rendimiento máximo. Dividimos a los asistentes del lado derecho de la curva en un grupo y a los del lado izquierdo en otro, y reunimos a otros que ocupaban puntos similares en el continuo de rendimiento.

No es de extrañar que el grupo de la izquierda sintiera una presión considerable y no creyera tener tiempo suficiente para finalizar la presentación. El grupo de la derecha parecía encantado con el reto. No les molestó en absoluto disponer de un plazo tan corto.

Entonces les dimos la otra noticia.

El anuncio de la inminente aparición de su jefe había sido un engaño. Su jefe no haría acto de presencia y no había necesidad de preparar una presentación.

Oímos un enorme suspiro de alivio que emanaba de una parte de la sala y percibimos sincera decepción en la otra. Y sí, hubo algunas quejas. Pero, por suerte para nosotros, ningún grupo cogió antorchas y horcas e intentó echarnos de la ciudad.

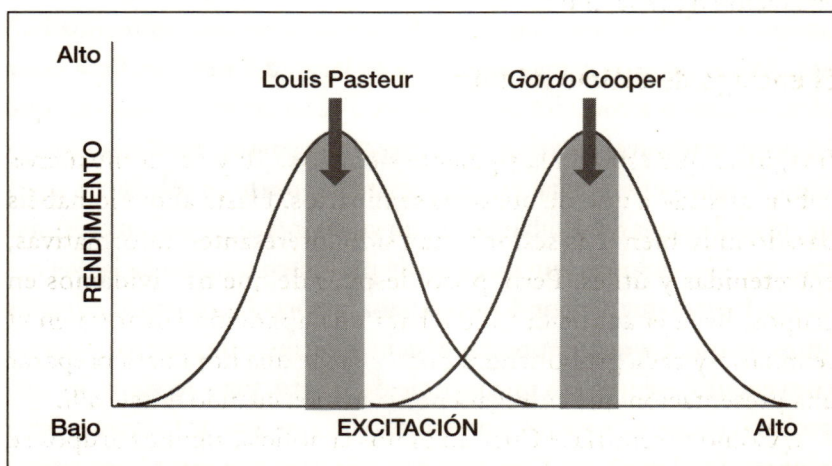

Figura 2. Louis Pasteur y Gordo Cooper *alcanzaban un rendimiento óptimo, pero con niveles marcadamente distintos de excitación.*

Todos sobrevivimos al ejercicio y demostramos un argumento importante: el rendimiento máximo no es igual para todos. Existen grandes diferencias individuales en el grado de excitación emocional que propicia el máximo rendimiento (véase la fig. 2).

La gente del lado derecho de la curva

Cuanto más a la derecha de la curva te encuentres, más fácil te será acceder a un estado de rendimiento máximo bajo presión. Puede que te aburras en un día normal en la oficina, pero, cuando hay una crisis, eres la persona a la que hay que llamar (*Gordo* Cooper es un ejemplo clásico).

En muchas empresas, a las personas situadas en el lado derecho de la escala de excitación se las trata como héroes corporativos. Sus hazañas dentro y fuera de la oficina se ven con silenciosa reverencia. Cuando uno de los socios del bufete confiesa tranquilamente: «Yo necesito pasar los domingos haciendo parapente para relajarme», los jóvenes directivos toman buena nota. Cuando trabajas en un ambiente en el que frases como «Solo se crean diamantes bajo una gran presión» son política extraoficial, no es de extrañar que todo el mundo intente —conscientemente o no— emular ese ideal.

¿Cómo sobreviven esas personas que buscan sensaciones en un ambiente de oficina a veces sofocante? La verdad es que muchos no lo hacen. Los líderes que han logrado perdurar en esos entornos han ideado sus propias armas secretas a lo largo del tiempo. Para estar plenamente concentrados en el trabajo, a veces crean emergencias que les proporcionan el cóctel químico necesario para un rendimiento óptimo. Empiezan a trabajar en una presentación crucial solo horas antes de subir al escenario. Embarcan en un vuelo internacional en el último minuto. Conocimos a un director de periódico amante de las sensaciones fuertes que a menudo rediseñaba la portada solo unos minutos antes de que fuera a imprenta. Muchos de sus compañeros estaban convencidos de que era una especie de sádico, pero lo cierto es que probablemente solo estaba aumentando las apuestas de forma artificial para rendir al máximo. Una cantidad de estrés que provocaría palpitaciones en otros hace crecer la concentración y la creatividad de quienes se encuentran en el lado derecho de la curva. Las tareas rutinarias y las reuniones largas e improductivas les parecen mucho más estresantes que el paracaidismo, y consultan con frecuencia el teléfono por si tienen correos electrónicos y mensajes de texto, para distraerse de lo que perciben como un tedio casi insoportable.

No es de extrañar que las personas situadas en el lado derecho de la curva de rendimiento tiendan a ver con malos ojos a quienes se inclinan más hacia la izquierda. Cuando preguntamos a un grupo de directivos del lado derecho qué tipo de personas pensaban que rendirían más en el extremo izquierdo de la curva, no tardaron en responder. «Los maestros de primaria», aventuró alguien. «Los burócratas», dijo otro. En general, no parecían sentir mucho respeto por las personas que necesitaban previsibilidad y certidumbre, que amaban las normas y los sistemas y que detestaban los plazos ajustados, las emergencias y cualquier tipo de estrés. Se apresuraron a describir a quienes se encontraban en el lado izquierdo de la curva como personas que rinden por debajo de su capacidad.

La gente del lado izquierdo de la curva

La tendencia visceral a ridiculizar o descartar a quienes alcanzan su rendimiento máximo en el lado izquierdo de la curva empezó a disminuir cuando nuestro grupo de directivos del lado derecho tuvieron un poco más de tiempo para pensar las cosas. «¿Y los premios Nobel? —preguntó alguien—. ¿No son extremadamente meticulosos y detallados y a veces trabajan durante décadas en la misma molécula?». «¿Y los autores que reescriben sus novelas diecisiete veces?», dijo otro. Está claro que hay individuos de alto rendimiento que no necesitan demasiada estimulación externa. Aunque nadie mencionó a Louis Pasteur, habría sido un excelente ejemplo. Al final quedó claro que la gente del lado izquierdo de la curva es tan importante para las empresas y la sociedad en general como los del lado derecho, que buscan el placer y están dominados por la dopamina.

ENCUENTRA TU LUGAR EN EL RANGO

A primera vista podría parecer que los del lado derecho y el lado izquierdo de la curva vienen de planetas totalmente distintos, como la idea popular de que los hombres son de Marte, y las mujeres, de Venus. ¿Una vez marciano, siempre marciano? ¿Estás destinado a vivir en un lado u otro de la balanza? Desde luego que no. El género, la genética, la edad, el entorno y la experiencia intervienen a la hora de determinar la posición de tu curva personal de rendimiento máximo.

El género. La dicotomía Marte/Venus puede ser una simplificación excesiva, pero hay una base científica detrás de esa división. Innumerables ensayos han llegado a la misma conclusión: los hombres son estadísticamente más propensos que las mujeres a buscar sensaciones. Como veremos en el capítulo 7, uno de los principales elementos que determinan su posición en la escala de rendimiento es la testosterona. Aunque la testosterona es más conocida como una hormona masculina, tanto hombres como mujeres la tienen en distintos grados. Sin embargo, dado que, por término medio, los hombres tienen más, suele llevarlos hacia la derecha de la curva.

La genética. Además del género, otros factores genéticos pueden influir en tu posición en la escala de rendimiento. Por ejemplo, el gen del receptor de dopamina DRD4 está asociado a la búsqueda de novedades, un factor clave que también puede llevar tu curva significativamente hacia la derecha. De nuevo, como veremos en el capítulo 7, los grandes directivos suelen poseer un sistema de dopamina inusualmente activo.[13]

Otro conjunto de genes parece influir en tu respuesta general al estrés. Un estudio reciente llevado a cabo por investigadores de la Universidad de Medicina de Viena descubrió que un trío de variantes genéticas puede interferir en tu capacidad para recuperarte de situaciones estresantes. Si tienes una o más de esas variantes, es posible que experimentes más dificultades para recuperarte de un acontecimiento complicado y podrías ser más sensible a otras situaciones estresantes. Por otro lado, si careces de esas variantes genéticas de riesgo, cada situación estresante puede hacerte más fuerte.[14]

¿Significa eso que la suerte está echada? No. O al menos no siempre. La mera presencia de ciertos genes no determina automáticamente tu destino. Los rasgos de personalidad siguen siendo una combinación de naturaleza y crianza. Las estimaciones indican que los genes pueden influir en tu personalidad entre un 20 y un 60 por ciento.[15] Para que un gen tenga efecto, debe ser activado o, como dicen los genetistas, «expresado». Por tanto, ciertas disposiciones genéticas pueden permanecer latentes toda la vida. Tal como señala el psicólogo Richard Davidson, de la Universidad de Wisconsin, los genes de tu ADN son como los álbumes de tu colección de música: «Que tengas un CD no significa que vayas a escucharlo…».[16]

La edad. La tendencia a ser irresponsable en la adolescencia y volverse paulatinamente más cauteloso y conservador con la edad es común, pero en modo alguno universal. Un factor clave de lo que algunos consideran sabiduría en ciernes y otros ven como pasos constantes hacia el aburrimiento es una disminución de los niveles de testosterona. Unos investigadores de Australia plantearon la hipótesis de que, en lugar de ser causados por el envejecimiento, los descensos de la testosterona están asociados a la obesidad y la depresión, dos características más comunes en hombres mayores.[17] Con independencia de la causa, el resultado es el mismo. Los hombres (y las mujeres) experimentan una disminución de los niveles de testosterona a medida que envejecen. Y un descenso de la testosterona casi siempre te desplazará más a la izquierda en la escala de rendimiento (curiosamente, los nuevos padres —y madres— también suelen experimentar una reducción de la testosterona).[18]

El entorno. De todos los factores que influyen en tu posición en la escala de rendimiento, el entorno es aquel sobre el cual tienes mayor control. Muchos asesores que al principio parecen prosperar en el estresante mundo de los negocios internacionales, con sus constantes viajes y plazos implacables, descubren que al cabo de unos años prefieren cambiarlo por un ambiente no tan agotador. Las empresas están adoptando esas preferencias y creando rutas separadas para «generalistas» y «expertos». Aunque la ruta de los expertos no sea tan rápida, sigue atrayendo y necesitando a grandes talentos. Los expertos no son ni mejores ni peores que los generalistas. Simplemente prefieren otra manera de trabajar. Las dos opciones permiten que ambos encuentren un entorno en el que poder desarrollarse.

La experiencia. Por supuesto, no todo el mundo siente automáticamente la necesidad de saltar de la ruta generalista a la ruta experta después de unos años en su campo. Algunos asesores pasan toda su carrera profesional recorriendo el planeta sin llegar a quemarse. De hecho, con el tiempo, a muchos les resultan cada vez menos pesadas esas exigencias, e incluso anhelan retos cada vez mayores en su vida cotidiana para no aburrirse. Esto apunta a otro factor que puede influir en tu rendimiento: la experiencia. A menudo, cuanta más práctica y experiencia poseas, más tareas podrás gestionar automáticamente recurriendo a tu cerebro inconsciente (véase el capítulo 5). Esto no solo te facilita el trabajo, sino también el manejo de situaciones estresantes a medida que surgen.

SUBIR Y BAJAR

Cuando se trata de rendir al máximo, la conciencia de uno mismo es esencial. Determinar tu posición en la curva de un momento a otro y de una tarea a otra puede ser fundamental para tu éxito. «Cuando observamos todas las diferencias individuales relativas a la resistencia al estrés y las reacciones a diferentes entornos —afirma el eminente neurocientífico Wolf Singer—, puede que la tarea más importante en la vida sea averiguar de buen principio cuáles son las virtudes y flaquezas y trabajar las primeras».[19] Una vez que eres consciente de las situaciones en las que te encuentras en tu mejor momento, puedes adaptarte a tu entorno para aprovechar tus virtudes y perfeccionar las condiciones para poder alcanzar tu punto óptimo cuando sea necesario.

Tómate la temperatura

Por supuesto, nadie mantiene un nivel constante de excitación. Hacerlo sería insostenible. O aburrido. Nuestros niveles de excitación suben y bajan a lo largo del día, impulsados por diversos factores de nuestro entorno, así como por elementos de nuestro temperamento individual. ¿Las reuniones semanales de personal te vuelven loco de aburrimiento o estrés, mientras que las reuniones individuales te hacen sentir alerta y con más energía? ¿Te gustan los grandes debates y las discusiones animadas, pero te horroriza rebuscar en documentos y prestar atención a los detalles? Como hemos visto, en lo tocante a las reacciones a tareas cotidianas, no todo el mundo reacciona igual. Las partes del día en las que estás en tu mejor momento pueden ser las mismas en las que tu compañero del despacho contiguo se siente abrumado.

¿Qué cosas te ponen nervioso? ¿Qué cosas te tranquilizan? Para tener una idea más clara de tu perfil de rendimiento máximo, empieza por confeccionar una lista de tus tareas y actividades a lo largo de una semana laboral típica. A continuación, valora cada una según cómo te haga sentir: sobreexcitado, infraexcitado o en plena forma.

Si elaborar una lista detallada no es tu estilo, puedes probar el método que a menudo utilizan los psicólogos. Empieza configurando una alerta en tu teléfono móvil a intervalos de noventa minutos durante la jornada. Cada vez que suene la alarma, haz un inventario rápido de tu nivel de rendimiento actual. ¿Te sientes aburrido, sin inspiración o apático? Si es así, añade una B de «bajo» (el extremo inferior de la curva de rendimiento) al calendario para ese periodo de tiempo. Si, por el contrario, te sientes estresado o presionado, añade una A de «alto». Y, por supuesto, si estabas rindiendo al máximo cuando saltó la alerta (¡nos disculpamos de antemano por haberte desconcentrado!), pon una M de «rendimiento máximo» en el calendario.

Con independencia del planteamiento que adoptes, deberías ver que aflora un patrón y te dará una idea más clara de los factores que influyen en tu rendimiento. Cuanto más aprendas sobre las subidas y bajadas de tu semana típica, mayor control tendrás para alcanzar con precisión tu punto óptimo de rendimiento justamente cuando más lo necesitas, así como una mejor idea de si encajas bien en tu trabajo actual.

Ubicación, ubicación, ubicación

Como dice el viejo adagio, las tres consideraciones más importantes en la compra de bienes inmuebles son: 1) ubicación, 2) ubicación, y 3) ubicación. Se puede aplicar la misma idea a la búsqueda de tu punto óptimo de rendimiento. No hay nada más importante. Y cuando decimos «ubicación», no nos referimos necesariamente a si trabajas en un edificio alto, en la mesa de la cocina o en la cubierta de un yate. Estamos hablando del ambiente general de tu entorno laboral. No hace falta ser neurocientífico para darse cuenta de que Louis Pasteur habría sido un desastre como astronauta y de que *Gordo* Cooper habría supuesto un lastre en un laboratorio. Por encima de todo, tu éxito depende de que encuentres un entorno que se ajuste a tu perfil de rendimiento. Si te sientes constantemente sobreexcitado o infraexcitado, debes alterar el entorno o hacer un cambio serio en el tipo de tareas que llevas a cabo o en cómo trabajas. Si eres como Pasteur, no vayas a trabajar para un banco de inversiones, y si eres un buscador de sensaciones, como *Gordo* Cooper, trabajar en un entorno muy controlado, como el laboratorio del científico francés, probablemente hará que te sientas aburrido, frustrado o ambas cosas.

En muchos casos, la solución no tiene por qué ser tan drástica como cambiar de empleo. Intenta averiguar qué te sobreexcita o infraexcita, y haz algo para cambiar esas situaciones. Alterar tu horario, cambiar tu entorno de trabajo o redistribuir responsabilidades con los compañeros puede ayudar. Habla de tus necesidades con tu supervisor y tus colegas de trabajo. La sencillez de la curva de rendimiento hace que sea relativamente fácil de comentar con amigos y compañeros. Como veremos en el capítulo 4, a veces, unos cambios en apariencia pequeños pueden suponer una gran diferencia.

Demasiado de algo bueno

Aunque alcanzar el rendimiento máximo debe ser tu objetivo, permanecer en la parte superior de la curva durante un periodo prolongado tampoco es deseable ni beneficioso. Debes estar a la altura de las circunstancias cuando más se necesita. Intentar mantener la mezcla óptima de dopamina, noradrenalina y acetilcolina durante mucho tiempo probablemente sobrecargaría el sistema y agotaría los neurotransmisores, lo cual provoca desgaste y agotamiento. Piensa en el virtuoso del violonchelo Yo-Yo Ma o en el destacado *snowboarder* Shaun White. Sería absurdo pedir a cualquiera de ellos que rindiera al máximo nivel veinticuatro horas al día, siete días a la semana. Por el contrario, practican, descansan y recuperan según planes específicos, con el fin de encontrarse en un estado óptimo cuando verdaderamente es necesario.

Encontrar un ritmo diario, semanal y mensual que nos lleve a una gestión óptima de la energía es igual de importante en el mundo empresarial, donde las exigencias para los directivos a menudo rivalizan con los retos a los que se enfrentan los deportistas profesionales en cuanto a dificultad e intensidad. «Mantenerse constantemente en un estado de alto rendimiento es perjudicial; mantenerse en un estado de alto rendimiento cuando procede es una estrategia ganadora», afirma Axel Kowalski, un psicólogo y experto en neurorretroalimentación, que utiliza tecnología informática para ayudar a los líderes empresariales a alcanzar el rendimiento máximo. «La clave es la flexibilidad», afirma.[20] Solo los líderes que pueden conseguir los estados óptimos de excitación para la tarea que tienen entre manos están gestionando adecuadamente sus recursos neurológicos.

Perfecciona tu rendimiento

Una vez que te encuentres en el entorno adecuado, puedes utilizar potentes técnicas para afinar tu posición en la curva de rendimiento en función de las exigencias de una tarea o situación concreta. Pero antes de hacerlo, ¡cerciórate de que estás en el lugar correcto! Ten en cuenta que estos son pequeños retoques destinados a ajustar el rendimiento, no transformaciones totales concebidas para convertir un mal trabajo en uno bueno. Cuanto más equilibrado estés y mejor elijas entornos que vayan en consonancia con tus virtudes, menos necesitarás esos trucos para ajustar el nivel de excitación.

Aumenta la excitación

Con el tiempo, la mayoría de las personas adquieren un sentido intuitivo de cuándo su nivel de excitación es demasiado bajo, demasiado alto o el justo. Los que tienen dificultades para evaluar su propio nivel de estrés pueden medirlo de manera más científica utilizando la escala de estrés percibido (PSS por sus siglas en inglés), un instrumento de catorce puntos ideado por psicólogos de Carnegie Mellon y la Universidad de Oregón.[21] Si utilizas la PSS o simplemente haces un diagnóstico mental y descubres que tu nivel de excitación es más bajo del que necesitas para ser eficaz, hay varias formas de elevarlo de forma artificial.

Imaginar un temor leve, aunque no esté relacionado con el trabajo que estás realizando, a veces puede aumentar tu nivel de noradrenalina y desplazarte más a la derecha. Cuando necesita una dosis extra de noradrenalina, a un compañero nuestro le gusta imaginar un *deadline* que se aproxima con rapidez y la cara de unos accionistas descontentos si no logra cumplirlo.

Si te sientes aburrido, poco comprometido o desmotivado, o si el trabajo simplemente no te parece divertido, puede que te falte dopamina. Para aumentar tu nivel de dopamina, el humor, el pensamiento positivo y cambiar de ubicación o planteamiento puede ser útil. Además, el ejercicio aeróbico no solo acaba con la desgana de media tarde, sino que también puede aportar una agradable oleada de dopamina en un día monótono.

Reduce la excitación

Si estás a punto de apretar el botón del pánico, puedes emplear algunas estrategias eficaces para amortiguar la respuesta a la amenaza y desplazarte más a la izquierda en la curva de rendimiento. Es importante recordar que las experiencias estresantes suelen obedecer a una terrible combinación de altas exigencias y escaso control. Para levantar temporalmente el pie del acelerador, prueba a embarcarte en actividades diarias que puedas realizar en «piloto automático», como ordenar tu mesa o borrar correos electrónicos. Si tienes una sensación de pérdida de control, céntrate en aquellos aspectos del proceso que puedes dominar, como la dirección estratégica general de las soluciones para el cliente en lugar de la evolución del mercado de valores. Y por último está el ejercicio, una solución versátil que puede aumentar la energía y reducir el nivel de estrés. Salir a correr a la hora del almuerzo o incluso subir y bajar las escaleras puede reducir el nivel de cortisol perjudicial en el torrente sanguíneo. Si esas opciones no son viables, entonces sigue el ejemplo de Louis Pasteur y da un paseo por el pasillo de tu oficina.

Los paseos nerviosos de Louis Pasteur frente a su laboratorio de Lille acabaron dando sus frutos. Movido por un profundo deseo de mejorar la salud y la humanidad, se marcó el objetivo secreto de encontrar una cura para las enfermedades contagiosas.[22]

Una serie de crecientes avances científicos allanaron el camino hacia su sueño. Desvelar el misterio de la fermentación abrió la puerta al descubrimiento del papel de los microbios, que a su vez condujo a sus esfuerzos por contener y erradicar las enfermedades infecciosas. Al final, eso llevó al desarrollo de una serie de vacunas eficaces contra enfermedades mortales. Y lo que quizá es más importante: su minucioso estudio de los microorganismos revolucionó los procedimientos que utilizan los cirujanos para operar a sus pacientes. Las condiciones de esterilidad que caracterizan un quirófano de hospital pueden atribuirse directamente al trabajo tenaz y entregado de Louis Pasteur.

Los problemas para el astronauta *Gordo* Cooper empezaron durante la decimonovena de las veintidós órbitas terrestres sin precedentes previstas, cuando el sistema eléctrico de su cápsula sufrió un cortocircuito. Una órbita más tarde, perdió todas las lecturas de altitud. Entonces, cuando solo le faltaba una vuelta alrededor de la Tierra, el sistema de control automático dejó de funcionar por completo.[23] De repente, Cooper consiguió sin querer lo que él y sus compañeros astronautas habían exigido desde el principio: control total sobre la nave espacial. En un ejemplo paradigmático de «cuidado con lo que deseas», pasó bruscamente de pasajero a piloto.

Fue un momento de histeria para los ingenieros, que fumaban un cigarrillo tras otro en tierra firme, pero Leroy Gordon Cooper Jr., cuyo rendimiento máximo se hallaba totalmente a la derecha de la curva, estaba tranquilo, alerta y en su salsa. Como explicaba el escritor Tom Wolfe en *Lo que hay que tener*, Gordo estaba manejando la crisis con la despreocupación de un piloto de aviones comerciales. Aunque no podemos decir que estuviera exento de incidentes, el aterrizaje completamente manual de Cooper fue uno de los más precisos que había visto jamás el programa espacial y un triunfo del rendimiento óptimo.[24]

Cuando recuerdas el ADN del rendimiento máximo —dopamina, noradrenalina y acetilcolina—, encontrar tu punto óptimo donde y cuando lo necesites puede parecer extremadamente sencillo. Pero la experiencia nos indica lo contrario. Para alcanzar de manera fiable el rendimiento máximo, deben superarse dos obstáculos fundamentales: 1) los altibajos de nuestro estado de ánimo, que a veces pueden causar estragos en nuestra capacidad para pensar con claridad, y 2) nuestra tendencia marcada e instintiva a distraernos, tanto mentalmente como a causa de nuestro entorno.

En última instancia, para alcanzar el rendimiento máximo es necesario aprender a regular tus emociones y a concentrarte. No por casualidad, estas son precisamente las aptitudes que analizaremos en los dos capítulos siguientes.

RESUMEN DEL CAPÍTULO 1

Aspectos clave de «Encuentra tu punto óptimo»

Todo depende de la excitación. Necesitas un nivel óptimo de excitación emocional (comúnmente llamado estrés) para alcanzar el rendimiento máximo.

Diviértete. Cuando te diviertes, tu cerebro libera dopamina. Sin diversión, el rendimiento máximo es prácticamente imposible.

Desafíate a ti mismo. El rendimiento máximo no se consigue cuando estás aburrido o en un estado de pánico total, sino cuando te sientes un poco abrumado. Es entonces cuando el cerebro libera la cantidad justa de noradrenalina para mantenerte en tu mejor nivel.

Concéntrate en lo importante. El rendimiento máximo nunca llega cuando estás haciendo más de una cosa a la vez. Solo cuando te encuentras en un estado de concentración, trabajando concienzudamente y sin interrupciones constantes, es posible un rendimiento óptimo.

Lo que a uno cura, a otro mata. Cuando se trata de alcanzar el rendimiento máximo, la misma estimulación que vigoriza a una persona puede ser abrumadora para otra.

Un tipo de rendimiento máximo no es mejor ni peor que otros; simplemente son diferentes. No hay ninguna diferencia apreciable en inteligencia y rendimiento general entre personas situadas a la izquierda o a la derecha del gráfico de rendimiento máximo. Solo necesitan condiciones diferentes para alcanzar su punto álgido.

El sexo y la edad pueden afectar a tu perfil de rendimiento. Las mujeres en general tienden a estar más a la izquierda de la curva de rendimiento máximo, mientras que los hombres normalmente están más a la derecha. Con la edad, todos tendemos a desplazarnos más a la izquierda.

Adapta el entorno a tu perfil de rendimiento personal. Si estás constantemente sobreexcitado o infraexcitado en el trabajo, lo más importante que debes hacer es comprobar si tu predisposición natural está en consonancia con tu entorno.

Cultiva un entorno óptimo también para tus empleados. Si eres un líder, intenta adaptar el entorno de trabajo para que la gente actúe más en consonancia con sus perfiles de rendimiento individuales. Aspira a una flexibilidad suficiente en las condiciones de trabajo para que todos puedan alcanzar más fácilmente su plenitud.

Utiliza técnicas de entrenamiento mental para perfeccionar, no para cambiar vidas. Cuando hayas encontrado el entorno adecuado, puedes utilizar técnicas de entrenamiento mental para ajustar tu nivel de excitación y dar lo máximo justo cuando lo necesites.

2

REGULA TUS EMOCIONES

Aprende a ejercer un mayor control sobre tu temperatura emocional

Zinedine Yazid Zidane, conocido por millones de aficionados como Zizou, es quizá el mejor futbolista que haya visto Francia. Sin embargo, a gran parte de su público internacional lo primero que le viene a la mente cuando piensa en Zizou es un desagradable incidente que tuvo lugar en 2006 y duró solo unos segundos.

En la final de la Copa del Mundo de 2006 entre Francia e Italia, fue Zizou quien puso por delante a su selección con un penalti que rebotó en el larguero y acabó detrás de la línea de gol. Doce minutos después, el aguerrido central italiano Marco Materazzi igualó el marcador cabeceando hábilmente un rechace en un saque de esquina.

Tras noventa minutos de juego intenso por parte de ambos equipos, Zidane y Materazzi habían marcado los únicos goles. Lo que ocurrió a continuación fue tan controvertido como devastador. Cuando habían transcurrido dos tercios de la prórroga, mientras ambos corrían uno junto al otro, se detuvieron un momento y Materazzi tiró de la camiseta de Zizou. Aunque al principio el francés pareció alejarse del enfrentamiento, se dio la vuelta de repente y le asestó un cabezazo en el pecho con todas sus fuerzas.

Aficionados de todo el mundo presenciaron la escena con total incredulidad. No está claro si alguno de los árbitros vio el incidente, pero el acto fue tan descarado e impresionantemente antideportivo que no tuvieron alternativa: Zinedine Zidane recibió una tarjeta roja y fue expulsado del partido.

Privado de su líder, así como de uno de sus mejores lanzadores de penaltis, Francia perdió en la tanda de penales e Italia se proclamó campeona del mundo en 2006. Aunque el fútbol es un juego de gran complejidad y cierta dosis de suerte, podría decirse que un lapsus de unos pocos segundos en la regulación emocional de un hombre le costó a su país un campeonato del mundo.

NUESTRAS REDES PRIMITIVAS

Puede que no haya tenido la violencia o la repercusión internacional del infame cabezazo de Zidane, pero tal vez hayas sido testigo de un arrebato emocional en el trabajo que fue casi igual de devastador. ¿Quién sabe? Puede que incluso fueras tú el instigador. Si fue así, casi seguro que te arrepentiste cuando ya estabas más calmado. Muchas personas que experimentan fallos en la regulación emocional se hacen la misma pregunta: «¿En qué estaba pensando?».

Sí, es una pregunta retórica, pero aun así tiene una respuesta neurocientífica: en realidad no estabas pensando. Estabas reaccionando. Los arrebatos emocionales se producen cuando la región más civilizada y consciente del cerebro es secuestrada por una parte más poderosa, primitiva y en gran medida inconsciente. Es tan solo una escaramuza en una batalla constante entre el córtex prefrontal y el sistema límbico, que es la fuente de nuestras dos respuestas más fundamentales. Como humanos, somos capaces de mostrar un notable abanico de emociones. Sin embargo, la mayoría surgen a partir de solo dos redes muy básicas y primitivas de nuestro cerebro: el circuito de la amenaza y el circuito de la recompensa.

El circuito de la amenaza: seguir vivo

Aunque el cerebro exhibe un número impresionante de aptitudes (desde conseguir un hoyo en una partida de golf hasta descifrar una declaración de la renta), no te equivoques: su principal actividad es mantenerte con vida, así que tendrás que perdonarlo por ser un poco hipersensible cada vez que percibe el menor indicio de algo que podría ponerte en peligro. Como un guardaespaldas de gatillo fácil, dispara primero y pregunta después.

Muchas de las amenazas a las que se enfrentaban los humanos primitivos ya no son un factor de riesgo, pero el software diseñado para responder a ellas sigue funcionando. En lugar de sustituir nuestros anticuados instintos de supervivencia por otros más nuevos, nuestro cerebro moderno en realidad se construyó sobre nuestro sistema de pensamiento de la era cavernícola. Y como nuestros viejos sistemas cerebrales están más arraigados y son más poderosos, suelen ser los primeros en reaccionar ante cualquier estímulo que encontremos. Eso significa que el agradable y elegante empleado con formación universitaria que se encuentra en la sala de reuniones de tu empresa puede reaccionar como un salvaje envuelto en pieles de oso si pulsas los botones equivocados.

Ahora que los tigres dientes de sable se han extinguido, podemos pensar erróneamente que vivimos en un mundo más seguro, cuando en realidad las situaciones que pueden desencadenar una respuesta de estrés han aumentado drásticamente: el inesperado mensaje de tu superior, que necesita el informe dentro de una hora; el cliente que llama y está «totalmente insatisfecho con la propuesta»; el compañero que te informa «amablemente» de que va a ser ascendido el próximo mes y tú no; o la alarma del calendario que te avisa de que solo faltan dos días para la visita al cliente. Y entonces, justo cuando piensas que nada más podría salir mal, recibes una llamada de la escuela para notificarte que tu hijo de diez años está enfermo y tienen que mandarlo a casa.

Cuando vemos algo que, según nuestra percepción, puede poner en peligro nuestra supervivencia, reaccionamos de manera rápida y a menudo inconsciente. El coche que de repente invade nuestro carril y el compañero de trabajo que cuestiona nuestra competencia son tratados de manera sorprendentemente similar por nuestro cerebro. Ambos han sido percibidos como desafíos a nuestra existencia actual. En el caso del coche, deberíamos sentirnos agradecidos por contar con ese sistema de alarma tan sensible. Pisamos el freno o giramos con brusquedad para evitar un accidente, y normalmente lo hacemos tan rápido que nuestra mente consciente no se entera de lo que estamos haciendo hasta que la reacción inconsciente ya se ha producido. Nos late el corazón más deprisa, nuestros sentidos se ponen más alerta, nuestra cognición a largo plazo se apaga momentáneamente y nuestra atención de repente es milimétrica. Evitamos el desastre y solo somos conscientes *a posteriori* por los latidos en el pecho o el sudor de las manos.

La capacidad para esquivar de forma instantánea un coche que viene de frente puede salvarnos la vida. En cambio, nuestra respuesta a un desaire rara vez salva vidas en la actualidad. Ello no obedece a que no sea tan rápida como nuestra reacción a un coche. Simplemente, nuestra vida nunca corrió peligro cuando un compañero hacía preguntas incisivas sobre una discrepancia en nuestro informe mensual. Es casi seguro que nuestro cerebro ejecutivo se da cuenta, pero, para cuando lo hace, el circuito de amenaza ya se ha puesto en marcha, respondiendo al compañero de trabajo casi igual que si fuera un coche que se aproxima.

El resultado final es notablemente similar: corazón palpitante, manos sudorosas, aumento del estado de alerta y un lapsus momentáneo de nuestras facultades más razonables. Para los humanos de una sociedad en principio civilizada, este es un momento indudablemente precario. Tengamos en cuenta que el nombre coloquial para el circuito de amenaza de nuestro cerebro es «reacción de lucha o huida». El impulso primitivo de luchar cuando te desafían puede ser instintivo, pero a menos que seas experto en *kickboxing* o luchador profesional, casi siempre es inaceptable en un contexto social civilizado. A menos que las funciones de nuestro cerebro ejecutivo puedan intervenir rápidamente como un árbitro con un silbato, existe un peligro real de que, como Zinedine Zidane, hagamos algo de lo que nos arrepintamos. No obstante, si intentamos contener nuestra respuesta emocional instintiva, el daño que causemos podría no ser tan espectacular, aunque casi igual de perjudicial y aún más peligroso para nuestra salud.

Casi siempre, nuestro cuerpo es más propenso a protegernos de amenazas que a buscar recompensas. Si lo piensas, esto tiene una lógica evolutiva. Aunque perseguir recompensas puede ser ventajoso y placentero, nuestra supervivencia puede depender de que hagamos frente a las amenazas. Podemos ver el estrés principalmente como algo malo, pero hay un hecho ineludible: hoy estás vivo porque tus antepasados tenían una respuesta a las amenazas que no fallaba cuando más la necesitaban.

«Hemos conocido al enemigo y somos nosotros»

La famosa frase de la tira cómica dominical *Pogo* es más cierta de lo que tal vez imaginaba el dibujante Walt Kelly. Aunque las plantas venenosas y los animales depredadores siempre nos han puesto en modo de amenaza, desde una perspectiva evolutiva, nuestro mayor enemigo son las otras personas. Es cierto que no siempre podemos sentirnos así conscientemente, pero nuestro inconsciente está programado para responder con un alto grado de desconfianza a cualquiera que percibamos como un forastero.

La explicación se remonta a los albores de la humanidad. De hecho, hasta hace relativamente poco, los humanos vivían en pequeños grupos, en torno a cincuenta personas o menos. Era un mundo difícil y peligroso, y nuestra vida a menudo dependía de que mantuviéramos buenas relaciones con la gente de nuestra tribu.

Entonces, como ahora, no todo el mundo se llevaba bien siempre. Si descubrías que alguien de tu grupo sentía especial aversión por ti, podía ponerte en una situación potencialmente mortal. Al fin y al cabo, la próxima vez que tu tribu fuera atacada por una tribu enemiga, podías encontrarte junto a tu némesis. En lugar de acudir en tu ayuda, podría traicionarte. O simplemente podría huir para salvarse y dejarte a merced de tus enemigos. También es posible que aparcara viejos rencores y se uniera a ti para contener a los atacantes. ¿Qué camino tomaría? Nuestros antepasados se enfrentaban con frecuencia a ese tipo de dilemas. Podía ser difícil de predecir, pero esencial de determinar. Por tu supervivencia, debías ser muy consciente de las señales más sutiles para concluir si tenías a tu lado a alguien en quien podías confiar.

Puede que los conflictos modernos sean más civilizados y sofisticados, pero hemos conservado la programación primitiva que nos hace extrasensibles a las pequeñas amenazas potenciales de la gente que nos rodea. Y nuestras sospechas no se limitan al campo de batalla. Eso explica por qué decirle a tu cónyuge que la quieres una vez cada veinte años difícilmente te reportará un periodo de gracia de dos décadas, sobre todo si entre tanto se te pasa por alto un aniversario, olvidas un recuerdo al que le tiene mucha estima o cometes el clásico error de responder con sinceridad a la pregunta: «¿Este vestido me hace gorda?».

Esa tendencia a dar más importancia a las amenazas que a las recompensas no solo es estresante o molesta. Puede ser devastadora en relaciones a largo plazo. De hecho, el psicólogo John Gottman, de la Universidad de Washington, afirma ser capaz de predecir el éxito o el fracaso de un matrimonio con un asombroso 83 por ciento de precisión, simplemente analizando una conversación de quince minutos entre la pareja. Los estudios de Gottman señalan una «proporción mágica» de 5 a 1, la cual indica que por cada sentimiento o interacción negativa entre una pareja debe haber cinco sentimientos o interacciones positivos que los compensen para garantizar el éxito del matrimonio.

Por supuesto, las personas casadas no son las únicas con circuitos de amenaza y recompensa. Todos los tenemos. La importancia adicional que otorgamos a las amenazas también explica por qué los numerosos y sinceros cumplidos de tu jefe sobre tu rendimiento pueden verse eclipsados por un simple comentario de pasada sobre un ámbito en el que debes mejorar. Las recompensas son intensas, pero de corta duración. Una amenaza nunca se olvida.

El estrés me devoró el cerebro

Si aún no resulta obvio, nuestro cerebro en gran parte es producto del pasado lejano. Aunque hayamos evolucionado un poco desde entonces, nuestras herramientas para responder al estrés no lo han hecho. Hemos pasado mucho más tiempo en la Tierra huyendo del peligro que corriendo a coger el autobús. Hoy en día, gran parte del estrés ya no nos protege como estaba diseñado para hacer en un principio. Irónicamente, es más probable que te ponga en peligro. Según datos facilitados por el Instituto del Estrés, una organización sin ánimo de lucro, del 75 al 95 por ciento de las visitas al médico responden a afecciones relacionadas con el estrés. Cuando nuestra respuesta a la amenaza reacciona ante un peligro súbito y real, puede ser literalmente un salvavidas. Pero esa reacción de lucha o huida estaba concebida para ser aguda, no crónica.

Si tu cuerpo permanece en alerta constante, provoca un estado fisiológico y neurológico llamado carga alostática, que es perjudicial para la salud y el rendimiento cognitivo. Se produce una reducción casi inmediata de la capacidad de la memoria de trabajo, pero, lo que es aún más inquietante, unos niveles elevados y prolongados de cortisol, la hormona del estrés, en el torrente sanguíneo provoca la contracción del hipocampo, que es esencial para la memoria a largo plazo y la absorción de nueva información. Al mismo tiempo que el estrés está inundando tu torrente sanguíneo de cortisol, está reduciendo el nivel del neurotransmisor serotonina en el cerebro, lo cual puede llevar a la depresión y al agotamiento.

Mientras se alimenta de tu hipocampo, el estrés también está alimentándose de sí mismo. Cuanto más estrés percibimos, más ansiosos estamos. El epicentro de la respuesta de lucha o huida, una región del cerebro llamada amígdala, se sobreactiva. A consecuencia de ello, las personas crónicamente estresadas se vuelven hipersensibles a cualquier posible factor estresante, ya sea real o imaginario. Esto puede desembocar en un círculo vicioso de respuestas que empeoran aún más las cosas. Al sentirnos presionados por un trabajo inacabado, nos saltamos el entrenamiento en el gimnasio para pasar más tiempo frente al ordenador. Una vez en casa, nos sentamos como zombis frente al televisor, aferrados a un vaso de vino o una botella de cerveza junto con un tentempié grasiento que juramos que no volveríamos a comer, y finalmente nos acostamos para pasar una noche de sueño alterado antes de volver a iniciar el proceso. En resumen, las personas más propensas a padecer estrés son las que ya están estresadas.

El circuito de recompensas: sentirse bien

Por suerte, la respuesta de lucha o huida no es el único sistema primitivo que heredamos de una versión más antigua de nuestro cerebro. Un segundo conjunto de circuitos, la respuesta de recompensa, desempeña un papel que es casi tan importante como nuestro mecanismo de amenazas, aunque no tanto. Al igual que con el de amenazas, el objetivo último del circuito de recompensas es tu supervivencia, aunque sigue una ruta menos directa. A diferencia de la lucha o huida, que opera según el miedo, la respuesta de recompensa se ocupa de la gratificación. Nuestros impulsos de comer, aparearnos y, dentro de unos límites, llevarnos bien con los demás los propicia esa respuesta. La razón por la que satisfacer esos impulsos resulta agradable es que nos ayuda a mantenernos a nosotros y a nuestros descendientes sanos y salvos. El circuito de recompensa es la fuerza motriz que hay detrás de emociones como el amor, la lujuria, la felicidad, la lealtad, la empatía y la confianza. Cuando el cerebro se encuentra en el estado de recompensa, se libera dopamina, el neurotransmisor de la novedad, tan importante para el rendimiento máximo, lo cual provoca sensaciones positivas. El mismo circuito reacciona también al consumo de drogas. Y, al igual que con las drogas, con el tiempo se requieren más experiencias positivas para liberar la misma cantidad de dopamina. Eso explica por qué sueles necesitar una bonificación mayor este año que la que recibiste el año pasado. ¡Ojalá tu jefe lo entendiera!

NUESTROS CEREBROS EN DISPUTA

En cierto sentido, la historia del cerebro es la historia de los cerebros en disputa. Aunque la parte más antigua del cerebro, el tronco encefálico, funciona en gran medida por sí sola, actuando como un sistema de soporte vital normalmente fiable, sus partes más recientes, el mesencéfalo y la corteza cerebral, a menudo están en desacuerdo. Esa dinámica es la base de la regulación emocional. El reto consiste en desarrollar una manera de que el sistema más sensible del cerebro intervenga antes de que el cerebro primitivo nos meta en problemas. Por cierto, los problemas suelen presentarse de dos formas básicas: 1) el exabrupto emocional que todo el mundo ve, y 2) la respuesta inhibitoria más sutil cuando la corteza cerebral intercede e intenta contener al dinosaurio enfadado del cerebro antes de que cause daños permanentes.

Irónicamente, este último planteamiento, aunque en apariencia más civilizado, tiene más posibilidades de ocasionar daños a largo plazo en el cuerpo y el cerebro. Puede que no te avergüence delante de tus compañeros ni haga que te arresten por agresión (o algo peor), pero puede elevar la presión arterial a niveles peligrosos, reducir físicamente regiones cruciales del cerebro de las que dependen el razonamiento y la memoria, poner en peligro el sistema inmunológico o causar todo tipo de enfermedades, desde bruxismo crónico hasta una cardiopatía potencialmente mortal.

¿Por qué nos ponemos en peligro de forma consciente? La respuesta breve es que no lo hacemos, al menos de forma deliberada. Precisamente ahí radica el problema. Sin cambios intencionados de comportamiento, las reacciones autodestructivas están en gran medida fuera de nuestro control cognitivo consciente. La clave de la regulación emocional es protegerse reforzando nuestra capacidad para gestionar el estrés y entrenando el cerebro enseñando a sus regiones conscientes, más débiles pero más sofisticadas, a burlar a las partes inconsciente, más fuertes pero más primitivas.

Protégete

Puedes reforzar tu resistencia a los desequilibrios emocionales creando condiciones generales de vida que favorezcan el equilibrio. Las recomendaciones ya constatadas de hacer ejercicio, comer bien y dormir lo suficiente pueden sonar a tópicos manidos, pero se citan una y otra vez por una buena razón: funcionan. Pocas cosas pueden reforzar más tu resistencia para enfrentarte a los retos que esos tres hábitos. Y si puedes practicar ejercicio al aire libre, en la naturaleza, tanto mejor.

Consúltalo con la almohada

Según dicen, el legendario físico Albert Einstein dormía diez horas cada noche. Aunque no tienes que ser un genio para reconocer que dormir lo suficiente puede tener un efecto reparador, estudios recientes indican que también influye en tu regulación emocional.[1] Por desgracia, alrededor del 30 por ciento de los trabajadores estadounidenses duermen menos de seis horas al día. Y lo que es peor: demasiados directivos llevan la pérdida de sueño como una insignia de honor. A menudo, aunque no siempre, es una muestra de hombría, que da a entender que solo los tipos duros pueden pasar el día con un mínimo de sueño.[2]

Despierta tu lado primitivo

A Matthew Walker, director del Laboratorio del Sueño y la Neuroimagen de la Universidad de California en Berkeley, le interesa cómo perjudica la pérdida de sueño a la regulación emocional y cómo parece revertir ciertos desarrollos evolutivos del cerebro: «Es casi como si, al no dormir, el cerebro volviera a pautas de actividad más primitivas, en el sentido de que es incapaz de contextualizar las experiencias emocionales y generar respuestas controladas y adecuadas».[3]

Cuando no dormimos, la amígdala, que es donde se encuentra la respuesta de lucha o huida del cerebro, parece acelerarse e interferir en un razonamiento más deliberado y lógico, además de atenuar la liberación de ciertos neuroquímicos que normalmente ayudan a tranquilizarnos.[4] La pérdida de sueño puede volverte malhumorado e impaciente. Asimismo, puede hacerte reaccionar de forma exagerada ante situaciones negativas y percibir situaciones neutras como negativas.

La pérdida de sueño no solo interfiere en tu regulación emocional interna. Un estudio realizado en la Universidad de California en Berkeley descubrió que la privación de sueño disminuye tu capacidad para juzgar las emociones en los rostros de otras personas. Esa deficiencia era especialmente pronunciada entre las mujeres.[5] También influye negativamente en la toma de decisiones, reduce la productividad y, lo que es más preocupante, aumenta el riesgo de problemas cardiovasculares y gastrointestinales.[6]

A veces, todos nos volvemos un poco locos

Estarías loco si no durmieras lo suficiente. Según Walker, de la Universidad de California en Berkeley, «incluso los cerebros de las personas sanas imitan ciertos patrones psiquiátricos patológicos cuando se los priva del sueño».[7] ¿Y qué conllevarían esos patrones psiquiátricos patológicos? Investigaciones recientes afirman que las personas que experimentan un sueño insuficiente o alterado son más susceptibles a episodios de depresión e incluso tienen mayor riesgo de suicidio.[8] ¿Hasta qué punto puede convertirte la falta de sueño en un desastre emocional? Según los hallazgos de Walker, «los centros emocionales del cerebro eran como mínimo un 60 por ciento más reactivos en condiciones de privación de sueño que en sujetos que habían dormido con normalidad aquella noche».[9] Es un efecto bastante significativo, y está totalmente bajo nuestro control.

Los beneficios del sueño

Por supuesto, la historia del sueño no se limita a evitar el desastre. La pérdida de sueño interfiere en tu capacidad para mantener la compostura, pero dormir lo suficiente puede hacer maravillas para ayudarte a soportar muchas de las tensiones y exasperaciones inevitables de la vida.

Muchos pasamos demasiado tiempo reviviendo recuerdos estresantes del ayer. El mero hecho de rememorar desaires públicos, enfrentamientos en el lugar de trabajo y tareas estresantes puede bastar para reactivar la respuesta a la amenaza. Por fortuna, se ha demostrado que un sueño adecuado puede atenuar mucho el estrés. Durante la fase crucial del ciclo del sueño, conocida como sueño REM (movimiento ocular rápido, por sus siglas en inglés), el cerebro es capaz de eliminar noradrenalina, el neurotransmisor relacionado con el estrés, y procesar acontecimientos recientes y almacenarlos como recuerdos a largo plazo. Eso significa que aún podrás recordar esos incidentes sin que salga a relucir la carga emocional que pueda haber viajado con ellos cuando se produjeron.[10]

Cada vez más empresas se dan cuenta de que los trabajadores que descansan bien se adaptan mejor y son más productivos. De hecho, además de animar a los empleados a dormir suficiente por la noche, empresas importantes como Google, Nike Time Warner y *The Huffington Post* no solo permiten dormir la siesta durante la jornada laboral, sino que la fomentan.[11] Varias empresas, entre ellas Nike y thyssenkrupp, cuentan con salas tranquilas donde los empleados pueden echar una cabezada o incluso meditar. Tal vez no sorprenda que el planteamiento de Google sea aún más innovador. Por todo el campus de la empresa hay cápsulas especiales para dormir. Esas cápsulas, una especie de cruce entre tumbona y pelota de ping-pong gigante, ofrecen intimidad y reproducen sonidos relajantes para los trabajadores que sienten la necesidad de recuperar horas de sueño o simplemente relajarse.[12]

Por supuesto, el sueño no funciona de manera aislada. Practicar ejercicio vigoroso de forma regular puede mejorar la calidad del sueño, mientras que unas malas decisiones nutricionales pueden dificultarlo. De hecho, la obesidad contribuye en gran medida a la epidemia de la apnea, que altera el sueño.[13]

La ventaja del ejercicio

Como han demostrado numerosos estudios, en comparación con los que se pasan el día tirados en el sofá, las personas que practican un régimen de ejercicio regular mejoran sus resultados en las pruebas cognitivas. Son superiores en memoria a largo plazo, razonamiento, atención, resolución de problemas, prácticas de inteligencia fluida (que implican razonar con rapidez), pensamiento abstracto e improvisación a partir de material aprendido previamente para resolver nuevos problemas.[14] En resumen, controlan mejor su cerebro. Y si tu objetivo es la regulación emocional, control es justo lo que necesitas. De hecho, los beneficios del ejercicio pueden ser tan grandes que, si se presentaran en frascos, probablemente se considerarían un medicamento milagroso. Pensemos en algunas pruebas de las ventajas del ejercicio:

- Cuando practicas algún tipo de actividad física, sobre todo aeróbica, el riesgo de demencia se reduce a la mitad.[15]
- Dar un paseo de veinte minutos todos los días reduce aún más la probabilidad de sufrir un ictus: un 57 por ciento.[16]
- El ejercicio regula la liberación de serotonina, dopamina y noradrenalina. Las tres están asociadas con el mantenimiento de la salud mental.[17] Las pruebas indican que el ejercicio puede utilizarse para alterar el curso de la depresión y la ansiedad.[18] En un estudio publicado en *Archives of Internal Medicine*, se dividió a varios hombres y mujeres que sufrían depresión en tres grupos. Uno participó en un programa de ejercicio aeróbico, otro tomó un conocido antidepresivo y un tercero hizo ambas cosas. Después de cuatro meses, la depresión había disminuido en los tres grupos.[19]
- El ejercicio también puede mejorar la memoria. Aumenta el volumen sanguíneo en el giro dentado, un importante componente del hipocampo, que se ocupa de la formación de los recuerdos.[20]

El ejercicio no solo ofrece protección y mejora la salud, sino que también es una potente solución a corto plazo para los efectos nocivos del estrés. Ningún remedio natural proporciona una forma más eficaz de eliminar cortisol, la hormona del estrés, del torrente sanguíneo. Una carrera corta, una caminata vigorosa o un partido de tenis complicado —o, de hecho, casi cualquier cosa que te haga levantar y moverte— puede hacer borrón y cuenta nueva de la tensión acumulada y te dejará una sensación de vigor, listo para afrontar el resto del día, o te sentirás agradablemente relajado para disfrutar de una noche tranquila y un sueño reparador.

Sal al exterior

Por sí mismo, el ejercicio ofrece una amplia protección contra el estrés, pero el ejercicio al aire libre puede ser aún mejor. La exposición a la naturaleza, prácticamente del tipo que sea, ha demostrado tener un efecto curativo. Numerosos estudios han descubierto que el tiempo que pasamos en la naturaleza puede mejorar la regulación emocional y proporcionar un potente antídoto contra el estrés. Un estudio dirigido por el doctor Peter Kahn, de la Universidad de Washington, midió la frecuencia cardiaca de tres grupos de estudiantes. Un grupo realizó una tarea ligeramente estresante en una habitación sin ventanas. Otro llevó a cabo la misma tarea junto a la ventana que daba a la fuente Drumheller de la universidad. El tercer grupo veía una imagen en tiempo real de la fuente en una pantalla de plasma. Los alumnos que veían la naturaleza por una ventana experimentaron el mayor descenso de la frecuencia cardiaca, mientras que el efecto sobre los latidos del corazón entre los estudiantes que miraban fijamente una pared en blanco y los que veían la naturaleza a través de una pantalla de plasma fue insignificante.[21]

Otros estudios realizados antes y después parecen subrayar los beneficios del mundo natural para moderar nuestras emociones. En un artículo del *The Wall Street Journal*, Michael Posner, profesor emérito de la Universidad de Oregón y reconocido experto en concentración (véase el capítulo 3), afirmaba que dar un paseo por el parque «puede hacer maravillas» para combatir el estrés.[22]

Por supuesto, los habitantes de las zonas urbanas no siempre tienen acceso fácil a entornos más bucólicos. Pero no hay que preocuparse, dice Marc Berman, de la Universidad de Michigan, que descubrió que incluso observar fotos de la naturaleza en una habitación tranquila era más beneficioso que caminar por una calle cacofónica de la ciudad. Por otro lado, si la calle es relativamente tranquila y está bien ajardinada, puede ser casi tan útil como salir de la ciudad.[23] «Una calle tranquila de la ciudad con elementos naturales interesantes a la vista, como las jardineras, también podría servir», declaraba al *The Wall Street Journal*.[24]

Puede que haya una ligera disparidad en sus resultados, pero la mayoría de los estudios parecen haber llegado a la misma conclusión básica: cuando se trata de reducir el estrés, lo verde es bueno.

Alimentación y estrés

Aunque el ejercicio generalmente está aceptado por su papel en la reducción del estrés, los directivos ocupados que quieren mantenerse en forma con visitas periódicas al gimnasio a menudo pasan por alto los efectos drásticos que puede tener una buena nutrición en el fomento de la regulación.

Un apasionado defensor de esa conexión entre la comida y el estrés es Holger Stromberg, cocinero con una estrella Michelin y chef oficial de la selección alemana de fútbol que se coronó campeona del mundo. Cuando hablamos hace poco en Múnich, insistió en el papel de una dieta adecuada no solo para ayudar a los jugadores a satisfacer las exigencias físicas de un partido de fútbol, sino también para propiciar que tanto deportistas como directivos rindan al máximo.

Stromberg nos contó que ha sido testigo de cambios notables en la agilidad mental derivados de una mejor nutrición. ¿Cómo lo sabe? Por el aspecto de sus clientes. El peaje que supone el estrés para el cuerpo no siempre es invisible. Para un observador experto, los cambios en el cabello, la piel y los ojos a menudo pueden ofrecer signos claros de una nutrición inadecuada. Cuando no está sirviendo comidas deliciosas y nutritivas a deportistas de élite, Stromberg utiliza su experiencia para reducir el estrés y mejorar la salud general de altos directivos empresariales. «He dado consejos individuales a algunos de ellos —nos dijo—. Meses después no solo ellos notan el cambio, sino que es visible también para su entorno».[25]

Por lo general, cuando celebramos seminarios dedicados a estrategias para mejorar el rendimiento basadas en la neurociencia, trabajamos con nutricionistas profesionales como parte del programa y servimos a los participantes «alimentos para el cerebro» que se han preparado especialmente para potenciar su bienestar racional y emocional. Los directivos que asisten a nuestros seminarios con frecuencia incorporan esa nueva dieta en su vida cotidiana. Muchos se asombran de lo sabrosa y fácil de preparar que es esa comida sana y, lo que es aún más importante, lo bien que se sienten.

¿Qué tipo de platos servimos? Por desgracia, los menús específicos están fuera del alcance de este libro (¡aunque puede que cobren protagonismo en el futuro!), pero si podemos extraer una conclusión fundamental del papel de la nutrición en la protección contra los inoportunos vaivenes emocionales es que los alimentos nutritivos deben proporcionarte energía suficiente para que el combustible del que depende el cerebro para funcionar correctamente esté disponible siempre que lo necesites. En buena medida, es difícil errar con una dieta que incluya muchas verduras y frutas, que son alimentos ricos en nutrientes, así como algo de proteína y ácidos grasos saludables, como los aceites de oliva y colza. Las proteínas son importantes porque los aminoácidos actúan como componentes básicos de los neurotransmisores. Por ejemplo, el triptófano (que se encuentra en todo, desde el pollo hasta los garbanzos, pasando por el chocolate) es un precursor de la serotonina y la melatonina, y el cuerpo no puede producirlo de forma natural. Aunque algunos defienden que hay que evitar por completo los carbohidratos, nosotros no abogamos por nada tan extremo. De hecho, hay pruebas de que las dietas bajas en carbohidratos inhiben el transporte de serotonina al cerebro, lo cual podría ocasionar depresión.[26] Los carbohidratos simples pueden aportar energía al cerebro, pero tienen poco o ningún beneficio nutricional, así que puedes verte obligado a consumir un exceso de calorías solo para obtener los nutrientes que necesitas. En lugar de eso, incorpora los carbohidratos complejos que contienen los sabrosos cereales integrales y estarás bien.

Entrena el cerebro

No hay nada inevitable en la forma en que responde el cerebro a una situación concreta. El cerebro puede ser inteligente y poderoso, pero también es sorprendentemente ingenuo e impresionable. A menudo puedes desactivar una serie de situaciones estresantes utilizando tu cuerpo para engañar al cerebro, abordándolas desde un punto de vista positivo o desviando la fuerza de una respuesta al estrés para utilizarla en tu propio beneficio.

Lidera con el cuerpo

Aunque todo, desde una sonrisa hasta el estrés, demuestra que el cerebro maneja el cuerpo, en realidad es bidireccional. Una y otra vez, los psicólogos no solo han demostrado que las emociones influyen en el cuerpo, sino también a la inversa: el cuerpo puede influir en las emociones. Al «actuar como si», es decir, al asumir la expresión y la actitud de una persona feliz y exitosa, con frecuencia puedes llegar a conseguir que el cerebro se lo crea.

El efecto bótox

Según estadísticas recientes de la Sociedad Estadounidense de Cirujanos Plásticos, se calcula que 6,1 millones de pacientes recibieron tratamientos con toxina botulínica tipo A, más conocida como bótox. La gran mayoría de los pacientes en principio reciben bótox para sentirse mejor consigo mismos, pero los psicólogos han descubierto que esas inyecciones para reducir las arrugas tienen un efecto sorprendente en la disposición general de los receptores.

Un estudio llevado a cabo con cuarenta mujeres a las que se pidió que respondieran a afirmaciones antes y después de un tratamiento con bótox arrojaron resultados que hicieron sonreír tanto a psicólogos como a cirujanos plásticos. Aunque las reacciones de los sujetos a enunciados alegres no cambiaron, sus reacciones ante frases tristes o airadas eran notablemente más lentas después de recibir las inyecciones. Según la «hipótesis de la retroalimentación facial», nuestras expresiones físicas envían señales al cerebro para que produzca la respuesta emocional adecuada. En otras palabras, aunque sonreímos cuando somos felices, también sonreír puede hacernos felices. Esto puede obedecer a la «sonrisa congelada» que en ocasiones produce el bótox. Los resultados del estudio fueron tan interesantes que los psicólogos han empezado a estudiar el bótox como un posible remedio para la depresión.

¿LLEVAS UN LÁPIZ EN LA BOCA O TE ALEGRAS DE VERME?

Se han llevado a cabo otros ensayos en los que se han utilizado lápices normales e incluso palillos chinos en lugar de bótox. En el estudio del lápiz, los investigadores pidieron a un grupo de sujetos que sostuvieran un lápiz entre los dientes mientras valoraban el humor de una serie de dibujos animados. El otro grupo vio los mismos dibujos animados mientras sostenían el lápiz entre los labios, pero sin tocarlo con los dientes. Pruébalo y verás la diferencia. La primera manera de sostener el lápiz obligaba a los sujetos a sonreír. La segunda les hacía fruncir el ceño. Aunque los sujetos no eran conscientes de sus expresiones faciales, tuvieron un efecto mensurable en sus reacciones a los dibujos animados. Los que sonreían disfrutaron mucho más con los dibujos que los que fruncían el ceño.

Aunque el estudio del lápiz parecía demostrar el efecto de las expresiones positivas en nuestras emociones, el de los palillos fue un paso más allá y estableció una conexión directa entre sonreír y nuestra resistencia cuando estamos expuestos al estrés. En este caso, un grupo de sujetos sostenía un palillo chino en la boca, lo cual producía sonrisas similares a las del estudio del lápiz, mientras que el otro grupo adoptó una expresión neutra. Se sometió a ambos grupos a pequeños acontecimientos estresantes, como meter la mano en un cubo de agua helada. En todos los casos, los investigadores midieron la frecuencia cardiaca de los sujetos antes, durante y después del acontecimiento. La frecuencia cardiaca de los sujetos que sonreían (aunque no se dieran cuenta) se recuperó más rápido que la de quienes mantuvieron una expresión neutra.

EL PODER DE LA POSTURA

Las expresiones faciales no son lo único que influye en tu actitud. Un estudio llevado a cabo en dos prestigiosas escuelas de negocios descubrió que la postura tiene un efecto más relevante en tu comportamiento que un ascenso profesional. Los sujetos que asumían una postura expansiva —cruzar las piernas en lugar de juntarlas y pasar un brazo por el respaldo de una silla en lugar de colocar las manos debajo de las piernas— transmitían una mayor sensación de seguridad y poder que los sujetos que se sentaban más sumisamente pero a los que se les había concedido un papel superior. Los resultados sorprendieron incluso a quienes habían realizado el estudio. «Al iniciar la investigación, pensábamos que el papel supondría una gran diferencia —afirmaba Li Huang, doctorando de la Kellogg School of Management—, pero, sorprendentemente, el efecto de la postura se impuso en todos y cada uno de los estudios».[27] En un ensayo posterior dirigido por Amy Cuddy, psicóloga de Harvard y autora del libro *Presencia*, que simulaba una entrevista de trabajo, se consideró que los candidatos que adoptaban una «postura de mucho poder» lo habían hecho mejor y tenían más posibilidades de ser contratados.[28]

¿QUÉ TAL UN ABRAZO?

Mientras que las sonrisas pueden animar y una postura de poder puede aumentar tu sensación de confianza, un simple gesto es capaz de tener un efecto casi milagroso para calmarte. Dar o recibir un abrazo puede desencadenar una enorme liberación de oxitocina, popularmente conocida como «la hormona del mimo». De hecho, el contacto físico en general libera oxitocina, que, según varios estudios, es incluso más eficaz que las palabras tranquilizadoras para reducir los niveles de estrés. En un estudio, los maridos acompañaban a sus mujeres a una prueba estresante. Un grupo ofreció palabras de aliento. Los demás se limitaron a hacerles un masaje en los hombros. Este último grupo experimentó un descenso en los niveles de estrés asociados a la prueba. El primero no.

De acuerdo, en algunos círculos, abrazar a tus compañeros o masajearles los hombros puede estar mal visto, y en algunas situaciones incluso puede desencadenar una respuesta de amenaza por parte del destinatario (y si no, que se lo pregunten a la canciller alemana Angela Merkel, a quien, en 2006, el entonces presidente George W. Bush le frotó la espalda, cosa que ella sin duda no deseaba). Por suerte, hay otras maneras socialmente más aceptables de obtener una dosis de oxitocina. Acurrucarte con tu mascota o pareja puede liberar oxitocina y, aunque sus efectos no sean tan espectaculares, puede bastar con estrecharle la mano a un cliente o colega.

Dado que nuestro cerebro funciona conforme a un sesgo de negatividad, nuestra respuesta inicial al conocer a alguien nuevo es tratar a esa persona como un enemigo hasta que nos haga creer lo contrario. ¡Apretón de manos al rescate! Esta costumbre no solo tiene un propósito histórico —demuestra que no estás empuñando un arma—, sino también neurológico: reducir la respuesta a la amenaza y generar una mayor sensación de conexión al liberar un chorrito de oxitocina.

Desactivar el estrés

Ahora que abundantes pruebas científicas demuestran que los cambios corporales pueden influir en las reacciones del cerebro, parece cada vez más claro que una de las estrategias más eficaces para controlar el estrés empieza por modificar tu comportamiento físico.

El sistema nervioso autónomo, el mecanismo que opera en gran medida sin tu ayuda consciente para mantener el cuerpo en funcionamiento, tiene dos canales principales: el simpático y el parasimpático. El canal simpático es el que activa la respuesta de lucha o huida, mientras que el parasimpático es responsable de lo que a veces se denomina actividades de «reposo y digestión» o «alimentación y cría».

Hay excepciones, pero, en general, cuando un canal domina, el otro permanece inactivo. Por ejemplo, cuando notamos estrés, normalmente somos incapaces de reposar y digerir. Con el fin de situar tu cuerpo en la mejor posición para responder a una amenaza, el sistema nervioso simpático apaga temporalmente todas las funciones no esenciales, incluyendo la digestión, la reproducción y, huelga decirlo, la relajación. ¡Por lo general no quieres tomarte las cosas con calma cuando tu vida corre peligro!

Aunque no es tan sencillo como un interruptor de la luz, se le parece. Aprender a relajarse implica desarrollar la capacidad de pasar del sistema nervioso simpático al parasimpático, es decir, desactivar el estrés y activar la relajación. La mayoría de las técnicas populares de relajación se basan en un mismo principio simple pero a menudo difícil de conseguir: encontrar la manera de accionar tu propio interruptor.

Respiración profunda. Por norma general, nadie tiene que decirte que sigas respirando. Lo haces continuamente todos los días a lo largo de toda tu vida, casi siempre sin pensar. Respirar con profundidad, también conocido como respiración abdominal, no solo te ayuda a concentrarte en la respiración, sino que te anima a cambiar la forma de respirar, inhalando lentamente por la nariz en lugar de por la boca y utilizando cada nueva respiración para expandir el abdomen (vientre) en lugar del pecho. Luego, al exhalar, lo haces por la boca, espirando poco a poco mientras el abdomen se desinfla. La mayoría hemos experimentado la respiración rápida y superficial de la ansiedad o el estrés y las respiraciones profundas y pausadas que hacemos cuando nos sentimos agradablemente somnolientos o relajados. La respiración profunda invierte ese proceso, utilizando las respiraciones para definir tu estado de ánimo y no a la inversa.

Relajación muscular progresiva. Desarrollada por el médico Edmund Jacobson a principios del siglo xx, la relajación muscular progresiva es justo lo que parece. Consiste en actuar de forma metódica sobre los grupos musculares del cuerpo, tensando y relajando cada uno de ellos antes de pasar al siguiente. Esa técnica no solo proporciona una relajación sistemática de todo el cuerpo, sino que aumenta la conciencia corporal de cómo se siente cada grupo muscular cuando está tenso y cuando está relajado. Con frecuencia, ello mejorará tu capacidad para reconocer y remediar cualquier sensación de estrés que puedas experimentar en tu cuerpo.

Entrenamiento autógeno. Ya en la década de 1930, el psiquiatra alemán Johannes Heinrich Schultz desarrolló una técnica de relajación denominada entrenamiento autógeno. Consiste en sentarse o tumbarse en silencio durante quince minutos —preferiblemente dos o tres veces al día— y repetir un conjunto de visualizaciones destinadas a inducir la relajación. Unos treinta años después, el cardiólogo estadounidense Herbert Benson continuó donde lo había dejado el doctor Schultz y modificó un poco las instrucciones, animando a los pacientes a sentarse cómodamente y concentrarse en un sonido, palabra o frase o mirar un objeto concreto. Con el tiempo, esa práctica aumenta la conciencia y el control del sistema nervioso autónomo, lo cual te permite saltar del estresado sistema nervioso simpático al parasimpático, este más relajante, en lo que el doctor Benson denomina «respuesta de relajación».

Aunque las instrucciones para cada una de esas técnicas varían, todas ellas comparten una idea fundamental. Cambiar el cuerpo puede cambiar el cerebro. Cientos de estudios contrastados por varios científicos sustentan esta poderosa conclusión: al centrarte conscientemente en relajar el cuerpo o dirigir tu atención a un simple sonido u objeto, puedes conseguir que el cerebro desactive su respuesta al estrés.

Puedes utilizar estas técnicas establecidas o algo un poco más informal. Si estás atrapado en lo que parece una reunión interminable, cambiar de postura a menudo puede tener un efecto notable en tu perspectiva. Si estás sentado y te sientes desanimado, a veces la forma más rápida de cambiar tus emociones es levantarte y moverte. Deja que tu cuerpo tome la delantera y el cerebro lo seguirá.

Piensa en positivo

Durante la mayor parte del siglo pasado, una amplia variedad de oradores motivacionales ha defendido el denominado pensamiento positivo con una intensidad casi evangélica. Puede que los oradores tengan cientos de miles de adeptos, pero los científicos, escépticos por naturaleza, seguían viendo sus actitudes solemnes con comprensible desconfianza. Al fin y al cabo, el pensamiento positivo era más filosofía que ciencia, y los científicos dependen sobre todo de datos. Ahora, gracias a innovaciones científicas como la imagen por resonancia magnética funcional (IRMf), por fin contamos con esos datos. Y aunque entre los pensadores positivos probablemente haya bastantes charlatanes y defensores ingenuos pero bienintencionados, el mensaje subyacente —que cambiar tu actitud puede cambiar tu vida— se ha confirmado gracias a centenares de estudios evaluados por pares en los que han participado un gran número de sujetos.

Tienes que creer

Pero, primero, las malas noticias. Hay sistemas de autoayuda extremadamente populares que aún no están respaldados por pruebas neurocientíficas fehacientes. El más conocido es la idea de las afirmaciones positivas.

Cuando el legendario boxeador Muhammad Ali anunció al mundo «¡Soy el rey! ¡Soy el más grande!», no solo estaba recordando a su audiencia lo que ya sabía. Es posible que también ayudara a su propio rendimiento en el ring. El pronunciamiento de Ali seguía una orgullosa tradición de afirmaciones, la idea de que combinando una actitud optimista con una declaración positiva y contundente se puede lograr casi cualquier objetivo.

El problema es que por cada Muhammad Ali que utiliza afirmaciones positivas para cosechar éxitos, hay decenas de miles de individuos necesitados y bienintencionados para los que esas afirmaciones empeoran las cosas. Los datos empíricos demuestran que esos intentos por reorientar tu vida pueden funcionar, pero solo si ya tienes una autoestima sana. De hecho, cuando las autoafirmaciones se utilizaron en una situación de estrés, jugaban en contra de los sujetos con baja autoestima. Si no tienes un sentido positivo de ti mismo, lo primero que debes hacer es cambiar tus creencias básicas sobre quién eres.

LA CULPA ES DE LOS GANGLIOS BASALES

Como nuestra capacidad para montar en bicicleta, nuestro sentido de la autoestima está incrustado en una parte del cerebro llamada ganglios basales. Como cabría esperar, esos ganglios están situados muy cerca de tus circuitos de amenaza y recompensa. Si te dices a ti mismo que eres adorable pero en el fondo estás convencido de que no lo eres, el resultado es una disonancia cognitiva debilitante y estresante en la que el cerebro consciente está en desacuerdo con el inconsciente.

Así pues, ¿qué ocurre si no tienes una imagen positiva de ti mismo? ¿Estás condenado a llevar una vida de objetivos incumplidos y mediocridad? En absoluto. Tu propia imagen, igual que tu cerebro en general, puede compararse con un músculo. Si tienes las piernas gordas y flácidas, y quieres desarrollar unos músculos fuertes y tonificados, la solución suele ser obvia: hacer ejercicio. De la misma manera, si tu tendencia al optimismo está poco desarrollada o atrofiada, lo que necesitas en realidad es entrenamiento. Ser agradecido con lo que tienes, sacar provecho de tus éxitos y restablecer tu identidad puede ser útil para reforzar la imagen que tienes de ti mismo.

TODOS LOS DÍAS SON ACCIÓN DE GRACIAS

No es casualidad que casi todas las grandes religiones del mundo hagan hincapié en la gratitud. La gratitud no consiste en suprimir o inhibir. Además de no funcionar, se ha demostrado una y otra vez que es perjudicial. Por el contrario, es cuestión de redirigir tu atención. Aunque no tiene por qué ser religiosa o espiritual, la terapia de gratitud te aleja de creencias que quizá ni siquiera albergues y te hace ser agradecido por lo que tienes.

La ciencia de la gratitud. En numerosos estudios, los resultados de este cambio han sido espectaculares. Solo tres semanas de entrenamiento de la gratitud han demostrado mejorar el bienestar personal y la salud psicológica en general. Asimismo, propicia un aumento de la energía y el ejercicio y una inyección de optimismo, mejora la calidad del sueño y permite dedicar más tiempo a ayudar a los demás.[29]

Todas esas mejoras tienen un efecto acumulativo. Pueden influir en tu forma de actuar y comportarte y, en última instancia, en cómo piensas y cómo te sientes contigo mismo. Las crecientes pruebas empíricas que respaldan los efectos de la terapia de gratitud son absolutamente milagrosas. Aunque los estudios han apuntado en repetidas ocasiones a lo que se conoce como un punto de partida de la felicidad —una línea basal de la felicidad que hace a algunas personas más felices por naturaleza que otras, con independencia de las circunstancias externas—, las investigaciones sobre la gratitud ponen de relieve el potencial para elevar esa base de la felicidad hasta en un 25 por ciento.[30] «No es la felicidad la que nos permite ser agradecidos —explica David Steindl-Rast, un monje benedictino católico doctorado en psicología experimental—. Es el agradecimiento lo que nos permite ser felices».

Un plan de gratitud. ¿Cómo puedes poner en práctica esa teoría de la gratitud aparentemente milagrosa? Algo muy sencillo que puedes hacer una vez al día es anotar de tres a cinco cosas por las que te sientes agradecido. Puedes reservar un momento concreto del día para hacerlo. O tal vez prefieras escribir la lista mientras viajas, durante una reunión soporífera o siempre que dispongas de tiempo libre.

Aunque a veces se habla de un diario de gratitud, no es necesario llevar un diario propiamente dicho. Si lo prefieres, puedes crear un archivo de aspecto inocente en tu teléfono móvil y llevar una lista actualizada. Existen algunas aplicaciones de agradecimiento que facilitan un poco esa rutina. La mayoría son gratuitas y a menudo ofrecen protección por contraseña para mantener el archivo a salvo de miradas indiscretas, así como una opción de notificaciones que puedes utilizar hasta que la confección de la lista se convierta en algo habitual en tu día a día.

¿Qué debe figurar en tu lista de agradecimientos? Para entender mejor qué es la gratitud, es importante comprender qué no lo es. La gratitud no consiste en compararse con los demás.[31] Reconocer que otras personas pueden no poseer tanta riqueza, talento o atractivo físico, o que simplemente les va peor que a ti, no es gratitud.[32] De hecho, esa perspectiva puede fomentar una arrogancia corrosiva. Enumerar tus logros personales tampoco es gratitud, aunque desde luego merecen ser celebrados.

Por el contrario, la gratitud se dirige a una fuente externa a uno mismo.[33] Suele hacer hincapié en personas o cosas de tu mundo que han hecho que tu vida sea mejor, más afortunada o más llena de significado. Esto puede incluir desde contemplar una hermosa puesta de sol hasta el sabor de una comida deliciosa, una sonrisa de un desconocido o la ayuda de un compañero, pariente o amigo.

APROVECHA TUS ÉXITOS

Es difícil, si no imposible, pensar de manera optimista si no haces una valoración positiva de tus capacidades. Ahí es donde interviene la autoeficacia, que es la creencia fundamental en que ejerces cierto control sobre tu vida y tus resultados. Aunque gran parte del sentido de la autoeficacia se forma cuando eres niño, los acontecimientos que se producen a lo largo de la vida pueden reforzar o debilitar esa idea. Cada nueva aptitud que adquieres y cada nuevo éxito que consigues puede reforzar tu sentido de la autoeficacia. Del mismo modo, los fracasos o contratiempos pueden erosionar esos sentimientos, aunque no tienen por qué. Una prueba rápida para medir tu nivel de autoeficacia es cómo abordas una tarea difícil. Las personas con una marcada autoeficacia ven esas tareas como retos, mientras que quienes poseen escasa autoeficacia son más propensos a describirlos como amenazas.

Abordar las tareas como retos y no como amenazas puede tener un gran efecto en tu vida y tus emociones. Puede generar una reacción en cadena de logros al tiempo que reduce el estrés y tu susceptibilidad a la depresión.[34] Pocas cosas son más eficaces para perpetuar una actitud positiva que poder señalar una serie de éxitos probados.

Pero ¿y si en la actualidad no dispones de una cadena de ese tipo que puedas señalar? Hay dos cosas que puedes hacer para fomentar una actitud positiva hacia la vida y todo lo que haces. En primer lugar, siempre que cometas un error de cualquier tipo, considéralo algo pasajero y recuérdate a ti mismo que lo harás mejor la próxima vez. Así es como responden los optimistas a los contratiempos. En segundo lugar, siempre que experimentes un fracaso, piensa que es un parpadeo temporal en la pantalla del radar de tu vida, pero nada que no puedas superar. Los optimistas ven cada contratiempo como algo fugaz y luego pasan a la siguiente actividad.

Albert Bandura, psicólogo de la Universidad de Stanford y pionero en el estudio de este campo, señala cuatro factores fundamentales —experiencias de dominio, modelos sociales, persuasión social y respuestas psicológicas— que pueden determinar tu nivel de autoeficacia.[35] Cada uno de ellos puede traducirse en una acción concreta con potencial para reforzar la confianza en tu capacidad para triunfar.

1. **Apóyate en triunfos anteriores**. Un éxito anterior puede servir de trampolín para superar un obstáculo presente. Puede que esta vez haya más en juego, pero, si eres capaz de utilizar la fuerza que adquiriste en un reto similar, podrás recurrir a ese recuerdo para cobrar impulso.
2. **Compárate favorablemente con tus compañeros**. Busca ejemplos de otras personas de tu entorno que se han enfrentado a retos similares. Decirte a ti mismo «¡Si ese idiota puede hacerlo, yo también!» puede parecer un poco duro, pero esa es la idea básica, aunque sin duda no debe ser tan mordaz para que dé resultados.
3. **Consigue el apoyo de alguien a quien respetes**. El voto de confianza correcto de la persona adecuada a menudo

puede extinguir cualquier duda persistente sobre ti mismo. Mentores, familiares o amigos que conozcan bien tus capacidades pueden ser perfectos para ese papel. Encuentra a alguien que te anime y esté a tu lado como un buen entrenador deportivo.

4. **Si te sientes bien, entonces puedes hacerlo**. Tu idea sobre la envergadura del obstáculo y las probabilidades de superarlo puede estar condicionada por cómo te sientes. Por ejemplo, engañarte crónicamente para no relajarte o descansar puede influir en tu estado emocional, en tus reacciones físicas y en tu nivel de estrés. Los optimistas suelen estar en buena forma física y bien descansados. Es increíble cómo el buen estado de ánimo puede reducir milagrosamente una montaña a un grano de arena.

VENCER EL SÍNDROME DEL IMPOSTOR

Una directiva de una de las empresas de servicios profesionales más importantes del mundo recordaba haberse preguntado: «¿Qué haces aquí? ¿Qué crees que estás haciendo? Te van a descubrir».[36] Puede parecer extraño, pero, en el mundo moderno, un número considerable de personas, muchas de ellas con una impresionante serie de logros en su haber, en el fondo se consideran fraudes que en realidad no merecen su éxito. La larga lista de personas que tienen ese sentimiento incluye a líderes empresariales, jueces del Tribunal Supremo y actrices ganadoras de premios Oscar.

Aunque todavía no es un diagnóstico oficial, los psicólogos en general reconocen lo que comúnmente se denomina «síndrome del impostor» como una forma de duda intelectual que va acompañada de ansiedad y, a menudo, también de depresión.[37] Casi nadie es inmune a esa sensación. Los investigadores afirman que hasta un 70 por ciento de las personas han padecido el síndrome del impostor en algún momento de su vida.[38]

Quién sufre el síndrome del impostor. La gente que se siente así no es holgazana ni incompetente. Al contrario, suelen ser personas muy motivadas y exitosas que no se sienten merecedoras de los muchos elogios que suelen recibir.[39] En cambio, es más probable que se centren en las cosas que aún no han conseguido.[40] Según la psicóloga Suzanne Imes, residente en Atlanta y coautora de la teoría del fenómeno del impostor, muchos adultos que experimentan dicho síndrome se criaron en hogares donde se ponía énfasis en el alto rendimiento. En esos casos, los logros están inextricablemente vinculados a su sensación general de valía.[41]

Por qué ocurre. Una posible explicación para el síndrome del impostor es que, como los líderes experimentados suelen echar mano de la intuición para tomar sus mejores decisiones (véase el capítulo 5), esas decisiones acertadas apenas se registran en el cerebro consciente, lo cual hace que sean más difíciles de recordar. Además, la ansiedad de no recordar puede activar a su vez la amígdala, que interfiere en la capacidad para tomar decisiones conscientes y racionales, reforzando así el sentimiento de inadecuación.[42]

Así pues, si a veces te parece que no sabes explicar tu éxito, no significa automáticamente que seas un farsante. Por el contrario, hay muchas posibilidades de que eso indique que eres capaz de tomar decisiones importantes de manera inconsciente. Y esa es una característica de un experto, no de un impostor.[43]

¿Diferencias de género? Los psicólogos que investigaron por primera vez el fenómeno del impostor concluyeron en un inicio que era más frecuente entre las mujeres. En un estudio llevado a cabo con ciento cincuenta mujeres profesionales de alto rendimiento, muchas consideraban que gran parte del éxito que tanto les había costado cosechar obedecía a que estaban en el lugar adecuado en el momento adecuado.[44] Las personas que sufren síndrome del impostor podrían sorprenderte. Sonia Sotomayor, jueza del Tribunal Supremo de Estados Unidos, confesaba en una ocasión: «Siempre estoy dándole vueltas al hecho de si doy la talla».[45] La actriz británica Kate Winslet, que ha ganado un Oscar, un Emmy, un Grammy y cuatro Globos de Oro, y ha sido nominada en numerosas ocasiones, explicaba sus dudas: «Me levantaba por la mañana antes de ir a un rodaje y pensaba: "No puedo hacerlo. Soy un fraude"».[46]

A pesar de los comentarios sinceros sobre el síndrome del impostor entre mujeres de alto perfil, estudios recientes dejan claro que los hombres no están exentos de esa experiencia.[47] Un factor clave para sentirse un fraude parece responder a que esas personas se sienten distintas de la mayoría de sus compañeros.[48] Según la doctora Pauline Rose Clance, psicóloga clínica de Atlanta y coautora de la teoría del fenómeno del impostor, la experiencia es más común entre las minorías. Los asiático-estadounidenses tenían más probabilidades que los afroamericanos o los latinos estadounidenses de experimentar sentimientos de impostor.[49] No obstante, una investigación descubrió que la friolera del 93 por ciento de las universitarias afroamericanas estadounidenses padecían el síndrome.[50]

Aunque tanto las mujeres como los hombres tienen dudas sobre sí mismos, ambos géneros parecen afrontarlo de maneras totalmente distintas. Mientras que las mujeres pueden utilizar los sentimientos de inseguridad como motivación para demostrar su valía,[51] los hombres son más propensos a evitar la competencia por miedo a que los haga sentirse más vulnerables y que el mundo descubra sus supuestas flaquezas.[52]

Cómo piensan los impostores. No es de extrañar que las personas a las que les preocupa ser impostoras tiendan a ser más malhumoradas, menos seguras de sí mismas y más propensas a sufrir ansiedad relacionada con el rendimiento.[53] Cuando son elogiadas o recompensadas, las personas con síndrome del impostor están convencidas de que no se lo merecen.[54]

En lugar de aliviar parte de la ansiedad, cada nuevo logro puede empeorar las cosas para quienes sufren síndrome del impostor, cuya preocupación irracional por ser descubiertos como fraudes se intensifica a medida que lo que está en juego es cada vez más importante.[55] Y si por alguna razón no obtienen reconocimiento, en el fondo lo entienden.

El perfeccionismo también es frecuente entre los afectados por el síndrome del impostor, que rara vez piden ayuda y, sin embargo, creen que todo debe hacerse correctamente.[56] En algunos aspectos, el síndrome del impostor puede considerarse el lado oscuro de la motivación intrínseca. Si estás motivado por tus propios objetivos y no por los que han fijado otros, cuando no cumplas tus estrictos criterios personales puedes convertirte rápidamente en tu peor enemigo.[57]

Ventajas sorprendentes. Por supuesto, esa molesta sensación de inseguridad no siempre es negativa. A menudo puede infundir una mayor motivación para obtener logros.[58] Es más, dado que innumerables estudios han demostrado que la gente tiende a sobrestimar enormemente sus propias capacidades, el síndrome del impostor a veces puede ser una forma útil de controlar el exceso de confianza.[59]

Superar el síndrome del impostor. Para los que realmente se consideran fraudes, hay una serie de técnicas que pueden ayudar a superar ese trastorno potencialmente debilitante.

Acéptalo. El primer paso para superar el síndrome del impostor es la aceptación.[60] Eso significa reconocer que existe y que forma parte de tu personalidad.[61] Según la doctora Rosalyn Lang-Walker, una bióloga molecular que ha experimentado sentimientos de inseguridad en el pasado, reconocer el síndrome del impostor es el secreto para combatirlo: «Una vez que lo reconoces, siempre puedes restarle importancia. Puedes decirte a ti mismo: «He llegado hasta aquí por algo».[62]

Haz inventario. La doctora Imes sugiere anotar las cosas que se te dan bien, así como los aspectos en los que necesitas trabajar. El proceso de crear la lista puede recordarte lo mucho que has conseguido y resaltar tus virtudes.[63]

No compares. Deja de compararte con los demás. Hacerlo siempre es subjetivo, rara vez es acertado y casi nunca resulta útil.[64] Reconoce que las personas que parecen más seguras de sí mismas a menudo simplemente son mejores actores. En privado, puede que sus inseguridades sean tan grandes como las tuyas o más.[65]

Pide una segunda opinión. Si eres duro contigo mismo, busca evaluaciones externas, por ejemplo, ascensos, premios y comentarios de directivos y compañeros, como evaluaciones más fiables de tus verdaderas capacidades. Recuerda que los estudios demuestran que somos malos jueces de nuestras propias capacidades.[66]

Sigue siendo competitivo. No dejes que la autocrítica mordaz te impida perfeccionar y ampliar tus aptitudes con regularidad.[67] En lugar de bajar el listón, márcate unas expectativas realistas que te hagan sentir levemente desafiado en lugar de completamente abrumado.[68] Hace falta valor para perseguir objetivos cuando se corre el riesgo de no alcanzarlos y quedar mal.[69]

No te encierres. Si te asaltan las dudas sobre ti mismo, no guardes silencio. Comparte tus sentimientos con personas de confianza. A menudo descubrirás que expresar tus inseguridades confirma que la mayoría de tus preocupaciones son indebidamente exageradas o incluso infundadas.[70]

Busca un mentor. Una supervisión comprensiva puede ayudar a romper el hechizo del fenómeno del impostor.[71] Adscríbete a un modelo a imitar o un defensor que crea realmente en ti aunque tú quizá no creas en ti mismo.[72]

Sé un mentor. Trabajar con compañeros más jóvenes puede ayudarte a ver lo que has conseguido y los valiosos conocimientos que eres capaz de impartir.[73]

Da las gracias. No desprecies ni desestimes a las personas que te elogian, aunque creas que se equivocan. Rechazar cumplidos sinceros puede parecer una señal de modestia, pero a veces puede denotar desprecio hacia el criterio y los sentimientos de los demás. Por otro lado, agradecer los elogios es bueno tanto para el que los da como para el que los recibe.[74]

Celébralo. Cuando alcances un pequeño hito, tómate tu tiempo para darte una palmadita en la espalda y reconocer tu éxito antes de pasar al siguiente reto. Cuando el hito sea más grande, reserva algo de tiempo para hacer algo especial como recompensa y reconocimiento de tus logros.[75]

Utilizar el jiu-jitsu cognitivo

En un sentido estricto, el estrés no es el enemigo. Lo que importa es cómo respondes a ese estrés. Es posible tomar lo que normalmente se consideraría un estrés negativo y corrosivo y transformarlo en algo positivo y vigorizante. Sin darse cuenta, un grupo de jóvenes canadienses lujuriosos ayudó a los psicólogos a demostrarlo.

Cuando les pidieron que cruzaran un puente colgante de madera sobre el río Capilano, en North Vancouver, Columbia Británica, les sudaban las manos, se les aceleró el pulso y mostraron otros síntomas clásicos asociados a una excitación elevada. La fuente de esa excitación debería haber sido obvia. A fin de cuentas, cruzar el puente es emocionante y aterrador. Pero cuando llegaban al otro lado, ocurría algo interesante. Una joven y atractiva investigadora con un portapapeles estaba allí para recibirlos y someterlos a un breve cuestionario. La presencia de la mujer hizo que la mitad de los hombres cambiaran de repente su valoración de la situación, atribuyendo de forma errónea su excitación no a los peligros de un puente precario, sino a una atracción romántica mutua.[76]

Los psicólogos se refieren a ese fenómeno como «atribución errónea de la excitación». Lo que aporta ese experimento, aparte de algunas ideas predecibles sobre la libido masculina, es una mejor comprensión de cómo funciona en realidad el estrés. En lugar de actuar como una respuesta continua, se desarrolla en dos fases discretas, cada una manejada por una función cerebral diferente. Aunque nuestro poderoso y primitivo sistema límbico se activa automáticamente en respuesta a una excitación, es la parte más civilizada del cerebro la que se encarga de analizar los datos. Existe un tentador retraso entre el momento en que nuestro rápido e instintivo subconsciente responde y el momento en que la región más lenta y deliberada de nuestro cerebro interpreta esa respuesta. Utilizar ese pequeño retraso puede ser la clave para una regulación emocional eficaz y para aliviar el estrés. Lo importante no es la respuesta al estrés en sí, sino cómo respondemos a esa respuesta. Y ahí es donde entra en juego lo que a nosotros nos gusta llamar «*jiu-jitsu* cognitivo».

LA REGULACIÓN EMOCIONAL COMO ARTE MARCIAL

El arte marcial japonés del *jiu-jitsu* se basa en una idea sencilla pero poderosa: cuando te enfrentes a un oponente más fuerte, si intentas dominarlo, es casi seguro que perderás. Pero si puedes encontrar una manera de neutralizar la fuerza de ese oponente o utilizarla contra él, tienes bastantes posibilidades de ganar.

Un conserje de una empresa al que conocemos también es estudiante de artes marciales. Como uno de los miembros más fuertes de su club de lucha, tenía que enfrentarse a un compañero de equipo que lo igualaba en fuerza, pero quizá no en astucia.

Evaluando cuidadosamente la situación, el conserje sabía que podría ganar, pero no por una cuestión de fortaleza, sino siendo más listo que su oponente. Por fortuna, el *jiu-jitsu* es un arte marcial que permite todo tipo de trucos poco ortodoxos. Mientras luchaban, el conserje besó repentinamente a su oponente en la boca. El hombre se sobresaltó tanto que soltó al conserje y este pudo aprovechar ese instante de debilidad para tirarlo a la lona. Aunque ese movimiento no figura en ningún manual de artes marciales, fue un ejemplo memorable y poco convencional de *jiu-jitsu*.

El principio del *jiu-jitsu* se refería en origen a dos oponentes humanos, pero también podría haber estado describiendo dos regiones rivales del cerebro. La regulación emocional es una competición entre el poderoso sistema límbico y el córtex prefrontal, más débil pero también más astuto. Si intentas contrarrestar el estrés enfrentándote directamente a él, fracasarás. Eso no ha impedido que muchos tratemos de combatir el estrés reprimiéndolo, una técnica que los psicólogos llaman «inhibición».

Por qué no funciona la inhibición

Nuestra sociedad otorga una importancia desafortunada a la capacidad para guardar la compostura. Por desgracia, reprimir las emociones no solo no funciona, sino que además es malo para ti y para la gente que te rodea.

Si estás en una reunión e inhibes el estrés, el efecto en las funciones ejecutivas del cerebro a veces puede ser tan devastador que bien podrías no haber asistido a dicha reunión. Mientras te felicitas en silencio por no «perder los papeles», probablemente estés perdiendo tu capacidad para crear, innovar, planificar y recordar. Lo que hace que la inhibición sea tan insidiosa es que la factura que pasa a tu pensamiento es casi invisible para ti. Puede parecer que todo está bien precisamente porque la parte del cerebro que en circunstancias normales te alertaría ha quedado inactivada.

Lo peor es que, aunque no seas consciente de que no estás funcionando ni de lejos al cien por cien, a menudo es evidente para la gente que te rodea, aunque sea solo a nivel inconsciente. Un estudio descubrió que cuando alguien inhibe el estrés, la presión arterial de la gente que está a su alrededor aumenta. Mantener el estrés a raya es un poco como llevar un arma oculta. Los demás suelen percibir que estás escondiendo algo, y sus circuitos de amenaza se activan a consecuencia de ello.

Por último, el estrés reprimido tiene una extraña tendencia a reaparecer de forma impredecible. La inhibición consume tanta energía que cuando tu córtex prefrontal se queda sin combustible, lo mismo que tanto te has esforzado en contener suele ser lo primero que aparece. Si conoces la expresión «No pienses en un elefante», te harás una idea de cómo funciona esto. Decidir de forma consciente no pensar en algo puede aumentar la probabilidad de que pienses en ello.

En lugar de intentar inhibir el estrés, es mucho más eficiente —y eficaz— redirigir esa tensión, que es precisamente para lo que está diseñado el *jiu-jitsu* cognitivo. Sus dos armas secretas son la calificación y la reevaluación.

CALIFICACIÓN: CÓMO PONER NOMBRE AL ESTRÉS PUEDE HACERLO DESAPARECER

Calificar es justo lo que parece. Consiste en dar un nombre o una explicación a tu respuesta emocional. Por ejemplo, si estás nervioso por una presentación, reconoce esos sentimientos con palabras —no necesariamente a otros, sino a ti mismo— escribiéndolos. En una reunión tienes que rendir al máximo. Cuando te sientes estresado o emocional, estás permitiendo que tome las riendas tu cerebro primitivo. Calificar te ayuda a recuperar el control.

Irónicamente, una de las razones por las que tanta gente reprime sus emociones en lugar de admitirlas es que está convencida de que reconocer el estrés solo servirá para empeorar las cosas. Temen que al calificar sus emociones puedan perder el control, cuando en realidad sucede lo contrario. Los estudios han demostrado que calificar la fuente del estrés disminuye la activación de la amígdala, principal origen de tu reacción de lucha o huida.[77]

En un estudio llevado a cabo por el psicólogo Matthew D. Lieberman, de la UCLA, mostraron a treinta personas imágenes de individuos con diferentes expresiones emocionales. Debajo de la imagen de cada rostro había dos palabras, como «enfadado» y «temeroso», o dos nombres, como «Harry» y «Sally». En cada caso, se pidió a los sujetos que calificaran la imagen adecuadamente. En los casos en que se les dio la opción de calificar la imagen con una emoción, se observó una reducción en la respuesta de la amígdala. Cuando los participantes debían utilizar nombres, la calificación de la imagen no produjo ninguna reducción en la respuesta de la amígdala.[78]

En cierto sentido, la calificación proporciona una especie de autocontrol implícito.[79] Y por eso es un ejemplo de *jiu-jitsu* cognitivo. No estás resistiéndote al poder de tus emociones luchando directamente contra ellas, sino redirigiendo su energía. Según Sian Beilock, psicóloga de la Universidad de Chicago y autora de *Choke: What the Secrets of the Brain Reveal About Getting It Right When You Have To*, «Entender la emoción no solo ayuda a contener la reacción exagerada de los centros emocionales del cerebro, sino a expresar esos sentimientos con palabras».[80]

En última instancia, calificar posee un carácter catártico. En lugar de mantener reprimidas las emociones estresantes, las estás liberando, pero sin alterar a quienes te rodean.

La calificación calma el estrés, pero también funciona como una forma de mindfulness, que, como veremos en el próximo capítulo, puede utilizarse para mejorar la capacidad de concentración.[81] Estás mejorando el conocimiento de ti mismo al reconocer tus sentimientos. Cuando te sientas ansioso, enfadado o sometido a un gran estrés, vale la pena dar espacio a tus sentimientos. Por supuesto, como la mayoría de las aptitudes que merecen la pena, calificar requiere práctica. Si no funciona de inmediato, no te rindas. Tu capacidad para identificar y etiquetar emociones mejorará con el tiempo. Y a medida que mejoren tus habilidades, también lo harán el poder y los beneficios de ese mayor conocimiento de ti mismo.

REEVALUACIÓN: CONVERTIR LIMONES EN LIMONADA

Hay innumerables ejemplos, tanto desconocidos como famosos, de gente que ha utilizado la recontextualización no solo para contrarrestar el estrés, sino, en algunos casos, para cambiar por completo el rumbo de su vida. No te equivoques: no son personas que viven en un estado de negación; son hombres y mujeres que se enfrentan a muchas de las tensiones, desastres y contratiempos a los que nos enfrentamos todos (en ocasiones, aún más) y, sin embargo, encuentran la manera de reinterpretarlos de una manera más positiva. Todo ello se resume mejor en la conocida frase «Cuando la vida te da limones, haz limonada». Los psicólogos lo conocen por una etiqueta mucho menos colorida: reevaluación cognitiva o, simplemente, recontextualización.

El sistema límbico responde instintiva, inconsciente y notablemente rápido a cualquier cosa que perciba como una posible amenaza, merezca o no ser considerada como tal. En el momento en que se activa esa respuesta a la amenaza, no hay nada que hacer al respecto, al menos no directamente. Lo que sí puedes hacer es influir en cómo interpretas esa respuesta. Esa es la esencia de la reevaluación cognitiva.

La brecha entre el momento en que responde el sistema límbico y el momento en que las funciones ejecutivas interpretan la respuesta es breve, pero ofrece un enorme potencial para la regulación emocional. Y, sin embargo, la regulación emocional no es infalible. Puede que no siempre seas capaz de redirigir tus emociones o las de los demás en un instante, pero, si te cuidas bien y entrenas el cerebro, tu capacidad para regular las emociones debería mejorar con el tiempo y situarte en una posición más fuerte para controlar y sostener dónde se centran tu atención y energía.

Y ese es el tema del próximo capítulo.

RESUMEN DEL CAPÍTULO 2

Aspectos clave de «Regula tus emociones»

Cabeza y corazón. Dos regiones clave compiten por el control del cerebro. El córtex prefrontal (CPF) es la «parte pensante» racional, mientras que el sistema límbico es el centro de procesamiento emocional. En cualquier batalla entre esas dos regiones, el sistema límbico siempre gana.

Amenaza y recompensa. Dentro del sistema límbico existen dos respuestas principales y muy primitivas: la amenaza y la recompensa. Cuando te hallas en un estado de amenaza, tu CPF se apaga temporalmente. Cuando te hallas en un estado de recompensa, tu capacidad para pensar se ve reforzada.

Resistencia emocional. Para aumentar la resistencia a los posibles estragos del estrés, debes comer bien, hacer ejercicio y dormir lo suficiente.

Cambia tu cuerpo. Cambia tus pensamientos. Hay dos vías para la regulación emocional: modificar tus patrones de pensamiento y modificar tu respuesta al estrés.

Finge hasta que lo consigas. Aunque el cerebro impulsa al cuerpo, los canales de comunicación son bidireccionales. Si adoptas una postura confiada o esbozas una sonrisa de satisfacción, tu cerebro normalmente transformará ese estado de ánimo inventado en una reacción auténtica.

No olvides dar las gracias. Se ha demostrado que dedicar tiempo cada día a dar las gracias aumenta el nivel básico de felicidad hasta en un 25 por ciento.

Prueba el *jiu-jitsu* cognitivo. La mejor manera de afrontar el estrés es tratarlo de la misma manera que los practicantes de artes marciales experimentados manejan a sus oponentes. En lugar de luchar directamente, desvíalo, utilizando su fuerza a tu favor mediante la calificación o la recontextualización.

Ponle nombre. El mero hecho de calificar una respuesta estresante cuando se produce suele bastar para desarmar temporalmente al sistema límbico y permitir que el cerebro racional recupere el control.

De limones a limonada. Una amenaza puede ser un gran desafío. Un contratiempo repentino puede suponer una oportunidad. Cómo manejan el cerebro y el cuerpo las situaciones de estrés puede verse alterado drásticamente dependiendo de cómo decidas recontextualizarlas.

3

MEJORA LA CONCENTRACIÓN

Logra el control que necesitas para focalizarte en lo importante y dejar las distracciones de lado

En abril de 2012, Dean Potter, de cuarenta y cuatro años, cruzó el espectacular Gran Cañón de Enshi en poco más de dos minutos, caminando cuarenta metros sobre una tambaleante cuerda de nailon y acero. Bajo sus pies, había una caída de casi dos kilómetros.[1]

A diferencia de Philippe Petit, cuya famosa hazaña fue recorrer sobre un cable de acero la distancia que separaba las torres del World Trade Center de Nueva York en 1974,[2] Dean Porter prescindió del contrapeso y de la correa de seguridad. Demostró tener lo que los demás experimentamos de vez en cuando: una concentración extraordinaria. Con la práctica, podemos lograr un estado de concentración profunda para mejorar el rendimiento y obtener resultados sorprendentes.

Un gorila en la sala

En 1999, los psicólogos Christopher Chabris y Daniel Simons filmaron un vídeo corto de dos grupos de estudiantes mezclados en un círculo que se pasaban dos pelotas de baloncesto. La mitad llevaba una camiseta blanca, y la otra mitad, negra, y solo se pasaban la pelota entre los integrantes de un mismo grupo.

Después de filmar y editar el vídeo, pidieron a unos voluntarios algo muy simple: que contaran en silencio el número de pases que se daban los de la camiseta blanca.[3]

Como ocurre tan a menudo en los experimentos psicológicos, el ejercicio oficial era solo una tapadera. Chabris y Simons no querían poner a prueba la capacidad de contar pases de pelota. A los veinte segundos del vídeo, otro estudiante vestido con un traje de gorila se metía en el centro del grupo, se golpeaba el pecho y se iba como había venido.

Después de que los voluntarios contaran el número de pases, les preguntaron si algo les había parecido inusual o si habían visto a alguien aparte de los jugadores. A quienes respondían que no, les preguntaban entonces si se habían fijado en el gorila. «¡¿Cómo?!». Aproximadamente la mitad de los participantes, que habían mirado el vídeo con la intención de contar los pases, reaccionaron con un descrédito profundo. No habían visto para nada al estudiante disfrazado de gorila.[4]

A mucha gente le sorprende este experimento e incluso se alarma tras ver el vídeo. «¿Cómo se me ha podido escapar?», se preguntan. Y, aun así, excepto en ciertas circunstancias, la capacidad de no ver al gorila puede ser, de hecho, algo bueno. Demuestra que somos capaces de concentrarnos en lo que es importante, incluso cuando hay una distracción espectacular que compite por nuestra atención.

Se enciende una bombilla

En uno de nuestros seminarios hubo una variación de este fenómeno. Una tarde estábamos disertando en una pequeña sala de conferencias con un grupo personas. El moderador hablaba a poca distancia de una lámpara. Cuando empezó a oscurecer, se acercó a ella y accionó el interruptor. Pero la lámpara no funcionaba, así que, sin inmutarse, siguió con el seminario a pesar de que cada vez había menos luz.

De repente, unos diez minutos después, la luz se encendió. «¡Magia!», exclamó el moderador, que de verdad se había sorprendido de que entonces funcionara la lámpara. Pero este comentario provocó las carcajadas de los asistentes. El moderador se quedó perplejo, así que uno de ellos tuvo que explicárselo. Había entrado un operario del centro de conferencias y había reparado la lámpara a solo unos pasos de él, sin que se diera cuenta. Aunque el operario no llevaba un traje de gorila, el moderador estaba tan concentrado en quien tenía delante y en lo que decía que no se había dado cuenta de toda aquella operación eléctrica.

La reacción de sorpresa de quienes no ven al gorila solo subraya lo inconscientes que somos de nuestras propias carencias de atención. Así que, si crees que puedes realizar dos tareas cognitivas a la vez sin efectos adversos, no solo estarás equivocado, sino que además será muy predecible. El cerebro está demasiado sobrecargado y no puede darse cuenta. Esta incapacidad para darse cuenta, de hecho, es el gorila en la sala.[5]

Siguiendo el espíritu de la revaluación cognitiva (véase el capítulo 2), hay un aspecto positivo en no ver al gorila. En ambos ejemplos, tanto el gorila como el operario se obviaron porque en gran medida eran irrelevantes. En el caso del operario, se podría argumentar que en realidad sí que era relevante, puesto que sus acciones iban a tener un efecto en la iluminación de la sala de conferencias. Pero observarlo mientras trabajaba habría sido tan efectivo para reparar la luz como mirar un túnel para que el metro llegue antes. El moderador era lo bastante experimentado y tenía el suficiente control cognitivo para dirigir su atención allí donde era preciso y focalizar la concentración para eliminar de la mente todo aquello que no fuera importante. No prestó atención a la lámpara hasta que volvió a encenderse. Solo aquel cambio era relevante.

Episodios de este tipo ponen en duda la imagen tradicional del profesor despistado, al que se suele ridiculizar porque no es capaz de concentrarse. Pero en verdad, lo que a menudo se percibe como un comportamiento distraído es, de hecho, un indicador de lo contrario. Es señal de una conducta intensamente concentrada. El cerebro dedica casi todos sus recursos a resolver un problema específico y, por lo tanto, de forma deliberada y eficiente, bloquea todos aquellos estímulos que considera irrelevantes para lo que tiene que hacer. En lugar de una debilidad, la concentración extrema puede ser una fortaleza. Es una demostración increíble del poder del cerebro racional y un verdadero triunfo de la concentración profunda (¡pero que reconocemos que debe ser un poco pesado si eres la esposa del profesor!).

COMPRENDER LA CONCENTRACIÓN

Si nos paramos un momento a pensarlo, el hecho de que seamos capaces de concentrarnos es bastante asombroso. Puede que te parezca fácil, por ejemplo, estar leyendo este libro, pero hay docenas de estímulos alrededor que claman por tu atención: sonidos, olores y una gran variedad de señales visuales, entre las que están prácticamente todos los objetos que te rodean. Y luego están las sensaciones: la consciencia de que hace mucho frío o calor, de si te aprietan los zapatos, y el tacto del papel cada vez que pasas la página o el peso del lector electrónico en las manos.

Dos mecanismos cerebrales se combinan para hacer posible que te concentres en este libro. Uno mejora el canal de la atención (en este caso, dedicado al libro), mientras que el otro se encarga de inhibir todas aquellas señales que quieres ignorar. El córtex prefrontal tiene la función de acentuar o atenuar estas señales.[6]

La concentración comienza con el córtex prefrontal

Lo más probable es que, si eres como la mayoría de nosotros, te contrataran sobre todo por tu córtex prefrontal, o CPF. De hecho, seguro que no serías un líder si no tuvieras un CPF en buen funcionamiento, porque, entre otras cosas, es la parte del cerebro que determina el coeficiente intelectual.

El CPF es el responsable del procesamiento racional. Se encarga de las que se suelen llamar «funciones ejecutivas del cerebro», como el raciocinio, la estrategia y la resolución de problemas. También alberga la memoria de trabajo, la zona de paso donde se ubica la información mientras decides qué hacer con ella. Desde una perspectiva evolutiva es la parte más nueva del cerebro. No se desarrolló por completo hasta hace medio millón de años, y es lo que nos diferencia de la mayoría de los animales.[7]

También es importante resaltar que el CPF es la última región del cerebro en madurar. De hecho, en algunas personas no se desarrolla por completo hasta los veinte años. ¡Cualquiera que haya criado a un adolescente conoce las consecuencias de este retraso en la capacidad del cerebro para ser racional!

En general, cuando nos referimos a pensar, nos referimos al CPF. Como explica la neurocientífica alemana Arne Dietrich: «Es donde procesamos las ideas simples y les añadimos todo tipo de capas de complejidad».[8] Comparativamente pequeño para la energía que consume, es como un MINI Cooper que necesita tanta gasolina como un Cadillac Eldorado.

Para una región tan relativamente pequeña, el CPF tiene un montón de responsabilidades. Nos ayuda a ponderar las alternativas y a pensar en un plan estratégico brillante. Cuando estamos decidiendo si pedir o no una segunda copa de vino a la hora de comer, el CPF tiene la última palabra. Es el responsable del pensamiento de alto nivel, como la planificación y la toma de decisiones, así como de la concentración, o lo que los psicólogos suelen llamar la atención.

La receta de la atención

La atención ocurre cuando el CPF recibe la mezcla adecuada de neurotransmisores, hormonas y otros elementos químicos que secreta el cuerpo.[9] Varios de sus nombres serán sospechosamente familiares. No es de extrañar que el ADN del máximo rendimiento —dopamina, noradrenalina y acetilcolina— sea también la receta de la atención. La noradrenalina siempre está alerta a las actividades inusuales. Cuando algo nos llama la atención, la acetilcolina determina su ubicación e identidad. Y, por último, la dopamina nos ayuda a determinar qué hacer al respecto. Por desgracia, la dopamina y la noradrenalina actúan como agentes dobles en un *thriller* de espías: ambas pueden mejorar o sabotear nuestra atención.

Cuando los niveles de dopamina aumentan, la sensación de recompensa que sentimos nos incita a seguir haciendo lo que hacemos para obtener más dopamina. El resultado, a menudo, es la concentración. Pero, cuando la atención flaquea (por la razón que sea), nuestro cerebro inconstante empieza a buscar nuevas experiencias que detonen otra inyección de este neuroquímico.[10] En otras palabras, el mismo neurotransmisor que nos ayuda a concentrarnos puede ser el culpable de que nos distraigamos poco después.

La noradrenalina es similarmente caprichosa. Podemos contar con ella para atraer la atención, pero no nos servirá para mantener la concentración. Cualquier amenaza potencial (y en esto se incluye una tarea exigente) nos incitará a prestarle una atención intensa para decidir cuál de las tres opciones clásicas tomaremos: luchar, huir o quedarnos inmóviles. Pero se supone que esta respuesta es una reacción rápida, no un esfuerzo sostenido. A menos que emprendamos una acción, tanto la dopamina como la noradrenalina seguirán presionando para que busquemos la próxima distracción.

VENCER A LAS DISTRACCIONES

En muchos aspectos, se puede ver el cerebro como una máquina de detección de distracciones. Aunque la supervivencia lo empuja a que preste atención al entorno, tanto interno como externo, la tendencia instintiva del cerebro de fijarse en estímulos nuevos puede tener un efecto perjudicial en nuestra capacidad para concentrarnos. Un estudio influyente demostró que no prestamos atención a lo que tenemos entre manos casi un 50 por ciento del tiempo.[11]

Las distracciones las gestiona nuestro sistema límbico, que reacciona a amenazas y recompensas potenciales, reales o imaginarias. El CPF es más lento, más débil y necesita más recursos que el resto del cerebro.

La mejor manera de fortalecer nuestra concentración es eliminar factores que la interrumpan y fomentar actividades que la faciliten. Intentar, de forma consciente, inhibir las distracciones puede parecer una estrategia proactiva, pero, puesto que suele sobrecargar el sistema límbico, que es más potente, pocas veces funciona. En general, solo empeora las cosas porque agota los limitados recursos cognitivos que, de otra manera, se habrían dedicado a la concentración.

En lugar de intentar ignorar las distracciones, es mejor minimizarlas o eliminarlas siempre que sea posible. Por otro lado, una manera de dificultar la concentración y reducir la productividad en el trabajo es hacer varias cosas a la vez. Aunque pueda parecer el *summum* de la productividad, la multitarea es el archienemigo de la concentración. Esto se debe a que, al contrario que muchas imágenes, sonidos y olores que nos interrumpen y que no podemos controlar, la multitarea es una distracción voluntaria. Estamos dispersando nuestra energía mental y torpedeando nuestra atención deliberadamente.

Minimizar la multitarea

Las comparaciones entre el cerebro y un ordenador son habituales y atrayentes. Nos gusta pensar que el órgano que tenemos en la cabeza es una versión más antigua y torpe del ordenador que tenemos en casa. Nos gusta, pero es un error. Quizá sorprenda a algunos, pero el cerebro no es un ordenador. En muchos aspectos, es muy superior. Pero, al menos en uno de ellos, el ordenador nos lleva la delantera. El término «multitarea» fue en su origen un concepto informático que se usó para describir un sistema operativo que era capaz de ejecutar más de una aplicación a la vez. Dado que pasamos mucho tiempo utilizando ordenadores, la multitarea saltó del mundo informático al humano y pareció ser una descripción adecuada de nuestra tendencia a trabajar en varias cosas al mismo tiempo. Pero hay un pequeño problema: en realidad, nosotros no podemos hacer varias cosas a la vez.

EL MITO DE LA MULTITAREA

Aunque casi todos conocemos a alguien que parece hacer bien varias cosas a la vez, la mayoría de los ejemplos se basan en situaciones en que una de las actividades la ejecuta una parte diferente del cerebro. Estrictamente hablando, no es multitarea. Después de todo, no nos jactamos de nuestra capacidad para respirar y hacer latir el corazón a la vez. Cuando hablamos de hacer varias cosas a la vez, nos referimos específicamente a la actividad en el córtex prefrontal, donde tiene lugar casi toda nuestra planificación, reflexión y raciocinio. Y, en el CPF, la multitarea es imposible. El cerebro estará maravillosamente coordinado, pero el córtex prefrontal es un poco más torpe: no puede caminar y mascar chicle a la vez. Cuando pensamos hacer varias cosas al mismo tiempo, lo que en realidad hacemos es un cambio de tareas secuencial, dirigiendo nuestro foco de atención rápidamente de una cosa a otra. En ocasiones, este cambio es tan rápido que de verdad nos parece que estemos haciendo dos cosas a la vez. Pero, créenos, no es así. Además, todos estos cambios de atención suponen un coste considerable.

EL VERDADERO COSTE DE LA MULTITAREA

Siempre que cambiamos de una actividad a otra, por ejemplo, de escribir una presentación a mirar el correo electrónico, el cerebro sigue un proceso de cuatro pasos. No importa con qué rapidez cambiemos, el proceso sigue siendo esencialmente el mismo. 1) Para empezar, la sangre acude al córtex prefrontal anterior, que notifica al resto del cerebro que vamos a trabajar en la presentación. 2) Esta orden al cerebro tiene dos partes. En primer lugar, busca las neuronas que necesitará para esta tarea particular, casi como un *sheriff* del viejo Oeste que recluta a gente del pueblo para formar una cuadrilla, y luego notifica a las neuronas que las va a necesitar. Estas neuronas, la mayoría de las cuales son capaces de participar en una gran variedad de tareas, tienen el encargo temporal de participar en el proceso de escribir una presentación. Todo este proceso de búsqueda y notificación es rápido, pero necesita varias décimas de segundo. 3) Después, cuando decidimos dejar de escribir y mirar el correo, el cerebro primero debe dejar de hacer lo que está haciendo para hacer otra cosa. Es un proceso breve, pero, como veremos pronto, no lo es lo suficiente. 4) El último paso es como el primero, solo que esta vez el córtex prefrontal anterior, en lugar de decirle al cerebro que queremos escribir una presentación, le dice que queremos mirar el correo. De nuevo, se requieren unas pocas décimas de segundo.[12]

El proceso de cambiar de una tarea a otra lleva medio segundo. No sería para tanto si no fuera porque se repite cada vez que cambiamos. Los medios segundos empiezan a sumar. Y lo peor es que, cada vez que dejamos de hacer lo que estamos haciendo, en gran medida empezamos de cero. Si publicitaran la multitarea como un refresco, el eslogan probablemente sería algo así como: «¿Por dónde iba?».[13]

Si la perspectiva de malgastar medios segundos de tiempo no te afecta lo más mínimo, y tampoco te preocupa tener que reorientarte de forma constante, quizá algunas estadísticas de más lograrán convencerte:

- Se ha estimado que las interrupciones alargan un 50 por ciento la duración de la tarea y comportan un 50 por ciento más de errores.[14]
- Aunque solo se pierden unos pocos segundos al cambiar a una tarea y volver a lo que se estaba haciendo, varios investigadores de la Universidad de California, Irvine, descubrieron que se necesita una media de veintitrés minutos para volver a estar completamente concentrado, aunque se trate de una interrupción breve.[15]
- Se ha demostrado que escribir mensajes de texto y mirar el correo una y otra vez —algo típico de quienes hacen varias cosas al mismo tiempo— reduce temporalmente el coeficiente intelectual en hasta 15 puntos.*[16]

* Puesto que los test de inteligencia, en esencia, miden nuestra capacidad para utilizar el CPF, los estímulos que monopolicen esta área comparativamente pequeña mermarán su función. Varias investigaciones han demostrado que, si nos hacen un

- Y, por último, hay estudios académicos que demuestran que a casi todos nosotros nos interrumpen —o nos interrumpimos— ¡cada tres minutos de media![17]

No cabe duda de que algunas interrupciones son inevitables. Pero la diferencia con la multitarea es que no es una interrupción imprevisible, sino que la elegimos. ¿Por qué deberíamos sabotear nuestra eficiencia, aumentar la probabilidad de cometer errores y convertirnos en seres menos inteligentes deliberadamente? Ahora que sabes todo esto, quizá dejes de hacer varias cosas a la vez. Es una decisión que no solo es inteligente, sino que incluso podría salvarte la vida.

La multitarea puede ser mortal

En 2008, un tren de pasajeros de Los Ángeles chocó con un tren de mercancías provocando la muerte de veinticinco pasajeros, entre ellos el maquinista del tren, que no vio la señal roja porque estaba escribiendo un mensaje de texto.

El último mensaje le llegó unos ochenta segundos antes del impacto.

Ahora muchas personas son conscientes del peligro de hablar por teléfono o escribir mensajes mientras conducen y han optado por usar el dispositivo «manos libres». Por desgracia, el problema principal de utilizar el móvil cuando conducimos no es tenerlo en las manos, sino la dimensión social. «Para el cerebro es muy difícil ignorar la información social», afirma Paul Atchley, psicólogo del Transportation Research Institute de la Universidad de Kansas. El cerebro da un tratamiento de alta prioridad a las noticias sociales. Y si resulta que llegan justo cuando un coche invade inesperadamente nuestro carril, muy bien pueden ser un problema.[18] No hace falta decir que la gran mayoría de los conductores que usa el móvil mientras conduce no tiene un accidente... hasta que tiene un accidente.

---

test de inteligencia cuando estamos distraídos, la puntuación cae en picado. Aunque no signifique que la multitarea nos convierta en estúpidos permanentes, ¡sí que nos hace ser estúpidos temporales!

¿Por qué asumir un riesgo así? Quizá el aura de la multitarea sea demasiado grande. Después de todo, sigue corriendo el mito de que la multitarea nos hace más productivos, aunque las pruebas apuntan precisamente a lo contrario.

La multitarea es contraproducente

A pesar de nuestras buenas intenciones, la multitarea merma la productividad y nos exige más tiempo, no menos. Como explica Steven Kotler, autor de *The Rise of Superman* [El ascenso de Superman]: «Al querer mejorar el rendimiento tratando de estar en todas partes en todo momento, acabamos no estando en ninguna parte en ningún momento».[19] La multitarea aumenta tanto los errores como el estrés, agota la mente y, en última instancia, no es divertida.

La multitarea perjudica al cerebro

La multitarea no solo es ineficiente a corto plazo, sino que puede provocar problemas a largo plazo. Es difícil desprenderse de la atracción por la distracción que está en la base de toda multitarea. Por esta razón nos puede costar más concentrarnos, aunque no estemos haciendo varias cosas a la vez. Las pruebas también apuntan a que la multitarea utiliza un tipo de memoria diferente y menos flexible, que podría perjudicar la capacidad de crear y recuperar recuerdos a largo plazo. Además, un estudio reciente sugiere una relación vagamente inquietante entre el uso simultáneo de dispositivos digitales y una reducción en la materia gris del córtex del cíngulo anterior, una zona asociada con el control de errores.[20]

Por qué seguimos haciendo varias cosas a la vez

Con cada vez más pruebas contra la multitarea, ¿por qué seguimos haciéndolo? La explicación más común —ahorrar tiempo y mejorar la productividad— describe la motivación, pero no concuerda con el resultado. Como hemos visto, la multitarea nos hacer perder tiempo y reduce la productividad. A estas alturas, la mayoría de nosotros ya lo sabe. Hemos leído un montón de artículos sobre los peligros y las trampas de la multitarea, pero no hacemos caso de las pruebas. ¿Por qué?

1. Nos atrae la novedad

La respuesta más probable ya la conocemos: la culpa es del cerebro. Hacemos varias cosas a la vez porque nuestro cerebro no puede dejar de buscar novedades. Reaccionar a las distracciones nos da una inyección de dopamina. Según el psicólogo y profesor de Stanford Russell Poldrack, a pesar de la reputación de «hacernos sentir bien que tiene este neurotransmisor», la dopamina, en realidad, es un neurotransmisor «insaciable».[21] El hábito pronto se convierte en una adicción. Cuando nos falta, lo más probable es que nos sintamos aburridos.[22]

Como es habitual, la raíz de todo esto se halla en la supervivencia. Cuando nuestros ancestros estaban preparando la comida o construyendo una cabaña, la aparición repentina de una amenaza potencial redirigiría la atención de estas tareas deliberadas a preocupaciones más inmediatas, como seguir con vida. Por desgracia, las alertas de nuevos correos electrónicos tienen el mismo efecto que antaño el rugido de un león. El cerebro es un dispositivo de detección de distracciones, y el gestor de correos o el móvil son máquinas generadoras de novedades.[23] Pero la naturaleza crónica de estas distracciones hace que se parezcan menos a leones y más a juegos de arcade como el *Whac-A-Mole*, en el que roedores de plástico aparecen de forma impredecible de una serie de agujeros y nos dan puntos cada vez que los aplastamos con un mazo de plástico. Tiene un efecto doblemente negativo. La alerta de un correo no solo nos interrumpe, sino que, según las investigaciones de la Universidad de California, Irvine, nos provoca estrés.[23] Al principio, reaccionamos al sonido de llegada de un correo como un niño la mañana de Navidad, pero, a pesar de que el mecanismo nos sigue obsesionando, la emoción no dura mucho. Aunque el deseo de novedad es la base de la multitarea, el efecto de las recompensas, como en la mayoría de las adicciones, se va difuminando a medida que pasa el tiempo.

2. Imitamos a nuestros modelos

Otra de las razones por la que hacemos varias cosas a la vez es que tenemos mentores que hacen lo mismo: hombres y mujeres que dan la impresión de que no solo tienen éxito, sino de que la clave de ese éxito es la multitarea. Casi todos conocemos a alguien que parece poder hacer varias cosas a la vez. De hecho, esta «capacidad» se ve con cierto grado de respeto y admiración. Si tienes un jefe o un colega especialmente exitoso que hace varias cosas a la vez de manera crónica, es posible que creas que la multitarea es la razón de su éxito, cuando, de hecho, lo más probable es que las cosas le vayan bien a pesar de la multitarea, y que sería más efectivo si se centrara en una cosa cada vez.

3. Creemos que se nos da bien

La mayoría de nosotros sobrestima qué es capaz de hacer cuando hace varias cosas al mismo tiempo. Si las historias de accidentes causados por personas que escriben mensajes de texto mientras conducen nos dejan rascándonos la cabeza y con la pregunta «¿Por qué razón harían algo así?», la respuesta es relativamente simple: pensaban que lo tenían todo bajo control.

Pero un estudio tras otro demuestra que estaban fundamentalmente —y, a veces, fatalmente— equivocados. En una investigación reciente, quienes se consideraban expertos en hacer varias cosas a la vez, eran, en realidad, un desastre.[25] Paradójicamente, quienes se prestan a la multitarea de forma regular rinden peor que quienes se ocupan de varias tareas de forma ocasional. Según una investigación de la Universidad de Stanford, hacer varias cosas a la vez con regularidad aumenta la susceptibilidad a las distracciones.[26] Y según el profesor que dirigió este estudio, Clifford Nass, «no pueden resistirse a la irrelevancia».[27]

PERO CON LAS MUJERES ES DIFERENTE, ¿NO?

Uno de los mitos a los que casi todo el mundo alude sobre la multitarea es que a las mujeres se les da mejor que a los hombres. Por desgracia, como muchos mitos similares, no se sostiene a la luz de la ciencia. A pesar de los titulares de las revistas populares, el veredicto no está claro. No hay nada concluyente que dé ventaja a ningún género.[28]

Aun así, raro es el seminario en que no haya algún ejecutivo que afirme con orgullo: «¡Sin duda mi mujer puede hacer varias cosas a la vez mejor que yo!». Como dice el refrán, «el plural de la anécdota no son datos objetivos».

La idea generalizada de que las mujeres son mejores en este aspecto supone un equívoco tanto para ellas como para la multitarea. A pesar de décadas de avances, las mujeres con trabajos a jornada completa siguen ocupándose además de cocinar, limpiar y cuidar de los niños. Por lo tanto, no es raro que en los hogares el padre esté sentado en el sofá viendo la televisión, mientras la madre está en la cocina preparando la cena, hablando por teléfono y atándole los cordones a su hijo.

Casi con seguridad, ocuparse de todas estas cosas a la vez no es la opción ideal de la madre. Y tampoco se puede decir que lo que haga sea multitarea. Esta se refiere solo a actividades que compiten por el espacio limitado del córtex prefrontal. Si planchamos una camisa una vez al año, entonces seguramente nos apoyaremos en el CPF. Por esta razón es difícil, si no imposible, planchar y hablar por teléfono a la vez sin correr el riesgo de quemar la camisa. Por otro lado, si estamos habituados a planchar varias camisas a la semana, entonces lo más probable es que se ocupe de ello otra parte del cerebro. Así es más fácil hablar por teléfono mientras planchas. No hay nada exclusivamente femenino en este fenómeno. Cualquier hombre acostumbrado a planchar podría hacer lo mismo.

Por suerte, las tareas habituales son menos exigentes cognitivamente y utilizan otras partes del cerebro, sobre todo los ganglios basales. No es que la madre tenga una vida menos ocupada, pero le da una pausa al CPF. La práctica de cambiar de una tarea doméstica a otra la ha convertido, involuntariamente, en una experta.

Aunque la experiencia no sea lo mismo que la multitarea, podría ser que las mujeres tengan alguna ventaja cuando se trata de cambiar rápidamente de una tarea a otra. Pero, por el momento, el jurado todavía no se pronuncia. No lo sabemos con seguridad. Además, otros experimentos apuntan a que la inteligencia espacial, en lugar del género, pueda ser el factor decisivo. En dos experimentos recientes llevados a cabo en Suecia, que medían las capacidades de hombres y mujeres para hacer varias cosas a la vez, los hombres obtuvieron mejores resultados que las mujeres. La conclusión fue que las funciones ejecutivas, como la memoria de trabajo y la inteligencia espacial, eran decisivas en la multitarea, y que solo la inteligencia espacial estaba influida por el género. En este aspecto, los hombres van por delante.[29]

Estrategias para concentrarse

Como hemos visto, mantener la concentración no es fácil, y la multitarea lo complica todavía más. Las mejores formas de evitar las distracciones son bastante evidentes: en lugar de reprimirlas deliberadamente, es mejor dedicarse a eliminarlas. Al mismo tiempo, haz todo lo que puedas para asegurarte de que el estímulo más interesante y divertido es la actividad en la que quieres concentrarte.

Prepárate para cada tarea nueva

Antes de embarcarte en una tarea difícil, aclara la mente para reducir las distracciones. Tómate un tiempo para calmarte y concentrarte antes de dedicarte a una actividad en particular.[30]

Encuentra algo divertido o de interés en lo que haces

Las emociones nos pueden ayudar a concentrarnos. Si la tarea es nueva y divertida, es menos probable que busques estímulos en otra parte. Si, en cambio, es rutinaria y aburrida, trata de encontrar una forma de hacerla más interesante.

Si la reunión periódica que tenemos cada vez nos cuesta más, podemos cambiar de sala, o incluso coger un asiento diferente al habitual. Cambiar de silla, de reunión o hasta de tema nos proporcionará una perspectiva fresca. Si la conversación se estanca, propón levantarse y caminar durante treinta segundos. O ponte junto a la ventana. Una empresa alemana que fabrica cocinas muy solicitadas decidió ubicar la reunión de los lunes en el jardín que tenía en las instalaciones. En lugar de sentarse alrededor de una mesa de la sala de conferencias, daban un paseo refrescante. Esto los liberaba de las distracciones habituales del entorno laboral y estimulaba la creatividad. Según uno de los miembros directivos, el resultado fue que la satisfacción y la eficiencia aumentaron notablemente.

Cuando trabajes solo, puedes aplicar estrategias similares. Despeja el escritorio antes de concentrarte en una tarea específica. Dedícate a una tarea allí y luego muévete a otro lugar cuando vayas a empezar otra. El cambio sutil en el entorno de trabajo transmitirá una señal al cerebro de que vas a dedicarte a otra cosa. Da un paseo de cinco minutos o prepárate una taza de café. El camino a la cafetería o a la máquina de café (junto con la cafeína) debería revigorizarte. Después de acabar una tarea y antes de pasar a la siguiente, instaura el ritual de dar diez pasos antes de empezar. Detente y estira un poco los músculos, o haz algunos ejercicios. Recita un poema breve. Canta o escucha una canción. Incluso señales mínimas de novedad, ejercicio o diversión se convertirán en el punto de partida que necesitas para continuar.

Elimina distracciones potenciales desde el principio

El córtex prefrontal necesita un espacio muy valioso para resistirse a las distracciones potenciales. Además, estas nos estresan. De forma regular, bloqueamos un gran número de estímulos, lo cual supone energía mental. Algunas distracciones no dependen de nosotros, pero otras sí. Lo mejor es no desperdiciar energía mental tratando de resistirse. Es más fácil y eficiente apartarlas. Elimina cualquier imagen, diario, cachivache o cualquier otra distracción potencial de tu campo de visión. Si tienes fotos de familiares en tu área de trabajo, opta por ponerlas en una estantería detrás de la silla en lugar de sobre el escritorio. Cierra la puerta, en caso de que la tengas. Y trata de utilizar tapones o auriculares con cancelación de sonido si no lo haces ya.

Es mejor guardar cualquier distracción potencial en el cajón o dejarla en casa que prometerse que no caeremos en la tentación hasta que hayamos acabado de escribir una presentación. La autodisciplina es una aptitud admirable, pero dilapida energía mental a un ritmo alarmante.

FIJA UN TIEMPO DE CONCENTRACIÓN

Dependiendo de la naturaleza del trabajo, quizá no sea posible evadirse por completo del resto de los compañeros. No obstante, en casi todos los casos debería ser posible rascar un poco de «tiempo de concentración» a lo largo del día, cuando se pueda cerrar la puerta, silenciar el teléfono e informar a los demás de que no estás disponible. Nadie pone en cuestión que no estemos disponibles cuando nos encontramos en una reunión importante, pero suele haber la asunción tácita de que, cuando no estamos en una reunión, estamos libres. Y, sin embargo, cuando necesitas concentrarte, estás en una reunión importante... contigo mismo.

Comunica a tus colegas cuándo no quieres que te molesten. La política de «puertas abiertas» es noble y puede facilitar la interacción y la cooperación cuando se trata de trabajo en equipo. Pero, cuando el objetivo es concentrarse, es un desastre total.

Si en tu trabajo hay elementos constantes e impredecibles que exigen tu atención, no es malo imponer un poco de control. Un ejecutivo que conocimos trabajaba en una empresa donde la política de puertas abiertas era la norma y, aunque esta idea de apertura era inspiradora en teoría, en la práctica estaba dejando su productividad por los suelos. Así que se le ocurrió una rutina simple e ingeniosa. Colgó un rotafolio en la puerta del despacho. Cuando estaba cerrada, los compañeros de trabajo podían escribir su nombre y la razón por la que querían reunirse con él. Su asistente, que se sentaba por allí cerca, controlaba los nombres del rotafolio, buscaba un hueco en el horario y enviaba una invitación a quienes habían pedido turno. En muchos casos, podían verse el mismo día. Este sistema no solo mejoró la capacidad del ejecutivo para concentrarse y, con ello, su capacidad de control, sino también la capacidad de control de los trabajadores, que prácticamente se aseguraban reunirse con el director, aunque no fuera de inmediato.

Trabaja con franjas de tiempo razonables

Si te parece difícil trabajar en una sola tarea hasta acabarla, intenta implementar la «regla de los veinte minutos». En lugar de cambiar rápido de una cosa a otra, dedica veinte minutos en exclusiva a una tarea antes de cambiar a la siguiente.[31] La satisfacción de cumplir con cada franja debería darte una dosis de dopamina, así como la perspectiva de asumir una «nueva» tarea. Además, la leve presión de aprovechar con eficiencia cada franja de tiempo debería ayudarte a aumentar los niveles de noradrenalina y aproximarte al punto de rendimiento óptimo.

Para quienes no puedan resistirse a la tentación de las notificaciones de los dispositivos electrónicos, Larry Rosen, profesor de psicología de la Universidad Estatal de California, Dominguez Hills, recomienda las «pausas *tech*»: parar de trabajar cada quince minutos aproximadamente, dedicar dos minutos a escribir mensajes, navegar por la web o colgar posts, y luego retomar otros quince minutos de trabajo sin distracciones. Si empiezas con un tiempo breve, verás que, poco a poco, podrás ir aumentando los minutos en que permaneces desconectado.[32]

Utiliza el cerebro con sensatez

Los estudios más recientes apuntan a que incluso algo tan inocuo como caminar puede interferir con nuestras funciones cognitivas. Podemos caminar y mascar chicle a la vez, pero, si estamos enfrascados en una tarea que requiere concentración, los pasos que damos pueden mermar nuestra productividad y aumentar la probabilidad de cometer errores.[33] En lo que respecta a si la música de fondo es una ayuda o un incordio, el veredicto no está claro. Si la tarea es muy repetitiva (como el trabajo en una cadena de montaje), la música puede ser una bendición para la productividad. De igual forma, una música ambiental repetitiva puede, en ocasiones, mejorar el rendimiento en ciertas actividades cognitivas de alto nivel, como leer. Pero, en general, la música popular que muchos de nosotros escuchamos en nuestro tiempo libre —sobre todo la que tiene letras— sin duda interfiere en capacidades como la comprensión lectora y el procesamiento de información.[34]

Por descontado, hay muchísimas pruebas que apuntan a los efectos positivos tanto de caminar como de la música para el cerebro. Así que ¿en qué quedamos? Se puede decir sin temor a equivocarse que la música y caminar influyen en nuestro estado emocional de forma positiva. Un poco de música preliminar puede animarnos antes de atacar algún encargo exigente, y se ha demostrado que caminar puede aliviar el estrés acumulado. Pero si tu sustento depende de la productividad del cerebro, es mejor dejar la música y los paseos para aquellos momentos en los que no estamos trabajando.

MANTÉN BAJO CONTROL LOS CORREOS ELECTRÓNICOS

Los correos electrónicos encajan con la máxima clásica: «No se puede vivir con ellos. No se puede vivir sin ellos». Un profesional normal dedica un 23 por ciento del tiempo a gestionar correos.[35] Cuando Gloria Mark y Stephen Voida, de la Universidad de California, Irvine, pidieron a trece empleados de una empresa cercana que se pasaran cinco días sin correos electrónicos, descubrieron que estaban menos estresados y que eran capaces de concentrarse en una sola tarea durante mucho más tiempo antes de pasar a otra cosa.

Obviamente, para la mayoría de nosotros es bastante poco realista prescindir de los correos electrónicos durante un periodo de tiempo prolongado. En lugar de ello, lo que proponen Mark y Void es establecer una rutina de mirar los correos en momentos determinados del día y que, fuera de ellos, desactivemos las notificaciones. Designar conscientemente franjas de tiempo para escribir correos y mensajes de texto debería darnos una idea clara de hasta qué punto nos dominan estos dispositivos. Ser conscientes del papel que los móviles y los correos desempeñan en las distracciones es el primer paso para mejorar el autocontrol.[36]

Pagar con la misma moneda

En ciertas situaciones, de hecho, podemos combinar nuestra atracción natural por la distracción con el poder de la concentración profunda para que una reunión aburrida acabe siendo eficiente y vaya como la seda. Casi todos nosotros nos habremos encontrado en reuniones donde la atención obsesiva por el detalle de uno de los asistentes para en seco cualquier progreso. Cuando la reunión tenga como objetivo esbozar a grandes rasgos una estrategia en lugar de enzarzarse para clarificar detalles insignificantes, nos será útil un memorándum detallado o una hoja de cálculo. Lo único que tenemos que hacer es encasquetársela al pesado de turno para que la estudie al dedillo y veremos que se sumerge en el documento, ajeno a la conversación principal que ahora, de forma mágica, retomará un buen ritmo. A menudo, cuando el obseso por los detalles recupere la atención general, la mayoría de las decisiones clave ya se habrán tomado y las menudencias ya no serán un problema. Por supuesto, en aras de la armonía, podemos recibir de nuevo en el redil al señor o señora Letra Pequeña, y lo más probable es que la reunión acabe con una sensación de satisfacción y logro para todos los asistentes.

CALMAR UNA MENTE INQUIETA

Aunque hayamos cerrado la puerta, llevemos tapones, las persianas estén bajadas, no haya fotos en las paredes y en el escritorio no quede nada más que un bolígrafo y una hoja de papel, sigue sin estar garantizado que podamos concentrarnos. ¿Por qué? Porque la fuente más tenaz de distracciones, más poderosa que cualquier visión, sonido, olor o cualquier otra sensación externa es nuestra mente divagadora. De hecho, una reciente encuesta de Gallup constató que el 71 por ciento de los trabajadores estadounidenses no se sentía comprometido con su trabajo o estaba activamente desconectado de él. Y para quienes habían recibido una educación superior, los datos eran todavía peores. De los encuestados que habían trabajado después de obtener el grado o aquellos que habían estudiado un posgrado, solo el 27 por ciento estaban implicados en su trabajo.[37] Son malas noticias, y no solo para los jefes. La divagación mental no solo ocupa prácticamente la mitad de nuestra vida despierta, sino que también está relacionada con niveles de felicidad más bajos.[38]

Exactamente, ¿qué ocurre cuando nuestra mente divaga? Los neurocientíficos expertos, entre ellos, Judson Brewer y Jonathan Schooler, tienen una idea bastante clara. La mente que divaga se encuentra en un circuito neuronal conocido como red neuronal por defecto o, sencillamente, red por defecto. Esta, como sugiere su nombre, es la red que el cerebro usa por defecto durante gran parte del tiempo que estamos despiertos. Se relaciona con la planificación, la reflexión y el soñar despierto. Está activa cuando pensamos en nosotros mismos y cuando pensamos en los demás. A veces se la denomina «red narrativa» porque absorbe información a través de un filtro personal y luego la utiliza para construir una interpretación narrativa propia de lo que ha ocurrido y qué consecuencias puede tener. De hecho, el único aspecto en el que la red por defecto se queda corta es en el de concentrarse aquí y ahora. Como se puede imaginar, puede ser un problema si se supone que debemos estar prestando atención. Hay dos elementos que nos pueden ayudar a no irnos por las ramas: la felicidad y el control cognitivo.[39]

Cómo concentrarse sin tener sexo

Hace unos años, los psicólogos de Harvard Matthew Killingsworth y Daniel Gilbert utilizaron una aplicación de iPhone para contactar con personas en intervalos aleatorios y preguntarles qué estaban haciendo, en qué pensaban y cómo se sentían. Después de encuestar a más de dos mil personas y con más de un cuarto de millón de respuestas, el veredicto era claro: las personas más felices eran las que estaban teniendo sexo. En una escala del 0 al 100, el sexo, con una puntuación de 90, estaba una media de 15 puntos por encima de la segunda actividad más feliz, hacer ejercicio. Las personas que menos felices se sentían normalmente estaban arreglándose, yendo o volviendo del trabajo, o trabajando.[40]

¿Qué tiene que ver el sexo con la concentración? Pues que cuando preguntaron en qué pensaban a quienes estaban teniendo sexo, menos un 10 por ciento contestó que se había puesto a pensar en otra cosa. En otras palabras, estaban profundamente concentrados en la actividad que estaban haciendo. No es lo que ocurría con otras actividades, en las que la mente divagaba entre un 30 y un 65 por ciento del tiempo. La media general fue que durante un 47 por ciento del tiempo la mente estaba divagando.[41]

Concentrarse en la felicidad

La correlación parece clara: cuanto más se disfruta de una actividad, menos probable es que la mente divague. Aunque es fácil entenderlo en el caso del sexo, el hecho es que, hicieran lo que hicieran, los encuestados eran más felices cuando estaban concentrándose en lo que estaban haciendo en lugar de estar pensando en otra cosa. De hecho, si su mente estaba divagando o no era un factor predictivo de felicidad más fiable que la actividad misma.[42] Y, cuando somos felices, el cerebro libera varios neuroquímicos, entre ellos la dopamina, que aumentan mucho nuestra capacidad para aprender y recordar. Es más, cuando la mente deja de divagar, tendemos a sentirnos mejor porque ya no estamos en alerta roja por la siguiente amenaza potencial.[43]

Todos nosotros estaremos de acuerdo en el papel que desempeña la felicidad en nuestra capacidad de concentrarnos e interesarnos en lo que estamos haciendo. Pero ¿qué pasa con el control cognitivo?

Cuando la mente se va por las ramas a pesar de todo, ¿qué podemos hacer para recuperar el control de los pensamientos y redirigir la atención? Para responder a esta pregunta nos vamos a centrar a lo que puede parecer una autoridad inhabitual: un equipo de fútbol americano.

Cultivar el mindfulness

Si se pudiera usar una sola palabra para describir lo que se sentía la tarde del domingo 2 de febrero de 2012 en el MetLife Stadium de New Jersey, esa palabra sería «decisivo». Fue la victoria con un mayor margen en los veintiún años de historia del ritual deportivo más popular de los estadounidenses y el programa de televisión más visto de la historia del país.[44] Después de una ausencia de ocho años, los Seattle Seahawks, de la National Football League, volvieron a la Super Bowl y aplastaron a los Denver Broncos con un marcador de 43-8, el tercer resultado más disparejo en la historia del campeonato.

Como era de esperar, los analistas profesionales y los *quarterbacks* de sillón propusieron una gran variedad de teorías sobre el éxito decisivo de los de Seattle, pero había un factor intrigante que hacía de los Seahawks un equipo único en la liga. Cualquier equipo de fútbol americano profesional tiene más de dos docenas de entrenadores y preparadores. A principios de 2012, los Seahawks añadieron un miembro inusual: un entrenador de mindfulness.[45]

Casi todos nosotros hemos vivido la incómoda situación en la que estamos tan obviamente distraídos que al final alguien se ve obligado a decírnoslo. «Lo siento —respondemos avergonzados—, supongo que tenía la cabeza en otra parte». Aunque quienes nos rodean no siempre se den cuenta, el hecho sorprendente es que, en la mayoría de nosotros, la mente está divagando casi la mitad del tiempo que estamos despiertos. Es algo molesto y contraproducente si te pasas el día trabajando frente al escritorio o sentado en reuniones, pero puede ser peligroso e incluso mortal si te ganas la vida en un campo de fútbol o de batalla.

Una mente que divaga, como veremos en el capítulo 5, puede tener sus beneficios, pero solo si se utiliza de forma deliberada y estratégica. El mindfulness es el antídoto para la mente que divaga.[46] Implica observar los pensamientos y emociones de cada momento, sin juzgarlos. Al hacerlo, aprendemos a convertirnos en un observador externo de nuestro propio proceso de pensamiento, una habilidad que nos da un mayor control sobre aquellos momentos en que los pensamientos están concentrados e impide que tomemos constantemente el camino de una nueva distracción.[47]

Las regiones clave del cerebro relacionadas con la divagación de la mente están menos activas en los practicantes experimentados de la meditación. A la vez, aquellas regiones asociadas con el autocontrol y el control cognitivo están más profundamente imbricadas, y no solo cuando están meditando.[48]

La definición más habitual del mindfulness, «estar presente», puede ser simple y perfectamente satisfactoria para algunos, pero para otros es un poco empalagosa, porque les evoca imágenes de monjes meditando. Aunque es verdad que las variaciones del mindfulness son un elemento integral en la mayoría de las religiones importantes, no es necesario tener fe para mejorar la concentración. Una definición alternativa y secular del mindfulness es «consciencia apacible»: «consciencia» porque estamos prestando atención y sabemos que estamos prestando atención, y «apacible» porque, en lugar de sentirnos como si estuviéramos acechando en casa a un ladrón para cogerlo con las manos en la masa, la consciencia es aguda pero no estresante. Estamos alerta sin estar alarmados.

Una noche cenamos con un cliente a quien le costaba comprender el concepto de mindfulness. El típico ejercicio introductorio, que consiste en concentrarse en una pasa de uva, le parecía profundamente desconcertante. Y también nuestra introducción preferida, el «ejercicio de la ducha», en la que pedimos prestar atención a cómo nos duchamos y luego tratar, de forma consciente, de realizar el ritual de una manera algo diferente. No encontraba sentido en ninguno de los dos ejercicios. Como se trataba de un entendido en vinos, pidió una botella cara para acompañar la cena. Observamos con gran interés que se puso las gafas para examinar atentamente el profundo color rojizo del líquido a contraluz. Luego colocó la copa bajo la nariz y aspiró el buqué exquisito con una expresión de intensidad sublime antes de darle un primer sorbo para saborear la complejidad de matices del vino. Al finalizar la cata, le dijimos que acababa de hacer un ejercicio de mindfulness. La expresión inicial de sorpresa se truncó en una de comprensión súbita. Por fin había entendido de qué se trataba. Fue una lección que nunca olvidó.

Lo que de verdad es increíble del mindfulness es que no solo cambia los pensamientos, sino que también modifica físicamente el cerebro.

Fomentar conexiones más fuertes

Richard J. Davidson, profesor de psicología y psiquiatría en la Universidad de Wisconsin-Madison, se encuentra entre los investigadores que han hecho un descubrimiento impactante y extremadamente emocionante. «Es evidente —dijo al público del campus de Google en Mountain View, California— que la aplicación intencional de estrategias específicas de entrenamiento mental puede provocar cambios plásticos en el cerebro, que son persistentes y transforman nuestras aptitudes cognitivas y emocionales».[49]

En otras palabras, podemos alterar la configuración general del cerebro sin intervención quirúrgica alguna ni el uso de fármacos. Está demostrado que el mindfulness cambia físicamente varias regiones del cerebro en tan solo ocho semanas.

El mindfulness refuerza el córtex frontal y el giro cingulado posterior, que aumenta no solo la capacidad de atención, sino también la memoria y la aptitud para procesar información.[50] Esta mejora en el control cognitivo nos ayuda a reaccionar de forma más racional y a evitar con más facilidad las respuestas emocionales fuera de lugar. Se ha descubierto que quienes meditan tienen más materia gris en el córtex orbitofrontal derecho, la región del cerebro relacionada con la regulación emocional.[51]

El mindfulness también refuerza las conexiones con la ínsula, que es la responsable de la consciencia corporal.[52] La consciencia corporal es un pilar de la intuición y, a la vez, de la toma de decisiones (como veremos en el capítulo 5). Mejora la capacidad de «escuchar al cuerpo», captar señales leves y percibir sutiles síntomas de alarma. Las personas que lo practican no caen enfermas tan a menudo porque son más propensas a darse cuenta a tiempo de que algo no va bien. Además, son capaces de ejercer un mayor control cognitivo sobre sus emociones, un factor clave para determinar si un estímulo es una distracción.[53]

Si la ínsula está asociada con la consciencia corporal propia, otra región, la unión temporoparietal (UTP), se ocupa de la consciencia de los demás. Como en el caso de la ínsula, se ha descubierto que la práctica del mindfulness aumenta la materia gris de la UTP.[54] Este aumento mejora las relaciones sociales y hace que seamos más empáticos.[55]

Pero no todos los cambios en el cerebro consisten en aumentos. De hecho, el mindfulness comporta una disminución de densidad en al menos un área, la amígdala, la región del cerebro más asociada con las reacciones emocionales y el miedo.[56]

En general, el mindfulness mejora la capacidad del cerebro para reconfigurarse dinámicamente, un fenómeno que suele denominarse neuroplasticidad y que, como veremos en el capítulo 6, mejora la flexibilidad mental y la capacidad de aprendizaje.

Logra una concentración más profunda

De igual forma que las personas que practican la multitarea crónica tienen problemas para concentrarse, aunque estén haciendo una sola cosa, los meditadores experimentados ejercen un mayor control sobre los devaneos de la mente, incluso cuando no están meditando.[57] Se ha demostrado que la práctica del mindfulness refuerza la capacidad del cerebro para prestar atención al ayudarnos a ignorar tanto las distracciones internas como las externas y a centrarnos en lo que ocurre en el momento.[58]

Para fortalecer la concentración es necesario aumentar la actividad en el córtex prefrontal y en el córtex parietal. El CPF es esencial para mantener la atención, mientras que el córtex parietal dirige el foco hacia un objetivo específico.[59] Los estudios de Davison han demostrado que, en los practicantes veteranos de la meditación mindfulness, se observa una mayor activación del CPF y del córtex parietal cuando se concentran en un objeto.[60]

Por último, el mindfulness también mejora las conexiones entre el CPF y la amígdala, lo que nos permite evitar los pensamientos negativos que todos experimentamos cuando, de tanto en tanto, nos salimos de nuestras casillas.

Convierte el mindfulness en un hábito

La mejor forma de aprovechar los efectos beneficiosos del mindfulness a largo plazo es dedicarle un poco de tiempo cada día. Conviértelo en parte de la rutina diaria, como cepillarse los dientes o pulsar el botón de la cafetera. La mayoría de las personas no lo programan; sencillamente, se convierte en un hábito.

Practica mindfulness

Puesto que el mindfulness implica sintonizar con tu experiencia directa y desconectarse de los pensamientos externos, se puede practicar en una gran variedad de situaciones: al comer, al caminar, al ducharse, al salir a correr o al hacer una breve pausa en el trabajo.

La mejor estrategia es focalizarse en una idea particular, como el ritmo de la respiración o la sensación de los pies en el suelo, y luego repetir con frecuencia el proceso, preferiblemente cada día, para que cada vez nos sea más fácil centrarnos en aquella sensación única y dejemos de lado las demás.

UNA VERSIÓN FÁCIL Y RÁPIDA DEL MINDFULNESS

Una manera informal de utilizar el mindfulness para reducir el estrés y la ansiedad en el día a día está resumida en el acrónimo STOP, que describe un método muy sencillo y efectivo para que la mente y el cuerpo recuperen el equilibrio: *Stop* (detenerse), *Take a breath* (respirar), *Observe* (observar) y *Proceed* (seguir).[62]

La idea detrás de STOP es simple pero potente. Durante el día, con regularidad, date una pausa y respira. Observa lo que estás haciendo en ese momento y piensa en cómo te hace sentir y cómo les hace sentir a los demás. ¿Tienes los hombros en tensión? ¿Estás hambriento o cansado? ¿Hay algo que está incordiándote en segundo plano? ¿Algo que querrías cambiar? ¿Podrías enfrentarte a esta situación de manera diferente?[63]

Si no se te ocurre una forma distinta de gestionar la situación, sigue como antes. Si puedes, esfuérzate por hacer cambios —ya sean grandes o pequeños, dependiendo de las circunstancias— en tu conducta, actitud o mentalidad, o en cómo te hace sentir la situación en general. Este acto básico de reflexión —los psicólogos lo llaman «consciencia metacognitiva»— puede comportar cambios potentes, positivos y a menudo permanentes en los patrones de pensamiento y en las respuestas físicas.

Lo bueno de la técnica STOP es que podemos ponerla en práctica de inmediato y en casi cualquier situación, incluso subrepticiamente en medio de una reunión estresante. Es una forma maravillosa de conectar con uno mismo y preguntarse: «¿Cómo estoy?». Algunos ejecutivos usan esta técnica antes de una actividad específica o cuando se sienten tensos o enfadados. Otros prefieren fijar alarmas en el programa que gestiona el calendario para que les recuerden hacer un chequeo rápido de su estado de ánimo y de consciencia a lo largo del día.

Al contrario que otras técnicas más elaboradas, STOP es fácil de recordar y de aplicar: no exige ningún mantra ni postura especial, y no hay que apuntarse a ninguna clase de meditación. Lo más importante es que nos ayuda a incrementar la autoconsciencia. Es posible que descubramos que hay momentos predecibles a lo largo del día en que nos sentimos bien y otros en los que no nos sentimos tan bien. Al aumentar la consciencia, STOP nos permite identificar estos momentos y hacer los ajustes que necesitemos.[64] Como cualquier otra actividad, el mindfulness requiere práctica. Cuanto más lo practiques, mejor se te dará.

En reuniones de alta tensión muchas veces anhelamos desesperadamente unos pocos minutos de silencio para poner los pensamientos en orden y concentrarnos mejor. Pero en la mayoría de las reuniones el ambiente es justo lo contrario: un par de participantes sin pelos en la lengua batallan para ver quién habla más. No hay silencio. Incluso es posible que hablen a la vez y no se entienda nada. A consecuencia de ello, en lugar de tener tiempo suficiente para un análisis ponderado y la reflexión, en la mayoría de las reuniones los participantes sufren un bombardeo de distracciones.

Aunque a algunos les parecerá un modelo disfuncional pero habitual en muchas reuniones de empresa, existen alternativas interesantes. Una de las empresas con las que trabajamos, que es conocida por tener un éxito sostenido, dispone de una regla no escrita para las reuniones de la junta: el tiempo dedicado al silencio tiene que ser igual o mayor que el tiempo dedicado a hablar. En otras palabras, después de dos minutos de conversación, hay una pausa de dos minutos o más en los que todos tienen la oportunidad de asimilar lo que se acaba de decir.

Como consultores que participábamos en este proceso inusual, debemos confesar que al principio nos desconcertó un poco. Para ser sinceros, algunos colegas más jóvenes incluso se reían de ello. Digámoslo con claridad: en estos tiempos de competitividad implacable, comunicaciones instantáneas y una avalancha de información sin precedentes, a la mayoría de los directores les parece inadmisible un periodo prolongado de silencio. De hecho, no muchos toleran ni siquiera un momento en el que se esté callado. Casi todos nuestros clientes lo consideran una pérdida completa de tiempo; el silencio los incomoda. También a nosotros nos incomodaba. Al menos, hasta que vimos los resultados.

Después de participar en la tercera reunión con este formato, empezamos a percibir tres efectos notables. En primer lugar, todos los asistentes tenían el tiempo suficiente para asimilar una opinión y ponderarla desde su propio estado mental. En segundo lugar, aunque se decían menos cosas, todo lo que se decía tenía más peso y valor, y se consideraba con más atención porque todos estaban escuchando y todos estaban concentrados. Al contrario que en una reunión habitual, en la que los niveles de distracción son altos y a menudo ignoramos a quien habla mientras pensamos en qué responder, todos prestaban atención a lo que se decía. Por último, el respeto mutuo era mucho mayor que en una reunión normal. Las pausas fomentaban la regulación emocional y evitaban una escalada en el volumen de la voz. Por esta razón, en lugar de comportarse como rivales, los asistentes tenían una idea más clara de que formaban parte de un mismo equipo. Por cierto, la duración de las reuniones en esta empresa era mucho más corta que las de otras empresas, mientras que los resultados en términos de decisiones y compromiso eran significativamente superiores.

EL PODER DE UNA PAUSA

Esta empresa no era una excepción. Otras organizaciones punteras están poniendo en práctica la teoría del mindfulness.

Uli Heitzhofer, director de los programas de desarrollo personal en Google, informó hace poco de la creación del Equipo de Pausa Mental con el objetivo de reducir las distracciones que a menudo pueden dinamitar las reuniones en momentos críticos. Un ejemplo es una pausa meditativa de dos minutos antes de empezar cualquier reunión de equipo en la que se deben tomar decisiones clave. Para guiar esta meditación se puede recurrir a un especialista del Equipo de Pausa Mental o recibir instrucciones detalladas para que los propios miembros la dirijan. Por el momento, los efectos han sido abrumadoramente positivos.

Otra empresa ubicada en la misma calle que Google, el gigante de software SAP, ha incorporado hace poco a los embajadores del mindfulness. Es un cargo que se toman tan en serio que quienes lo ostentan lo llevan escrito en sus tarjetas.

De concentrarse a fluir

Puede parecer que ha tardado mucho, pero las prácticas laborales que antaño se desecharon como excéntricas o ilógicas están cambiando el perfil de las empresas punteras. Gracias a décadas de investigaciones consistentes de los neurocientíficos, más y más líderes se están dando cuenta de que reducir las distracciones, desalentar la multitarea y fomentar el mindfulness ayuda a sus empleados a adquirir la forma de concentración más satisfactoria y productiva: fluir.

LLEGAR A FLUIR

Cuando somos capaces de bloquear las distracciones, concentrarnos en la tarea que tenemos entre manos y sencillamente disfrutar de lo que hacemos, ocurre algo casi mágico. Unas horas después de desayunar, responder algunos correos electrónicos y charlar con los compañeros, cerramos la puerta del despacho, delegamos las llamadas en nuestro asistente y nos concentramos profundamente. En unos pocos minutos, empezamos a vislumbrar una presentación estratégica brillante para la reunión que tenemos por la tarde con un cliente importante. Es un reto, pero tenemos la confianza de encontrar algunas soluciones factibles para los problemas a los que se enfrenta. Tenemos las cifras que apuntalan la estrategia. Lo estamos bordando. Las ideas brotan de la mente y apenas nos damos cuenta de que han pasado tres horas desde que nos sentamos a preparar la presentación.

Según el psicólogo positivista Mihaly Csikszentmihalyi, las conductas relacionadas con el dominio y el control son tan importantes en la naturaleza humana como el impulso de reproducirnos.[65] De hecho, fue Csikszentmihalyi quien acuñó el término «fluir» para describir la forma de concentración más suprema y satisfactoria que se conoce con muchos otros nombres como «estar en la zona», «cogerle el tranquillo» o «estar centrado».

Qué se siente al fluir

Fluir es un estado subjetivo en el que estamos totalmente implicados en algo y excluimos todo lo demás.[66] Quienes lo experimentan a menudo hablan de una pérdida de autoconsciencia.[67] Notan una sensación de control, pero no parece preocuparles perder ese control. Tienen una vaga consciencia de las distracciones, pero sin sentirse distraídos. Lo mismo ocurre con el tiempo, que parece desprenderse de su importancia o urgencia, y queda subordinado a la actividad en sí.

Con frecuencia, las personas que tienen más éxito en su campo, ya sean atletas o emprendedores, son capaces de alcanzar este estado de fluidez casi a voluntad. Por otro lado, los estudios indican que entre el 15 y el 20 por ciento de los adultos en Estados Unidos y Europa nunca experimentan la fluidez. Un porcentaje similar afirma sentirla cada día.[68] La diferencia entre un líder que fluye y otro que no es en absoluto trivial. De hecho, es impresionante. Según un estudio dirigido por McKinsey durante una década, la productividad se multiplica por cinco cuando los altos ejecutivos alcanzan el estado de fluidez.[69]

Qué desencadena la fluidez

En lugar de depender de alguna recompensa externa, lo que impulsa la fluidez normalmente es una motivación intrínseca. Se origina en el núcleo accumbens, el centro de recompensas del cerebro y ruta de la dopamina.

Los empleados asalariados que diseñaron el software de la enciclopedia Encarta de Microsoft no pudieron competir con Wikipedia, una enciclopedia en línea creada por personas que lo hacían gratis y por diversión. En este caso y en muchos otros, la diferencia decisiva probablemente fue la capacidad de fluir. Microsoft abandonó Encarta en 2009, mientras que Wikipedia todavía se mantiene como la sexta página web más popular del mundo.[70] Si no te lo estás pasando bien, probablemente no estás fluyendo.

Lograr fluir

Para lograr fluir, necesitamos un objetivo bien definido, un reto óptimo y una respuesta clara e inmediata. El objetivo aporta acetilcolina para mantenernos concentrados,[71] el reto activa la noradrenalina y la respuesta nos da una gratificante inyección de dopamina.

Un objetivo bien definido

No es probable que trabajar sin más nos lleve a fluir. Debemos trabajar para conseguir algo específico, y debemos tener una idea clara de adónde nos están llevando nuestros esfuerzos. Un equipo de desarrolladores de aplicaciones que deben lograr que su software sea más fácil de utilizar tendrá un objetivo noble, pero también bastante difuso. Pero cuando este objetivo se reformula como algo más específico, como reducir de cinco a tres clics una operación, de golpe entrarán en la zona.

En ocasiones, visualizar el objetivo puede cambiar las cosas. Un equipo al que se le encarga lo que parece una tarea clara, como «doblar los ingresos en dos años», tendrá problemas para concentrarse hasta que traspasen estas cifras y se visualicen en una foto etiquetada «equipo del año» en el despacho del CEO. Ahí es cuando empiezan a fluir.

Una vez que tenemos un objetivo claro, es más fácil distinguir las distracciones de aquello que es esencial para alcanzar nuestro propósito. Según el autor Steven Kotler, «Esta es la cuestión básica: cuando se da al cerebro un objetivo claro, focaliza su atención, descarta lo accesorio y solo le queda el ahora».[72]

Tener un objetivo claro no solo aumenta la concentración, sino que también mejora el estado de ánimo. En palabras de Csikszentmihalyi, «Sin una tarea en la que concentrar la atención, la mayoría de nosotros poco a poco se va deprimiendo. Si estamos fluyendo, no hay espacio para estancarse».[73] Y tampoco para hacer varias cosas a la vez. La atención dividida, que es la consecuencia de tratar de hacer dos o más cosas de forma simultánea, merma la productividad y la satisfacción que nos da trabajar por un solo propósito.

Aunque la capacidad y el reto deberían estar en equilibrio, las mejores condiciones para fluir son aquellas en las que intentamos hacer algo ligeramente por encima de nuestras posibilidades. Cuando el reto y la capacidad son acordes, deberíamos poder mantener la concentración con lo que tenemos entre manos.

Si el reto supera nuestra capacidad, entonces es probable que sintamos ansiedad.[74] Después de todo, es difícil, si no imposible, sentir que tenemos algo bajo control cuando se nos escapa de las manos.[75] Cuando pasamos de fluir a un estado de reacción a las amenazas, los niveles de noradrenalina se disparan más allá de los límites de la curva de rendimiento (véase el capítulo 1), y el estrés resultante impide la influencia moderadora del CPF.

Por otro lado, cuando la capacidad supera al reto, nos faltarán la noradrenalina y la dopamina necesarias para alcanzar el pico de rendimiento, y lo más probable es que nos aburramos.[76]

Es importante resaltar que la probabilidad de experimentar la fluidez aumenta en proporción con nuestras capacidades. Cuanto más alto sea nuestro nivel de habilidad, más probable es que fluyamos. Por lo tanto, el concertista de piano fluirá más que quien lleva un año aprendiendo a tocar, aunque ambos estén ligeramente por encima de sus capacidades. ¡Cuanto más experimentado seas, más fácil te será divertirte!

Una respuesta clara e inmediata

Es muy recomendable saber cómo progresamos y si debemos ajustar o mantener nuestra estrategia. Los creadores de videojuegos han aplicado este principio con éxito. Fíjate en que los videojuegos más populares casi siempre están divididos en niveles. Cada vez que superamos uno, sentimos una inyección de dopamina que nos ayuda a seguir concentrados y continuar jugando. Como explicó en una ocasión Erik Gregory, director ejecutivo del Media Psychology Research Center de Boston, «Lograr que los jugadores fluyan es la clave del atractivo universal de los video-juegos».[77]

Fluir estratégicamente

Será difícil fluir si tratamos de hacerlo todo el tiempo. En realidad, intentar fluir durante un periodo prolongado puede provocar que nos quememos. Para entrar en un estado de fluidez de manera voluntaria, es posible que necesitemos poner el listón más alto deliberadamente. Los concertistas de piano, por ejemplo, ponen a prueba sus límites constantemente aprendiendo y tocando piezas cada vez más difíciles. Esto les permite fluir. En otros casos, quizá debamos optar por adquirir nuevas habilidades. Ser conscientes de las condiciones o situaciones en las que hemos fluido con anterioridad puede ayudar. Puede tratarse de un momento del día, del entorno, del estado de ánimo e incluso de las personas con las que trabajamos. En el ámbito de un equipo, es posible que podamos escoger las tareas que con más probabilidad nos hagan fluir y delegar las que nos dan ansiedad o nos aburren.

Fluir es el punto más alto de la curva de rendimiento. Es la culminación de una regulación emocional óptima y de una concentración profunda. Nos ayuda a alcanzar el punto álgido esencial para una excelencia sostenida.

La hazaña de Dean Potter al cruzar el Gran Cañón de Enshi, en China, no duró más de tres minutos y fue una más en una carrera impresionante llena de proezas temerarias.[78] En el interesante libro de Steven Kotler sobre personas que rinden astronómicamente, *The Rise of Superman*, Potter contaba cómo su madre, una profesora de yoga, y su padre, un coronel del ejército, le ayudaron a formar su personalidad: «Creo que con el yoga probé por primera vez lo que es estar en la zona, dijo, pero sin duda sentí la euforia del corredor [...] entrenando con mi padre y las tropas».[79]

Según Beaver Theodosakis, el fundador y presidente de prAna, una empresa de equipamiento de escalada que patrocinaba a Potter,

«Dean logra estar en esa zona durante horas, un estado en el que la mente no divaga, no existen los pensamientos secundarios, y en la que debes tener una gran confianza y determinación en los movimientos».[80]

«Imagina que en la vida diaria —añadió Theodosakis— pudieras ir a la oficina con este estado mental y no distraerte».[81]

Imagina.

Al final, y quizá inevitablemente, Dean Potter demostró que incluso la imaginación y la concentración tienen sus límites. El 16 de mayo de 2015, él y su compañero escalador Graham Hunt murieron en un accidente en el Parque Nacional de Yosemite.[82] La capacidad inquebrantable de concentrarse de Potter le había salvado la vida una y otra vez, y su confianza en el mindfulness le había proporcionado un control cognitivo muy preciso, pero, al final, fue la sublime sensación de fluir —una sensación que se puede sentir tanto en una sala de reuniones como en el pico de una montaña— la que le dio las fuerzas para seguir expandiendo los límites y el poder de alcanzar los objetivos.

RESUMEN DEL CAPÍTULO 3

Puntos clave de «Mejora la concentración»

Funciones ejecutivas. La capacidad de planificar, postergar la gratificación y mantener una concentración sostenida se origina en el córtex prefrontal (CPF).

Condenado a la distracción. El CPF es muy potente, pero también muy sensible a las interrupciones. Dos de los elementos más susceptibles de distraernos en el entorno laboral son las interrupciones constantes e inesperadas de cualquier tipo y, sobre todo, la multitarea.

Mitos de la multitarea. En lugar de mejorar la productividad, la multitarea la sabotea. Podemos llegar a tardar un 50 por ciento más y cometer un 50 por ciento más de errores. Es la causante de muchos accidentes devastadores.

Así que ¿crees que puedes hacer varias cosas a la vez? La verdadera multitarea, que se basa completamente en el CPF, es imposible. En lugar de ello, el cerebro cambia rápidamente de una tarea a otra, lo que constituye un proceso muy ineficiente y que supone un gran coste en términos de concentración y productividad.

No te resistas a las distracciones. Deshazte de ellas. Tratar de ignorar conscientemente las distracciones puede ser tan costoso como la multitarea. La clave para concentrarse con éxito es despejar la mente y el escritorio de cualquier distracción potencial antes de concentrarse en una tarea o problema importante.

Programa regularmente una reunión contigo mismo. Una estrategia sencilla para mejorar la concentración es reservar de forma habitual una franja de tiempo en la que puedas cerrar la puerta, silenciar los dispositivos y centrarte exclusivamente durante unos minutos u horas en reflexionar sin distracciones.

El milagro del mindfulness. Cada vez existen más pruebas científicas que respaldan la técnica de entrenamiento mental llamada mindfulness. Este método puede reconfigurar el cerebro para mejorar el rendimiento y aumentar la capacidad de concentración.

El punto álgido del rendimiento es fluir. Fluir, que se caracteriza por una atención completa y concentrada, tiene lugar cuando las capacidades están equilibradas con el reto que tienes delante. Las personas con habilidades de alto nivel que intentan hacer algo que está ligeramente por encima de sus posibilidades tendrán más probabilidad de entrar en un estado de fluidez cuando lo necesiten.

SEGUNDA PARTE

CAMBIA TU CEREBRO

4

GESTIONA LOS HÁBITOS

Aprovecha la capacidad del cerebro para funcionar
en piloto automático

El presidente Barack Obama y la actriz Jennifer Aniston son una pareja improbable. Pero ambos tienen algo curioso en común. Sin duda son atractivos, inteligentes y tienen talento, pero hay algo más: a lo largo de su vida, ambos han luchado contra la adicción a los cigarrillos.

A Aniston, que se hizo famosa por la popular serie de televisión *Friends*, a menudo se la fotografió fumando en el estudio donde rodaban. En 2002, se prometió «dejar de fumar». Pero, casi diez años después, cuando le preguntaron sobre su aumento de peso, Aniston declaró que los kilos de más eran un efecto secundario no querido por haber dejado el hábito de la nicotina. «Es que he dejado de fumar —dijo en octubre de 2011— y he engordado un kilito».[1]

Los fans que habían seguido de cerca la carrera de Aniston y su vida personal respiraron aliviados, aplaudieron la decisión y especularon con que el fin tan postergado de ese hábito quizá se debiera a la influencia positiva de su novio relativamente nuevo (y que ahora es su marido), el actor Justin Theroux.[2]

Pero, al parecer, ni siquiera los novios pueden hacer milagros. En febrero de 2013, mientras celebraba su cumpleaños en compañía de

Theroux y otras estrellas del cine y la televisión, fotografiaron a Aniston fumando un «cigarrillo ceremonial».[3]

No se sabe exactamente cuándo fumó Barack Obama su primer cigarrillo, pero ha admitido que ya era fumador cuando comenzó a estudiar en el Occidental College en 1980.[4] Desde entonces, sus intentos de dejarlo han sido una saga con varios capítulos. Aunque sin duda no fue el primer fumador que vivía en la Casa Blanca, la presión de dar un buen ejemplo en una época en la que el peligro de los cigarrillos ya no se discute fue aumentando a medida que avanzaron las elecciones presidenciales. Aun así, seis meses después de ser nombrado presidente, Obama reconoció públicamente en la sala de prensa que todavía se fumaba un cigarrillo de vez en cuando.[5]

A principios de 2010, Jeffrey Kuhlman, capitán de la marina y médico de la Casa Blanca, le dijo a Obama que debería seguir con sus «intentos de dejar de fumar», un consejo que evidenciaba a cualquier que leyera entre líneas que el presidente aún no había logrado dejarlo.[6] A finales del año 2010, cuando le preguntaron al secretario de prensa de la presidencia, Robert Gibbs, sobre la relación intermitente de Obama con los cigarrillos, respondió: «No he visto ni presenciado señal alguna de cigarrillos probablemente en los últimos nueve meses».[7] Unos pocos meses después, la Casa Blanca pareció hacerlo oficial: el presidente ya no era fumador.

Durante una entrevista pocos días después del anuncio, la primera dama Michelle Obama insistió en que su marido lo había dejado para poder mirar a sus hijas a los ojos y decirles, sinceramente, que ya no fumaba.[8] No obstante, el presidente adujo una razón ligeramente diferente cuando conversó sobre ello con la enviada especial de las Naciones Unidas, Maina Kiai, y las palabras fueron captadas por un micrófono abierto. Le confesó a Kiai que lo había dejado «porque le tengo miedo a mi mujer».[9]

¿Por qué a tantas personas, muchas de ellas ricas, talentosas y muy inteligentes, les cuesta tanto dejar de fumar, incluso cuando tienen delante las pruebas incontestables de que los cigarrillos perjudican la salud? Algunas apuntan a la naturaleza físicamente adictiva de la nicotina. Pero tanto Jennifer Aniston como Barack Obama demuestran que el impulso de fumar se mantiene mucho después de que los síntomas de adicción física hayan desaparecido. La razón por la que fumar nos mantiene enganchados es sencilla: se trata de un hábito.

Aunque en ocasiones actividades de mala fama como fumar, beber, apostar, drogarse e incluso morderse las uñas surgen en nuestra mente cuando oímos la palabra «hábito», la verdad es que pasamos gran parte del día inmersos en un hábito u otro. Y, en la mayoría de los casos, se trata de algo bueno. Según el psicólogo David Neal, de la Universidad de California del Sur, los hábitos de un tipo u otro ocupan aproximadamente el 45 por ciento de nuestra vida diaria. Durante estos momentos, en lugar de apoyarnos en la razón o la motivación, cambiamos al piloto automático y dependemos del contexto, de las acciones automatizadas, la presión temporal y, sí, incluso de un bajo autocontrol, para proporcionarle un motor a nuestra conducta.[10]

Hay una buena razón para ello: el cerebro se colapsaría rápidamente si todo lo que hiciéramos lo hiciéramos de forma consciente. Los buenos hábitos nos facilitan la vida al utilizar el cerebro con más eficiencia. Los malos hábitos nos dificultan la vida y, en algunos casos, pueden ser perjudiciales e incluso mortales. La naturaleza automática de los hábitos es lo que hace que sean difíciles de controlar o cambiar. Ya sean buenos o malos, los viejos hábitos son atractivos para el cerebro porque requieren menos energía. Por esta razón, desarrollar nuevos hábitos puede ser difícil. Inicialmente obligan al cerebro a esforzarse más y a funcionar de una forma menos eficiente. Pero cuando logremos reforzar y establecer un hábito nuevo y gratificante, el cerebro se decantará por él en lugar de optar por el antiguo.

El sorprendente reto de contar hasta treinta

He aquí un juego que llamamos El malvado número siete. Si ya tienes una edad, quizá recuerdes una variación de este juego en el colegio.

Dividimos a los participantes en dos grupos que deben sentarse en círculo. A primera vista, lo que tienen que hacer es relativamente sencillo: siguiendo el sentido de las agujas del reloj, se trata de contar de 1 a 30. La primera persona dirá «uno», la persona de su izquierda dirá «dos» y así sucesivamente hasta 30. Bastante sencillo.

Sin embargo, había algunas excepciones, y era lo que hacía que el juego fuera interesante. Cada vez que se llegaba a un número que contenía el 7 o que era divisible por 7, en lugar de decir el número en cuestión, debías ponerte en pie, dar una palmada y volver a sentarte. Después, la persona que estaba al lado debía continuar desde donde tú lo habías dejado y decir «ocho» en el primer caso, «quince» en el segundo y así de forma sucesiva.

¿Y hemos mencionado que se trataba de una carrera? Mientras tu grupo trataba de llegar a 30, asegurándose de que en cuando fuera conveniente el participante se levantara y diera una palmada, el otro grupo observaba cada movimiento y se regocijaba con los errores que cometía.

Ah, y una cosa más. Si alguien se saltaba un número o no se levantaba y aplaudía cuando el número contenía 7 o era divisible por él, entonces todo el grupo tenía que empezar de nuevo. Debido a estas circunstancias, la franja más complicada era cuando el grupo se acercaba al 30. En la mayoría de los casos, a quien le tocaba el 27 se levantaba correctamente y daba una palmada. Pero ¿qué ocurría con el 28? El hecho de que el 27, que contiene el 7, sea seguido inmediatamente por el 28, que es divisible por 7, parecía confundir a los participantes una y otra vez. De modo que, a solo unos pocos números de la meta, se veían obligados a empezar de nuevo.

Lo probamos varias veces. Teníamos la impresión de que para la mayoría era la forma de contar hasta 30 más estresante que habían experimentado desde que eran niños que aprendían a contar.

Pero aún había más. Como es de esperar, muchos de los participantes calculaban de antemano qué número les tocaría y se preparaban en silencio, sobre todo si les tocaba ponerse en pie y dar una palmada. Así que añadimos una condición más. Cada vez que alguien se levantara y diera una palmada, se debía seguir contando, pero en sentido contrario. De modo que, si seguían el sentido de las agujas del reloj cuando llegaban al 7, tendrían que cambiar el sentido hasta que a alguien le tocara aplaudir en el 14, momento en el que debían cambiar de sentido de nuevo.

No hace falta decir que la carrera para llegar a 30 les llevó todavía más tiempo.

Este juego no solo demuestra lo difícil y disruptivo que es romper un hábito que está integrado, sino que también nos enseña mucho sobre cómo funcionan dos partes importantes del cerebro: el córtex prefrontal y los ganglios basales.[11] Ya hemos hablado del córtex prefrontal en el capítulo previo. Pero son los ganglios basales, del tamaño de una pelota de golf, los que normalmente se ocupan de la función de contar. Casi todos aprendimos a contar hace tanto tiempo que lo hacemos casi inconscientemente. Pero ¿qué ocurre cuando tomamos algo que sabemos de memoria, como contar hasta 30, y luego le añadimos una condición extra? De repente, una tarea que damos por descontada requiere un esfuerzo adicional.

Aunque contar no es lo mismo que montar en bici, los ganglios basales se encargan de ambas actividades. Son operaciones de las que se ocupa la memoria a largo plazo y las podemos realizar con relativa facilidad. El cerebro sin duda es listo, pero también un poco vago. Desde su perspectiva, cada hábito de los ganglios basales actúa como un lavavajillas o un abrelatas eléctrico: son como dispositivos que le ahorran trabajo.

Los hábitos son como macros

Si eres un usuario de ordenador experimentado, lo más probable es que sepas que muchos programas de software te dan la opción de crear y guardar rutinas para funciones que usas con regularidad. En Microsoft Word y en Excel, se conocen como macros. Muchas aplicaciones basadas en Macintosh utilizan algo llamado AppleScript. En Photoshop y en Illustrator de Adobe, se llaman Action Scripts.

Puede que cambien los nombres, pero la idea básica es la misma: un proceso que llevas a cabo de forma habitual y que implica docenas de pasos se almacena como una sola rutina que se puede iniciar con un solo comando. A partir de aquí, siempre que lo necesites, seleccionas una opción del menú o pulsas un botón para activar la rutina en lugar de repetir tediosamente todo el proceso.

Los hábitos funcionan de forma parecida. Piensa un momento en todos los pasos que debes dar para ponerte y atarte los zapatos. Hacer una lista de cada acción es bastante intimidante. Pero seguro que realizas todo el proceso al menos una vez al día sin ni siquiera pensar en él. Cuando se trata de hábitos, todos somos usuarios experimentados. Los ganglios basales proporcionan el espacio de almacenamiento para el equivalente cerebral de las macros informáticas.

Comprender los componentes de un hábito nos ayudará a cambiar los malos hábitos por buenos. Un hábito normal tiene tres componentes: estímulo, rutina y recompensa. El estímulo puede ser uno específico o una combinación de estímulos. Puede tratarse de cualquier cosa: un lugar, una emoción, un momento del día, una cosa e incluso una palabra o una frase. El estímulo es lo que desencadena la rutina. La rutina es el hábito en sí. La naturaleza de la rutina puede ser algo extremadamente simple —un tic facial— o relativamente compleja, como la forma en que nos anudamos la corbata o la ruta que seguimos cada día para ir a trabajar. En inicio, es la anticipación de la recompensa lo que impulsa la rutina y garantiza su almacenamiento en los ganglios basales. La recompensa puede consistir en comida, drogas o, sencillamente, una sensación de relax, logro o satisfacción.[12]

Cambiar de hábitos

Adquirir buenos hábitos o deshacerse de los malos implica las mismas habilidades básicas: 1) fijar un objetivo y motivarse, 2) empezar, y 3) persistir.

Fijar un objetivo y motivarse

¿Cómo podemos saber si hemos llegado a algún lugar si no sabemos adónde nos dirigimos? Fijarse un objetivo nos proporciona este punto de llegada. Nos da la concentración que necesitamos para iniciar un nuevo hábito o deshacernos de uno antiguo. La mayoría de los objetivos exitosos comparten dos cualidades clave: 1) la motivación tiene una base emocional, y 2) quien se fija el objetivo no solo puede visualizar lo que es obtenerlo, sino también el proceso que necesita para conseguirlo, lo cual es más importante.

ESTABLECE UNA CONEXIÓN EMOCIONAL

Cambiar un mal hábito o adoptar uno nuevo rara vez funciona solo porque es lo correcto. Sobre el papel quedará muy bien, pero no suele corresponderse con la práctica. Si el objetivo que te has fijado no hace que te brillen los ojos cuando piensas en él, o no sientes miedo ante la posibilidad de fracasar, entonces es probable que no sea un buen objetivo para ti.

Los circuitos de recompensa y amenaza que constituyen la infraestructura básica de nuestra configuración emocional son esenciales cuando necesitamos trabajar para lograr un objetivo (véase el capítulo 2). Un objetivo sin emoción es un objetivo que, casi con total garantía, no se conseguirá.

La intensidad de la emoción que lo acompaña a menudo influye en la velocidad en que adoptamos un nuevo hábito. El objetivo que nos fijemos debe ser específico y personal, y tenemos que escribirlo. Además, deberíamos tener una serie de hitos que marquen los pasos necesarios para lograrlo. No es casualidad que un elemento clave para cambiar con éxito de hábito sea también un factor principal de la fluidez (véase el capítulo 3). Cuando el objetivo es claro, es más fácil determinar el resultado, y también más fácil obtener la recompensa. Esta combinación aumenta el nivel de motivación.

En la mayoría de las oficinas se organizan simulacros de situaciones de emergencia periódicamente en los que aprendemos a evacuar el edificio de forma calmada y ordenada según una planificación detallada.

Visualizar los pasos que planeamos tomar para conseguir el objetivo se parece un poco a estos simulacros. Establece un recorrido neuronal que podemos seguir para lograr un objetivo específico. Después, cuando llega el momento de ponerse manos a la obra, no solo en nuestra cabeza sino en el mundo real, el recorrido que debemos hacer ya está marcado. El cerebro dice: «No te preocupes. Conozco el camino. A partir de aquí, déjame tomar el mando».

En general, visualizar el camino al objetivo es más efectivo que imaginar el resultado, de la misma forma que pensar en la ruta que debemos tomar para escapar de un incendio es más práctico que, simplemente, vernos a salvo del humo y las llamas. No obstante, ver el resultado también puede ayudar a motivarnos.

Cuando se trata de visualizar un resultado positivo, ya sea escapar de un edificio en llamas o preparar una presentación brillante, los psicólogos hacen una distinción clave entre las fantasías positivas y las expectativas positivas. Las primeras en ocasiones pueden ser útiles para relajarse y evadirse, pero su valor a la hora de fijar un objetivo es limitado y, a veces, perjudicial. Después de todo, una imagen vívida de éxito puede llevar al cerebro a creer que ya lo ha alcanzado, antes de siquiera haber dado el primer paso. Lo distintivo de las expectativas positivas es que la confianza conlleva un mensaje adicional: no solo sentimos que podemos hacerlo, sino que también sabemos cómo vamos a hacerlo. En lugar de celebrarlo prematuramente, el cerebro libera dopamina y aumenta la motivación anticipándose al éxito inminente.

Empezar

Por descontado, incluso con unos objetivos claros, buenas expectativas y un plan cuidadosamente detallado, a veces nos topamos con un obstáculo inmediato cuando queremos adquirir nuevos hábitos o desechar hábitos viejos: empezar, que es una de las partes más difíciles del cambio. Por esta razón, el mejor momento para empezar es ahora mismo. La postergación es el impedimento principal para iniciar un cambio de hábitos. Los objetivos muy ambiciosos pueden ser intimidantes a menos que los dividamos en pasos más asequibles. Kaizén, la práctica de dar pequeños pasos, nos puede ayudar a evitar la reacción de amenaza que, con frecuencia, nos lleva a la postergación.

UN LARGO CADA VEZ

Un compañero que se quería poner en forma decidió empezar a nadar en la piscina de su barrio. Al haber probado antes otros planes para lograr tal objetivo, le preocupaba que este también fracasara. Es más: si intentaba nadar con regularidad y acababa por no hacerlo, el hecho de pasar cada día por delante de la piscina de camino al trabajo sería un recordatorio visual constante del fracaso, una perspectiva verdaderamente descorazonadora. La piscina era bastante pequeña y no se acercaba ni de lejos al tamaño de una piscina olímpica, así que se dio cuenta de que debería nadar al menos de veinte a treinta largos para lograr un ejercicio aeróbico suficiente. El objetivo le parecía tan monótono como inasumible. En lugar de ello, decidió hacer cinco largos (que le llevaban unos cinco minutos) y se impuso una regla muy sencilla: siempre que quisiera podría nadar un largo más, pero, una vez que hubiera aumentado el total, ya no podría volver a reducirlo. En teoría, se podía haber quedado en cinco largos hasta la eternidad. Pero, al ser la naturaleza humana la que es, fue incrementando el total de largos a medida que pasaba el tiempo. En unos pocos meses, había pasado de cinco largos al día a más de setenta, casi sin darse cuenta, ya lloviera o hiciera sol. Se había convertido en un hábito arraigado.

Tal vez no se diera cuenta en aquel momento, pero su estrategia para desarrollar el hábito era un ejemplo excelente de kaizén. Aunque es una técnica profundamente asociada con Japón, el lugar en el que se originó fue el ejército estadounidense. Aplicando el mantra de «mejora continua», la idea consistía en hacer cambios modestos pero constantes en la forma que tenían los japoneses de gestionar sus empresas. Esta estrategia, que se conoció como kaizén en japonés, se aplicó en muchos ámbitos y fue acogida con tanto entusiasmo por la industria nipona que, en última instancia, la utilizó para transformar Japón en una potencia económica admirada en todo el mundo por la eficiencia en la producción y la calidad de sus productos.[13]

¿Cómo cambió el kaizén el curso de la industria japonesa? Funcionaba a partir de seis principios básicos que se basaban en poner énfasis en la palabra «pequeño».

1. **Preguntas pequeñas**. Las «preguntas pequeñas» del kaizén son una forma muy efectiva de programar el cerebro. Al contrario de las grandes preguntas, que suelen desencadenar una respuesta de amenaza, las pequeñas a menudo son divertidas. Si el objetivo parece demasiado grande o intimidante, hazte esta sencilla pregunta: «¿Qué paso pequeño puedo dar para lograr este objetivo?».[14]

2. **Pensamientos pequeños**. Ahora que ya tenemos la respuesta a la pregunta precedente, es hora de visualizar cómo vamos a actuar. El principio de la «escultura mental» sugiere que la mente aprende mejor poco a poco que a grandes dosis. Si alguna vez has estado en la orilla del mar y has visto cómo las olas iban enterrando lentamente tus pies, has sido testigo de estos cambios pequeños pero constantes. Si aislamos una tarea que nos infunde respeto o que nos incomoda y luego, poco a poco —muy poco a poco—, nos visualizamos trabajando en ella, lograremos reconfigurar nuestra actitud mental hacia esa tarea.

3. **Acciones pequeñas**. Las preguntas pequeñas y los pensamientos pequeños, en última instancia, requieren acciones pequeñas. Los ejecutivos a los que asesoramos a menudo les piden demasiado a sus subordinados. Los objetivos que les delegan suelen estar fuera de sus posibilidades. A consecuencia de ello, ambos acaban decepcionados y desmoralizados. Nunca acuerdes

objetivos de este tipo: «A final de año, harás regularmente diez llamadas diarias a los clientes». En cambio, solemos recomendar lo siguiente: pide a un empleado que haga una llamada al día la primera semana, dos llamadas la segunda semana y así sucesivamente. Chequea de forma periódica cómo va todo. Debería ser fácil añadir una llamada más cada semana. La clave consiste en seguir avanzando progresivamente.[16]

4. **Resuelve problemas pequeños.** Pregúntate si haces cosas que irritan a tu familia, amigos, compañeros o clientes. Trata de hacerlo sin flagelarte. Las observaciones negativas no tendrán mucho éxito a la hora de convencerte para cambiar. En cambio, la nueva consciencia que adquieres debería reducir la probabilidad de que cometas el mismo error de nuevo. Mientras te analizas, pregúntate si el error en cuestión forma parte de un problema mayor. Si puedes achacar el error a un problema más general, estarás más incentivado para resolverlo.[17]

Estábamos asesorando a un alto ejecutivo cuyo equipo se quejaba de que no se preocupaba por ellos. Aunque aquella sensación estaba generando mucha tensión en el grupo, se trataba obviamente de una queja bastante general y ambigua. No habría sido muy realista esperar que lo fuéramos a transformar en el señor Empatía de un día para otro. En lugar de ello, le señalamos un problema muy pequeño que podía resolver: su costumbre de mirar los correos electrónicos durante las reuniones. Se trataba de un cambio simple que le pareció fácil de hacer. Pero tuvo un efecto espectacular en la actitud del equipo. Se dieron cuenta de la diferencia de inmediato. Con una buena inercia de nuestro lado, le señalamos otros quince comportamientos que exacerbaban el problema, entre ellos no mirar a los empleados a los ojos cuando les hablaba, cortar conversaciones de manera abrupta y prematura, y hacer comentarios sensibles delante de todo el equipo cuando debería haberlos hecho en privado. La motivación para cambiar era muy alta. Unos meses después de llevar a cabo estas mejoras incrementales, el problema había desaparecido.

5. **Dar recompensas pequeñas**. Como ya sabemos, la mayoría de los hábitos que adquirimos nacen originariamente por la expectativa de algún tipo de recompensa. La recompensa pequeña que escojamos para los hábitos que intentemos cambiar o desarrollar debería ser adecuada al objetivo. Por ejemplo, un trozo de chocolate es una buena recompensa para una tarea pesada, pero seguramente no es adecuado para alguien que intenta tener hábitos alimentarios más sanos. Aunque parezca ir contra toda lógica, las recompensas pequeñas pueden motivarnos más que las grandes.[18] De hecho, un equipo de investigadores liderados por el psicólogo Dan Ariely descubrió que las grandes recompensas pueden tener un efecto disuasorio en la motivación.[19] Además, tal vez no sean lo que de verdad quieren los empleados. Conocemos a una asesora empresarial, con un muy buen sueldo, pero que debía dedicar horas extenuantes a cruzar el continente de un lado a otro, que le daba mucha más importancia a tener un día libre e incluso a tener la oportunidad de ir al gimnasio que a recibir otra bonificación económica.

6. **Identifica momentos pequeños**. A veces, las pequeñas cosas significan mucho. A menudo, quienes se fijan en lo que parecen detalles triviales se dan cuenta de que pueden comportar resultados espectaculares.[20] A finales del siglo XIX, la casa de la moneda de San Francisco quemaba las moquetas de sus instalaciones cada cuatro años y recuperaba el valor de unos 3.200 dólares en el polvo de oro que se acumulaba en ellas.[21] Con los precios de hoy en día, el valor de aquel polvo sería de más de 200.000 dólares. También es famoso el ex-CEO de una aerolínea estadounidense que descubrió que podía ahorrarle a la empresa unos 40.000 dólares al año al prescindir de únicamente una aceituna de las ensaladas que daban gratuitamente a los pasajeros.[22]

Pero los pequeños momentos no siempre consisten en dinero. A veces se trata de pequeñas cosas que hacemos o que no hacemos.

El psicólogo John Gottman hizo un estudio sobre las parejas y descubrió que en las relaciones que funcionaban la atención positiva, a la que se refería como «dirigirse a», pesaba cinco veces más que la atención negativa («dirigirse contra»). ¿Qué es la atención positiva? Te sorprenderías. No significa invitar a tu pareja a una cena lujosa o a un crucero por el Mediterráneo (aunque ambas son buenas opciones). Consistía más en involucrarse en interacciones diarias que podrían parecer menores, como ir a comprar la comida juntos o enviar un mensaje de aliento cuando sabes que tu pareja va a tener un día duro.[23] Estos pequeños gestos apuntalan la idea de que estáis en el mismo barco. Ya sean negativas o positivas, las pequeñas cosas que solemos pasar por alto pueden tener una sombra muy alargada.[24] Como el goteo de un grifo que ignoramos cuando nos vamos a dormir y, al despertar, vemos que el baño se ha inundado, o la cantidad simbólica que ahorramos cada mes y que se convierte en un magnífico fondo de jubilación, las cosas pequeñas acaban por sumar de manera formidable.

Estos pequeños momentos también pueden tener un gran impacto en el trabajo. En la fábrica de uno de nuestros clientes, a los empleados les molestaba que su jefe fuera inaccesible. Se quejaban de que nunca sabían si estaba o no, y les irritaba que siempre tuvieran que pasar por la secretaria para consultarle algo, aunque fuera una cuestión trivial. Descubrimos que utilizaba una puerta aparte para entrar en su despacho cada día. Aquel atajo le ahorraba unos diez metros de camino, pero lo convertía en alguien invisible para sus empleados. Le propusimos que cerrara esa puerta trasera para verse obligado a caminar la distancia extra a través de la fábrica para llegar a su despacho. Este simple cambio tuvo un impacto enorme en la moral de la empresa. Cada día comenzaba con saludos cordiales y caras sonrientes. Con frecuencia, el jefe podía resolver problemas pequeños y dar algunos consejos antes de sentarse a su mesa. La nueva ruta quizá le supusiera unos cinco o diez minutos de más, pero esta inversión en tiempo tuvo un efecto espectacular en la siguiente encuesta de satisfacción de los empleados.

¿Por qué todo este énfasis en lo pequeño? ¿No habría sido más rápido y eficiente hacer grandes cambios desde el principio? Para comprender por qué tan a menudo los grandes cambios no funcionan, debemos volver a los circuitos del cerebro que gestionan las amenazas y las recompensas. Todos somos conscientes de que hay cosas que nos sacan de nuestra zona de confort, pero pocos comprendemos los fundamentos neurocientíficos en los que se sustenta esta reacción. Si nunca has tratado de hacer un cambio fundamental en la forma de trabajar de tu empresa, quizá te has quedado genuinamente sorprendido por el nivel de resistencia que han mostrado tus compañeros. En estas situaciones, las personas se pueden poner tremendamente a la defensiva. «No es así como lo hacemos aquí», dirán algunos. O «Tal y como estaban antes las cosas ya funcionaban bien», o «¿Por qué tenemos que aprender todo este proceso nuevo?». Aunque estos recelos a veces pueden estar justificados, las reacciones casi siempre son viscerales. Las mejoras bienintencionadas traspasan el razonable córtex prefrontal de los empleados y van directas a la amígdala, la región principal donde tiene lugar la reacción de lucha o huida. En otras palabras, los cambios se perciben como una amenaza. Quizá no tan amenazantes como una bestia salvaje o un enemigo de una tribu rival, pero en un nivel básico el cerebro no distingue mucho entre un ataque violento y un cambio inesperado en el software de gestión del proyecto. Bajo ciertas circunstancias, un comentario aparentemente inocuo como «¿Puedo sugerir algo?» se puede procesar como si hubiéramos dicho «¿Puedo secuestrar a tu mujer y tus hijos?».

Aunque parezca sorprendente, es una reacción natural. A menos que la perspectiva de una recompensa sea clara e inminente, el cerebro está condicionado evolutivamente para reaccionar a la mayoría de los cambios o amenazas. Desde el punto de vista del cerebro, las amenazas no son solo cosas que ponen la vida en un peligro inmediato, aunque sin duda estas son las más espectaculares. También puede ser cualquier cosa que el cerebro perciba como redistribución de recursos. A medida que nos acostumbramos a cierta manera de hacer algo, el proceso se convierte en habitual y es energéticamente eficiente. Cambiar casi cualquier rutina, ya sea la forma de hacer nuestro trabajo, de estructurar la jornada o incluso lo que comemos al mediodía, requiere un esfuerzo consciente adicional y, con él, una energía adicional. Obligado a abandonar una situación cómoda, el cerebro hace sonar la alarma y despierta al vigilante del sistema límbico, la amígdala, que desencadena una reacción de amenaza.

El secreto del kaizén es que opera por debajo del radar de la reacción de amenaza del cerebro. Si tocamos una superficie caliente, los dedos sentirán la temperatura, pero no es plausible que reaccionemos de forma exagerada. Pero si tocamos una superficie candente, la mano se apartará de manera refleja antes de que el cerebro consciente haya tenido la oportunidad de darse cuenta de qué ha pasado. Igualmente, solemos poder trabajar aunque alguien a nuestro lado esté susurrando. Pero si rompe el silencio de la oficina con un grito, la mayoría de nosotros daremos un salto. El kaizén se comporta como una superficie caliente, no como una candente, y como un susurro, no como un grito. Las acciones que llevamos a cabo son tan pequeñas, se incrementan tan lentamente y parecen tan triviales que el psicólogo Robert Maurer, autor de *Un pequeño paso puede cambiar tu vida: El método Kaizén*, afirma que «bordean de puntillas la amígdala».[25]

PERSISTE

Lograr que se asienten los nuevos hábitos puede ser muy difícil, si no imposible, si intentamos usar la inhibición y la fuerza de voluntad. Del 50 por ciento aproximadamente de los estadounidenses que se fijan propósitos en Año Nuevo, el 92 por ciento fracasa.

Aunque puede ser tentador, e incluso admirable, depender de la «fuerza mental» para persistir en una resolución o plan, es muy ineficiente energéticamente y casi es una garantía de fracaso. Es como proponerse cruzar Estados Unidos con un solo depósito de gasolina. Ni siquiera la ruta más plana y las mejores intenciones serán suficientes para ir de una costa a otra. Es una mera cuestión de energía: cuando falta gasolina, falta gasolina. El cerebro consciente utiliza glucosa como gasolina y, como un clásico Cadillac o un pantagruélico Hummer, es un tragón notorio. Tomar decisiones, diseñar planes, recordar un número de teléfono y seguir una dieta dependen de la misma región del cerebro y consumen el mismo combustible limitado.

La clave para mantener las resoluciones es aumentar la eficiencia energética. Para hacerlo, debemos transformarlas en hábitos. Después de todo, la mayoría de nosotros no necesitamos una resolución para pulsar el botón de la cafetera cuando nos levantamos, ni para cepillarnos los dientes después del desayuno, ni para iniciar sesión en la red de la empresa cada mañana o añadir a la lista de correo a los miembros de equipo esenciales para que reciban mensajes importantes. En palabras de un famoso fabricante de zapatillas deportivas, equipamiento y vestimenta: lo hacemos y punto.

Algunas de las resoluciones que tomamos a principios de año no son mucho más ambiciosas y, aun así, la gran mayoría no consigue realizarlas. ¿En qué se diferencian?

Las resoluciones funcionan mejor si son automáticas, es decir, si se activan por un estímulo que da una señal reconocible al inconsciente para que ponga en marcha una rutina particular. Hace tiempo que hemos olvidado el estímulo de la mayoría de los hábitos arraigados que tenemos. En el caso de la cafetera, el estímulo tal vez sea que lo primero que hacemos por la mañana es poner un pie en la cocina. Respecto a la rutina de cepillarse los dientes, quizá la activamos al entrar en el baño después de desayunar. Hace tiempo que el cerebro ha asimilado estos estímulos y ha fijado las rutinas que los acompañan. El problema con las resoluciones es que a menudo carecen de los estímulos que hacen que nuestros hábitos parezcan naturales. Tenemos que pensar en ellas. Una resolución sin un estímulo agota el suministro limitado de fuerza de voluntad que tiene el cerebro.

Es muy inusual que dejemos o empecemos un hábito con fuerza bruta. Como nos ha enseñado el capítulo 2, tratar de llevarle la contraria al poderoso inconsciente está destinado al fracaso. Una estrategia más eficiente a largo plazo es depender, de nuevo, del *jiu-jitsu* cognitivo, es decir, trabajar con el inconsciente en lugar de contra él. En este caso, supone manipular conscientemente las tres partes (estímulo, rutina, recompensa) que conforman los hábitos. Una estrategia llamada implementación de intenciones nos puede ayudar a persistir al reproducir los tres elementos de la mayoría de los hábitos. Con la implementación de intenciones, escogemos de manera consciente un estímulo, una rutina y una recompensa.

UTILIZA PLANES «SI/ENTONCES» PARA CREAR TUS PROPIOS HÁBITOS

Conocidos informalmente como planes «si/entonces» o «cuando/entonces», las implementaciones de intenciones son notablemente flexibles. Las podemos emplear para cambiar un viejo hábito al adscribirle una nueva rutina a un estímulo existente o crear un nuevo hábito al relacionar algún tipo de estímulo con una rutina deseada. Por ejemplo, en lugar de decidir mantener al día el registro de los gastos, un objetivo admirable que, sin embargo, tiene muchos números de seguir el mismo camino que la mayoría de las resoluciones si confiamos en la memoria y la fuerza de voluntad, creemos una implementación de intenciones que, poco a poco, convierta la resolución en un hábito hecho a medida. Podríamos decirnos: «Mientras el ordenador se enciende por la mañana, pondré los últimos recibos en un sobre». Entonces tendremos un estímulo, encender el ordenador, que nos incitará a comenzar una rutina, organizar los recibos. Incluso podemos hacer un seguimiento de esta implementación de intenciones con otra para completar el proceso: «En el trayecto que hago cada mañana a la cafetería de la empresa, dejaré los recibos en el departamento de contabilidad». Si lo hacemos varias veces deliberadamente, utilizando el encendido del ordenador y el camino a la cafetería como estímulos, en poco tiempo nos parecerá raro si, por cualquier razón, nos olvidamos de llevar los recibos al departamento. Al final, como la mayoría de los hábitos, la implementación de intenciones será automática.

Establecer implementación de intenciones puede ser de gran ayuda para cambios de conducta planificados en los diálogos de crecimiento personal entre los superiores y sus empleados. De hecho, hemos descubierto que, cuando alguien se propone un cambio personal y lo acompaña de una implementación de intenciones, las probabilidades de lograr su objetivo se doblan.

En una ocasión, un empleado y su director tuvieron una charla y acordaron que el empleado tenía que ser «más activo» en las reuniones. Es un objetivo noble, pero ¿qué significa exactamente? La mayoría de las empresas se contentan con describir este tipo de objetivo de crecimiento personal como un objetivo SMART, que en su acrónimo inglés significa que debe ser específico, medible, alcanzable, realista y oportuno. En el caso de un empleado que debe participar más, entonces se puede comprometer a hablar diez minutos si la reunión dura una hora y forma parte de un grupo de seis personas.

Por desgracia, aunque define de forma manifiesta el objetivo, no proporciona ninguna guía clara sobre cómo implementarla. Exactamente, ¿cuándo debería el empleado hablar o contribuir en la reunión? Es posible que asistiera al encuentro con todas las intenciones de desempeñar un papel más activo y, aun así, no haber dicho una palabra cuando acabara la reunión.

Es en este punto donde las implementaciones de intenciones son efectivas. En el caso de este empleado tímido, recomendamos un plan si/entonces que utilizaba un simple estímulo para recordarle que tenía que participar. Cada vez que su superior hacía clic con el boli, era la señal para que el empleado hablara. Al crear este estímulo, se fijaba la rutina de hablar. Este pequeño cambio supuso una gran diferencia, y no solo mejoró la participación del empleado, sino también su concentración general en la conversación. Es más, la respuesta del grupo después de cada reunión garantizó que, con el tiempo, mejoraran tanto la calidad como la cantidad de sus contribuciones.

Si se comprende bien este patrón básico, se puede aplicar en todo tipo de situaciones con relativa facilidad. Hay muchas formas de aplicarlo para desarrollar cambios de hábitos individuales en los equipos. Por ejemplo, una señal acústica que suene cada veinte minutos nos puede recordar que tenemos que llamar a un cliente, o podemos implementar una rutina para reducir el estrés levantándonos y haciendo estiramientos después de cada llamada. Tenemos un colega que solía perder los nervios en los atascos. Ahora, siempre que está parado en un semáforo, lo utiliza como estímulo para hacer respiraciones diafragmáticas. La nueva rutina mata dos pájaros de un tiro. Le distrae del embotellamiento y le permite ejercitar una práctica demostrada que facilita la relajación.

Los resultados de estos cambios casi pueden parecer milagrosos. La magia, según el psicólogo de la UC Sant Barbara Jonathan Schooler, reside en el llamado «vínculo si/entonces riguroso», un vínculo que debe ser mecánico. No tiene por qué estar relacionado con un contenido específico. Por ejemplo, cada vez que cierres la puerta del despacho, puedes recordar los cinco valores de la empresa. Y cada vez que acabes de leer un capítulo de este libro, te puedes recostar y pensar en los tres puntos más importantes.[26]

Las 3 D del cambio de hábitos

Algunos hábitos están tan arraigados que parecen imposibles de cambiar. Muchos de nosotros padecemos ciertas compulsiones, como mordernos las uñas, mirar el correo constantemente y, sí, como Jennifer Aniston y el presidente Obama, fumar.

El doctor Jeffrey Schwartz, investigador en psiquiatría en la UCLA, diseñó un proceso en cuatro pasos para cambiar hábitos que estaba pensado específicamente para pacientes con un trastorno obsesivo-compulsivo.[27] Aunque la mayoría de nosotros no tenemos hábitos de este nivel, hemos resumido y adaptado el proceso en cuatro pasos del doctor Schwartz en tres procesos simples pero potentes que llamamos «Las 3 D del cambio de hábitos»: describir, distraer, demorar.

Describir. El primer paso para enfrentarse a un hábito profundamente arraigado es detectar y reconocer el detonante. «Me siento nervioso. Es lo que siempre me hace querer morderme las uñas». O: «Me estoy tomando una cerveza. Es lo que siempre me hace querer encenderme un cigarrillo». O: «Estoy estancado en este proyecto. Es lo que siempre me hace querer mirar los correos electrónicos».

Si este paso te suena, no te extrañes. Se basa en la misma técnica cognitiva que la calificación, que explicamos en el capítulo 2. Como en aquella, describir el detonante de un hábito nos lleva a la metacognición, o al «pensar en el pensar». Normalmente, implica un proceso inconsciente y lo transporta al reino de lo consciente. También apela al poder del mindfulness (véase el capítulo 3) al mejorar la consciencia general del aquí y el ahora. Esto nos proporciona una ventana de oportunidad que nos permite recuperar el control sobre una reacción inconsciente y prepara el terreno para el siguiente paso.

Distraer. Ahora, en lugar de dominar el impulso con un autocontrol que requiere mucha energía y agota al cerebro, utiliza el *jiu-jitsu* cognitivo (véase el capítulo 2). Redirige esa energía hacia algo diferente. Si al tomar la cerveza te entran ganas de encenderte un cigarrillo, en su lugar trata de picar unas galletitas saladas. Si sientes la tentación de morderte las uñas o mirar el correo, crea un nuevo ritual, como garabatear algo en un papel que distraiga tu atención de la compulsión original.

Por cierto, lo que más nos distrae es algo agradable. Nos pone en un estado de recompensa, lo cual libera dopamina, una sustancia que hace que el cerebro sea más receptivo al cambio. Por desgracia, muchas personas sabotean sus intentos de cambiar de hábitos al escoger distracciones que no son en absoluto atractivas, casi como si quisieran castigarse deliberadamente. Si, por ejemplo, queremos sustituir un delicioso helado de chocolate por unas coles de Bruselas crudas, no hace falta ser un neuropsicólogo experimentado para darse cuenta de que es una estrategia condenada a fracasar.

Igual que con la descripción, la distracción traslada la energía de las regiones inconscientes del cerebro que gobiernan la mayoría de los hábitos y la devuelve al córtex prefrontal, el centro de la atención consciente.[28] Y de la misma forma que describir es parecido al etiquetar del capítulo 2, distraer tiene mucho en común con la técnica reevaluación cognitiva del mismo capítulo. Resistirse a un hábito directamente es tan poco efectivo como la inhibición cuando se quiere reprimir una emoción molesta. De hecho, en ambos casos, es más probable que empeore la situación en lugar de mejorarla. En todos estos ejemplos, el *jiu-jitsu* cognitivo, es decir, aprovechar la fuerza del inconsciente desviándola en lugar de oponiéndose a ella, tendrá más probabilidades de lograr un resultado exitoso.

En ocasiones, incluso una distracción momentánea es suficiente para romper el circuito de un mal hábito. El doctor Andrew Weil, médico y conocido defensor de la medicina alternativa, propone una forma suave de terapia de aversión que consiste en llevar una goma de plástico en la muñeca. Cuando detectamos que estamos cayendo en un mal hábito, como mordernos las uñas, debemos estirar de la goma para recibir un pequeño latigazo, no para que nos haga daño, pero con suficiente fuerza como para que nos advierta del hábito y nos recuerde que queremos dejarlo.[29]

Demorar. Cuando hayamos encontrado una alternativa efectiva al mal hábito, la clave es mantener el comportamiento. En algunos casos, se refiere a la duración. Es algo particularmente importante en las compulsiones. Si siempre te tienta mirar los correos, cuanto más aguantes sin ceder, más se arraigará la nueva ruta neuronal. En otros casos, mantener el comportamiento se referirá a la repetición. Cuantas más veces adoptes la conducta alternativa, más fuerte se hará y, lo que es más importante, más se debilitará el viejo hábito. A medida que las dos rutinas compitan por la supremacía, deberás tener presente el nuevo hábito en la mente consciente hasta que se ponga a la altura y, finalmente, supere la vieja rutina inconsciente. Cuando acabe por hacerlo, el nuevo hábito, igual que el viejo que viene a sustituir, se convertirá en una segunda naturaleza.[30]

Aunque probablemente nadie excepto los amigos íntimos y la familia pueden afirmarlo con seguridad, parece que el presidente Obama por fin pudo deshacerse del hábito de fumar. Respecto a Jennifer Aniston, es algo más incierto. Lo que sí sabemos seguro es que fumar representa un ejemplo excelente de lo tenaces que pueden ser los hábitos.

Son una demostración espectacular del poder y la utilidad del inconsciente. Pero la función de inconsciente no acaba con los hábitos. A pesar de que la vieja creencia de que solo usamos el 10 por ciento del cerebro es mentira, existen maneras de utilizar el cerebro de manera más efectiva. De hecho, es el tema del siguiente capítulo.

RESUMEN DEL CAPÍTULO 4

Puntos clave de «Gestiona los hábitos»

Cambiar de hábitos es duro. El cerebro prefiere el camino que opone menos resistencia. Para abrir una nueva ruta neuronal, el cerebro debe estar convencido de que el esfuerzo extra merece la pena.

Cambiar de hábitos. Establecer nuevos hábitos y deshacerse de los viejos implica las mismas habilidades básicas: 1) fijarse un objetivo y motivarse, 2) empezar, y 3) mantenerse.

Hazlo de corazón. Los objetivos que quedan bien sobre el papel no tienen garantía de lograrse. Para tener éxito, deben ser emocionalmente relevantes.

¿Qué hay de lo mío? Quienes no se jueguen algo emocional en el proceso seguramente no cambiarán. A menos que puedan prever una recompensa significativa o una amenaza, podrán dar todos los pasos, pero sin hacer el esfuerzo necesario que requiere el cambio.

El primer paso es siempre el más difícil. El principal obstáculo para empezar es la postergación. El método para soslayar la aversión natural al cambio del cerebro es utilizar kaizén, que implica dar pasos muy pequeños. Esto nos permite progresar constantemente sin hacer sonar las alarmas evolutivas del cerebro.

Los hábitos sostenibles dependen de los detonantes. Si quieres que los cambios duren, no es suficiente con las buenas intenciones. Debes añadir al detonante una nueva rutina. Estas combinaciones de detonante/rutina se denominan técnicamente implementación de intenciones, pero son más conocidas como planes «si/entonces» o «cuando/entonces».

5

DA RIENDA SUELTA AL INCONSCIENTE

A veces, las decisiones más rápidas y acertadas se toman sin
la participación directa de la mente consciente

La mayoría de los hombres estaban descansando cuando la alarma rompió súbitamente el silencio y resonó contra las paredes del parque de bomberos: «Probable incendio en la cocina de una casa unifamiliar».

Cuando llegaron los camiones al lugar de los hechos y el teniente entró en la casa con un equipo de bomberos, notó algo raro de inmediato. El salón estaba mucho más caliente de lo que debería por un incendio que supuestamente tenía su origen en la cocina. El fuego también era mucho más silencioso. Los incendios hacen ruido, y los que provocan un calor especialmente intenso hacen mucho ruido. Más preocupante era el hecho de que los intentos por apagar las llamas que salían de la cocina no estaban dando frutos.[1]

El teniente había visto suficiente. Había algo extraño en aquel incendio, así que ordenó a sus hombres que evacuaran la casa enseguida. Segundos después de que saliera el último hombre, se derrumbó el suelo del comedor. Si se hubieran quedado un minuto más, podrían haber muerto algunos bomberos, o quizá todos.

Durante años, el teniente estuvo convencido de que algún tipo de percepción extrasensorial lo había alertado del peligro inminente.

Se equivocaba. Aunque los científicos aún debaten si alguien puede tener esas percepciones, los bomberos se salvaron gracias a algo que todos poseemos: una poderosa mente inconsciente.

Poder inconsciente

La parte más poderosa e infravalorada del cerebro es aquella de la que, por definición, no eres consciente: el inconsciente. Según Wolf Singer, exdirector del Instituto Max Planck de Investigación Cerebral en Frankfurt, Alemania, nuestro inconsciente es responsable de buena parte de nuestras actividades de toma de decisiones. De hecho, siempre que actuamos, nuestro cerebro consciente suele ser el último en enterarse. Hay una buena razón para esto. El inconsciente está diseñado para trabajar más rápido a fin de garantizar nuestra supervivencia. Al fin y al cabo, si te ataca un animal salvaje, no tienes tiempo para ponderar los pros y los contras de la mejor forma de actuar. Al hacer que el corazón siga latiendo y permitirte respirar sin tener que pensar, el inconsciente te está manteniendo literalmente vivo. Además, a diferencia de la memoria de trabajo, que suele tener solo espacio para cuatro informaciones a la vez, la capacidad del inconsciente es casi ilimitada.

Parálisis por análisis

Aunque gran parte de lo que pensamos tiene lugar en nuestra mente consciente, dos factores clave —la capacidad limitada de la memoria de trabajo y el riesgo de lo que los psicólogos a veces denominan parálisis por análisis o fatiga de decisión— pueden convertirla en un planteamiento inferior para actividades que requieren una evaluación compleja.

Tu memoria de trabajo puede ser inteligente, pero su capacidad es reducida. De hecho, es casi imposible tomar una decisión compleja y consciente utilizando solo la memoria de trabajo; simplemente no tiene espacio ni recursos suficientes para dar cabida a todas las variables. Cuando la memoria de trabajo se queda sin energía, experimentamos fatiga de decisión. Esta no provoca una reducción de la actividad cerebral total. Por el contrario, propicia un aumento en algunas regiones del cerebro y una disminución en otras. El cerebro se centra más en recompensas a corto plazo y se interesa menos en las posibilidades a largo plazo.[2] ¿Has comprado un coche con un historial de seguridad cuestionable porque te gustaba el color? Si es así, probablemente puedas culpar a la fatiga de decisión.

Por extraño que parezca, pensar menos puede conducir a una respuesta más inteligente. A menudo, la falta de tiempo e información consciente y una menor actividad en el córtex prefrontal, la «parte pensante» del cerebro, pueden dar lugar a mejores decisiones, así como mejores acciones y resultados. Aunque esto puede aplicarse a todo el mundo en determinados casos, puede ser especialmente cierto cuando eres un experto en la materia donde es necesario actuar. En algunos casos, cuanto más pensamos, más nos alejamos del resultado óptimo.

CUANDO EL INCONSCIENTE ES LA CLAVE

Las decisiones cualificadas, al igual que las tareas cualificadas, a menudo se realizan sin que seamos conscientes de ello. Una cosa es no ser consciente de cepillarse los dientes o prepararse el café por la mañana. Esos son hábitos prácticamente idénticos de un día a otro. Es distinto cuando la tarea exige que respondas a información nueva y cambiante. En un revelador experimento llevado a cabo por psicólogos cognitivos de las universidades de Vanderbilt y Kobe, se mostró a mecanógrafos cualificados una imagen de un teclado de ordenador en blanco y se les pidió que escribieran la letra correcta cada vez que se resaltaba una tecla. En la mayoría de los casos, su conocimiento de la ubicación de las letras fue sorprendentemente incompleto o inexacto. Aunque consiguieron identificar correctamente algo más de la mitad de las teclas clave, identificaron mal casi el 23 por ciento y omitieron casi el 20 por ciento. Debemos tener en cuenta que se trataba de mecanógrafos experimentados. Escribían a una velocidad media de más de setenta y seis palabras por minuto con una precisión cercana al 95 por ciento. Sin embargo, a pesar de su evidente pericia, por término medio solo fueron capaces de identificar de forma explícita algo más de la mitad de las teclas. No eran mecanógrafos rápidos porque conocieran conscientemente la ubicación de las teclas, sino porque las conocían todas inconscientemente.[3]

SUSPENSOS

En lo relativo a la información, más no siempre es mejor. En un estudio, los orientadores fueron bombardeados con abundantes datos sobre los estudiantes de bachillerato para que predijeran sus calificaciones durante su primer año en la universidad. Los datos incluían expedientes académicos, notas de exámenes, cartas de solicitud de acceso, resultados de pruebas de personalidad y vocacionales, e incluso entrevistas en persona. Mientras tanto, una fórmula matemática realizó la misma predicción utilizando solo dos factores: la nota media de cada alumno y la puntuación de un examen estandarizado. Las predicciones realizadas mediante la fórmula sencilla fueron mucho más precisas que las cuidadosas evaluaciones de los orientadores.[4] Herbert A. Simon, el difunto premio Nobel, que dedicó gran parte de su carrera al estudio de la toma de decisiones, lo explicaba sucintamente: «Mucha información genera pobreza de atención».

LA ASFIXIA

Una de las ilustraciones más dramáticas y a la vez más comunes de la parálisis por análisis es la «asfixia», un fenómeno más estrechamente asociado al deporte, pero que puede darse en casi cualquier situación de mucha presión, incluido el mundo empresarial.

Curiosamente, la asfixia es casi lo contrario de un fallo en la regulación emocional, como el famoso secuestro de la amígdala, que lleva a una persona a renunciar al sentido común y actuar de forma impulsiva o incluso destructiva. En un secuestro de la amígdala, la respuesta a la amenaza se apodera de nosotros y el cerebro consciente, más reflexivo y razonable, se desconecta.

Con la asfixia, el córtex prefrontal secuestra al cerebro inconsciente. Un golfista profesional de repente se pone nervioso cuando empieza a pensar en los elementos individuales de su golpe, lo cual provoca que una actividad normalmente sencilla se vea alterada por un análisis innecesario.

El hecho de que los golfistas profesionales tengan más probabilidades que los aficionados de sufrir un caso de nerviosismo apunta a una realidad interesante. Existe una distinción clave entre la intuición de un experto y la de un principiante, o el *putt* de un golfista profesional y el de un aficionado. Mientras que para los principiantes es beneficioso pensar más, para los expertos puede suponer una traba.

Una demostración clásica de este fenómeno es un partido de tenis en el que la jugadora inferior elogia a su contrincante por un brillante revés. «¡Vaya! ¿Cómo lo has hecho? —pregunta con fingida admiración—. ¿Has cambiado ligeramente la manera de coger la raqueta o has girado un poco más el codo?». Aunque la oponente no responda adecuadamente la pregunta (y si es una experta, es probable que no pueda), hay muchas posibilidades de que el daño ya esté hecho. Su próximo revés no será tan efectivo como el anterior. Esto obedece a que la jugadora que ha formulado la pregunta ha hecho pensar de forma consciente a su oponente en algo que suele hacer de manera inconsciente. Eso suele bastar para alterar un proceso fluido y desequilibrar el ritmo del jugador. Casi todos los deportistas han tenido la desagradable experiencia de asfixiarse, pero suele ocurrir sin intervención externa. Sin embargo, en este caso, una pregunta endiabladamente inteligente es la que ha provocado el ahogo.

cuando estás aprendiendo, practicando y perfeccionando una nueva habilidad, el cerebro consciente es esencial para organizar, analizar y reflexionar sobre lo que estás aprendiendo. Tienes que pensar en situar los pies en el mismo eje que los hombros, agarrar bien la raqueta o mantener el codo un poco doblado. Pero, cuando eres un experto, esa información forma parte de tu memoria procedimental desde hace tiempo. Ya no estás utilizando el cerebro consciente para hacer el trabajo. Tu golpe es más suave, seguro y preciso. Del mismo modo, tomas las decisiones con rapidez y confianza. Además de innecesario, pensar en lo que estás haciendo puede resultar muy intrusivo.

Tanto si eres un golfista profesional como un directivo experimentado de una multinacional, la solución es reducir la carga de tu córtex prefrontal siempre que sea posible, recurriendo más al arma secreta del cerebro: la intuición inconsciente.

Hacer hincapié en el uso del cerebro inconsciente puede aumentar tu velocidad, eficacia y precisión. El inconsciente puede tener un papel protagonista en cómo tomamos decisiones, resolvemos problemas y adoptamos perspectivas creativas.

Decisiones intuitivas

Cuando, en 2009, el avión comercial del capitán Chesley *Sully* Sullenberger se vio gravemente inutilizado por gansos canadienses que fueron aspirados por el motor, actuó con rapidez y pudo realizar un aterrizaje de emergencia en el río Hudson. Los ciento cincuenta y cinco pasajeros que viajaban a bordo sobrevivieron. Aunque el incidente lo convirtió en un héroe reconocido en todo el país, Sullenberger se mostró más prudente. «Una manera de verlo —dijo a Katie Couric, presentadora del noticiario de CBS— es que a lo largo de cuarenta y dos años he estado haciendo pequeños ingresos periódicos en este banco de experiencia, educación y formación, y el 15 de enero el saldo era suficiente para poder retirar una suma muy grande».[5]

No había nada físicamente imponente en Wayne Gretzky, el que podría ser el mejor jugador de hockey de todos los tiempos, y, sin embargo, parecía tener una extraña habilidad para estar en el lugar adecuado en el momento adecuado. Según Gretzky, «para ser un ganador, no vas hacia donde está el disco, sino hacia donde estará».[6] Gracias a su extraordinario uso de lo que los aficionados llaman «sentido del hockey», ningún jugador en la historia de la NHL ha anotado más puntos que Wayne Gretzky. También es el único que ha marcado más de doscientos puntos en una sola temporada, y consiguió ese hito en cuatro ocasiones.[7]

Ni el capitán Sullenberger ni Wayne Gretzky disponían de tiempo. Ambos tenían que tomar decisiones de manera rápida e intuitiva. Aunque tendemos a pensar que las decisiones intuitivas son aleatorias y dejan entrever una falta de habilidad, ocurre justo lo contrario. Las decisiones intuitivas suelen ser producto de años de experiencia y miles de horas de práctica. Representan el uso más eficiente de la experiencia acumulada.

Una moneda al aire

Entre quienes cuestionan el valor de la toma de decisiones intuitiva, a algunos les preocupa que sea tan aleatoria como lanzar una moneda al aire. Irónicamente, lanzar una moneda al aire puede ser una buena manera de tomar una decisión, pero es probable que no lo sea como piensas. Si te debates entre dos opciones con un mérito aparentemente igual, lanza una moneda. Si te sientes satisfecho o aliviado por la decisión que ha tomado la moneda por ti, sigue adelante. En cambio, si el resultado del lanzamiento de la moneda te deja intranquilo e incluso te lleva a preguntarte por qué has tirado una moneda al aire para decidir algo tan importante, decántate por la otra opción. Una «corazonada» te ha alertado de la decisión correcta. Ha hecho falta lanzar una moneda para que resultara obvio. ¿Qué es esa «corazonada»? Para responder a esta pregunta, debemos comprender mejor la anatomía de la intuición.

La anatomía de la intuición

Las decisiones intuitivas se toman en dos regiones del cerebro: los ganglios basales y la ínsula. Como probablemente recuerdes del capítulo 4, los ganglios basales gestionan los patrones y rutinas almacenados que reflejan tu experiencia acumulada. La ínsula (también conocida como corteza insular) se encarga de la conciencia corporal y es muy sensible a cualquier cambio que experimente el cuerpo. No solo controla funciones vitales como los latidos del corazón, sino que también nota cuando tienes la piel fría o caliente, la vejiga llena o la barriga hinchada. En resumen, ¡viene bien tenerla ahí!

Cuando te piden que tomes una decisión, el cerebro inconsciente suele ponerse a trabajar de inmediato, aunque no seas consciente de ello. Cuando finalmente intentas tomar una decisión consciente, el cerebro la compara con la decisión que ya ha tomado tu inconsciente. Si las decisiones conscientes e inconscientes se corresponden, el cerebro registra una sutil respuesta de recompensa. Si las decisiones no coinciden, registra una amenaza. Ambas respuestas desencadenan cambios en tu cuerpo.

Si el cerebro predice una recompensa y esta no llega, registra sorpresa. El córtex del cíngulo anterior (CCA) es el que se encarga de esto. Es un detector de errores con gran densidad de neuronas dopaminérgicas. Cuando no llega una recompensa esperada, el CCA genera una señal eléctrica conocida como negatividad relacionada con el error (a veces se la conoce como circuito «¡Oh, mierda!»).[8]

Gracias a la ínsula, las personas con una buena conciencia de su cuerpo notan un cambio. Por eso, las decisiones intuitivas a menudo se conocen como «corazonadas». Percibimos si una elección es buena o mala al notar un cambio sutil en cómo nos sentimos.

Intuición experta

La intuición experta no es un aspecto exclusivamente inconsciente. Tal como indicaba Sully Sullenberger, en gran medida se basa en nuestro banco de experiencias. Empieza recabando de forma consciente todos los datos que necesitarás para tomar una decisión y mantener la mente consciente distraída mientras tu inconsciente se pone manos a la obra.

La toma de decisiones intuitiva realiza la misma operación básica que la toma de decisiones consciente, pero lo hace de manera mucho más rápida y eficaz, lo cual pasa menos factura a los recursos limitados del cerebro. Piénsalo de este modo: puedes lavar los platos a mano o puedes meterlos con cuidado en el lavavajillas, añadir un poco de detergente, cerrar la puerta, encender la máquina y acomodarte a leer un libro o salir a correr. Mientras estés fuera, los platos se lavarán más rápido y con mucho menos esfuerzo por tu parte. Utilizar la intuición experta es como lavar los platos en el lavavajillas.

Una de las razones por las que la toma de decisiones intuitiva suele funcionar mejor es porque dispone de más espacio cerebral. Digamos que tienes varios cientos de libros en casa y quieres ordenarlos todos alfabéticamente. El análisis consciente es como intentar reordenar los libros en los estrechos confines de una cabina telefónica. La intuición es como reorganizarlos en el suelo de un espacioso salón.

Cuando los psicólogos Joseph Johnson y Markus Raab mostraron a unos jugadores de balonmano diversos vídeos de partidos de alto nivel, los iban parando y pedían a cada jugador que eligiera rápidamente su mejor movimiento posible. Antes de continuar, les daban tiempo para pensar en posibles movimientos alternativos. Los investigadores descubrieron que la primera opción casi siempre era la mejor.[9]

Más que cualquier otra actividad competitiva, el ajedrez es reconocido como un juego muy analítico que requiere un gran esfuerzo mental. Sin embargo, los verdaderos maestros ajedrecistas ofrecen una visión sorprendente de cómo se llevan a cabo realmente las jugadas. «Por supuesto, el análisis a veces puede dar resultados más precisos que la intuición, pero normalmente es mucho trabajo», aseguraba Magnus Carlsen, que lo sabe por experiencia. A los veintidós años, superó al legendario gran maestro Garri Kaspárov y se convirtió en el mejor jugador de ajedrez de la historia. Aunque los ajedrecistas tienen fama de ser analistas hiperracionales, el método de Carlsen es muy distinto. «Suelo hacer lo que me dice la intuición —explicaba en una entrevista para el *Financial Times*—. Casi todo el tiempo que pasamos pensando es solo para hacer comprobaciones».[10]

Por qué no confiamos en la intuición

Si la intuición experta es más rápida, eficaz y precisa que la toma de decisiones consciente, ¿por qué no la utilizan más personas y empresas?

Piénsalo un momento: ¿qué pasaría si les dijeras a los directores de tu empresa que quieres ampliar el negocio a un nuevo mercado y gastar grandes sumas de dinero porque has tenido una corazonada? Imagina qué recorrido tendría eso. Escenarios como ese hacen que incluso las personas que entienden el poder de la intuición se estremezcan un poco y se pregunten a sí mismas (o incluso en voz alta): «Pero ¿y si no funciona?».

Una consecuencia desafortunada de ese malestar arraigado con respecto a la intuición es lo que el psicólogo alemán Gerd Gigerenzer denomina «toma de decisiones defensiva». En el mundo empresarial, donde no gustan los riesgos, los directivos que se basan en decisiones intuitivas suelen verse obligados a respaldar esas decisiones con datos. A menudo, eso los obliga a dar una explicación detallada sobre una decisión que originalmente surgió de un presentimiento. Del mismo modo, los médicos experimentados que realizan una evaluación instantánea del estado de un paciente pueden sentirse obligados a someterlo a una serie de pruebas costosas y a veces invasivas para demostrar lo que sabían desde el principio. Y lo que es aún peor, un líder puede conformarse con una segunda o incluso una tercera opción simplemente porque sabe que puede ofrecer datos y cifras que la apoyen. Gigerenzer calcula que ese planteamiento inferior se utiliza en un tercio o la mitad de las decisiones importantes. Según declaraba a *Harvard Business Review*, «La toma de decisiones defensiva perjudica a la empresa y protege a quien toma la decisión».[11]

La desconfianza habitual hacia la intuición tiene su origen en una serie de factores: prejuicios históricos, análisis sesgados y un malentendido sobre lo que realmente significa «intuición».

Prejuicios históricos

Durante más de doscientos cincuenta años ha imperado la racionalidad, y por buenos motivos. La Ilustración inauguró la era de la razón, reforzó la ciencia y las matemáticas, destruyó supersticiones en ocasiones mortales y allanó el camino para la democracia moderna. Sin embargo, en algunas cuestiones, la Ilustración no fue tan ilustrada como parecía. Provocó al menos una lamentable víctima que supuso un daño colateral en materia de cultura: la intuición. En una época en la que domina la razón, la intuición es un anatema. Los líderes, la mayoría de los cuales eran varones y anteponían la racionalidad a todo lo demás, empeoraron más las cosas al definir el hecho de «dejarse llevar por el instinto» no solo como «intuición», sino como «intuición femenina», un doble insulto que denotaba que la intuición era algo que había que evitar a toda costa.[12]

Y con eso, la suerte estaba echada. La intuición ha estado trabajando desde entonces para recuperar su reputación.

Análisis sesgados

Aunque nos gusta pensar que hemos avanzado desde la Ilustración, los viejos hábitos pueden ser difíciles de romper. Todavía prima el pensamiento consciente y racional sobre la intuición experta. Otro actor al que podemos señalar con un dedo acusador se encuentra justo en medio de la frente: el córtex prefrontal. ¿Es de extrañar que la ubicación de nuestro pensamiento consciente muestre recelos hacia la toma de decisiones basada en el inconsciente?

El CPF, la misma parte del cerebro que es el héroe en lo que respecta a la concentración y el análisis (véase el capítulo 3), actúa como un traidor malicioso en una intriga cortesana para convencernos de que la intuición no puede ser superior al servicio consciente y concienzudo que con tanto orgullo ofrece.

Llamémoslo complejo de inferioridad, pero no es sorprendente que una región del cerebro explícitamente consciente desconfíe de un sistema rival que es explícitamente inconsciente.

¿Intuición o análisis racional? ¿Cuál debería ser? Si lo piensas bien, el prejuicio general contra la intuición puede ser erróneo, pero tiene sentido. Después de todo, ¿qué parte del cerebro decide qué método es superior? ¡El cerebro consciente, por supuesto! ¿Confiarías en un concurso del bebé más guapo en el que el único juez tiene a su bebé entre los participantes? Por supuesto que no. Tu cerebro consciente está sesgado de forma natural a favor de, en efecto, ¡tu cerebro consciente! Como firmaba el escritor y neurólogo Robert A. Burton en su libro *A Skeptic's Guide to the Mind* [Una guía escéptica de la mente], «contratar a la mente como asesora para entender la mente es el equivalente metafórico a pedirle a un conocido estafador una autoevaluación y una carta de referencia».[13]

Una de las características principales de la intuición es que no siempre podemos expresar lo que nos llevó a tomar una decisión concreta. Nuestra reacción visceral y la posterior decisión son los únicos elementos de un proceso complicado que llegan a la parte consciente. Eso explica por qué el teniente de bomberos atribuyó su decisión a una percepción extrasensorial. En aquel momento no pudo ofrecer una explicación más satisfactoria. Simplemente sintió que era lo que debía hacer. Es lógico que eso le cree problemas a nuestro cerebro consciente, que es más dado a explicaciones que a sentimientos. De hecho, al neurocientífico David A. Eagleman a veces le gusta comparar las diferentes regiones del cerebro con un «equipo de rivales». Las regiones pueden trabajar juntas, pero cada una tiene una agenda ligeramente distinta. La intuición parece un ataque directo a la agenda de nuestro cerebro racional.[14]

¿O no? Una de las críticas habituales a la intuición es que es «demasiado emocional». Oficialmente, tendemos a otorgar valor a la toma de decisiones fría y calculada. Sin embargo, eso demuestra una confusión fundamental sobre cómo funciona el proceso de toma de decisiones racional.

Uno de los pacientes más célebres de la neurociencia moderna es conocido como EVR. Tenía un tumor cerebral en una parte del lóbulo frontal denominada córtex prefrontal ventromedial (VMPFC, por sus siglas en inglés). Aunque el tumor se extirpó con éxito y EVR parecía haber recuperado la normalidad, se volvió poco fiable tanto en lo profesional como en lo personal. A menudo llegaba tarde al trabajo, no completaba las tareas y parecía ser totalmente incapaz de tomar las decisiones más simples. El daño que había sufrido su VMPFC no había perjudicado ni a su memoria ni a su inteligencia. Lo que sí había hecho era cortar una conexión vital entre las partes del cerebro que piensan y las que sienten.[15]

Las decisiones se toman teniendo en cuenta los objetivos, y estos a su vez están conectados a nuestros circuitos de recompensa y amenaza. En otras palabras, cada decisión que tomamos, incluso algo tan trivial como qué tarea abordar a continuación o qué pedir para comer, tiene un componente emocional. Las emociones no solo influyen en nuestras decisiones, sino que son esenciales para el proceso de toma de decisiones. Según el neurocientífico Antonio Damasio, en cierto nivel, incluso las decisiones racionales son viscerales. Sin un componente emocional, somos incapaces de mantener los objetivos en mente. Y sin objetivos, es prácticamente imposible concluir qué información es relevante para tomar una decisión y cuál es irrelevante. En el caso de EVR, eso significaba que su cerebro estaba inundado de trivialidades y lo volvió incapaz de tomar siquiera la decisión más sencilla.[16]

No entendemos qué significa intuición

Si afirmamos que, según nuestra intuición, la superestrella del fútbol Lionel Messi va a marcar un gol en el próximo saque de esquina, en realidad no es intuición. Es una conjetura glorificada. Si alguien te mira la palma de la mano y dice que vas a conocer a un hombre alto y moreno, eso no es intuición experta, sino veinticinco dólares que podrías haber gastado en una cena o una película. Si has vivido una experiencia traumática en una ciudad o un barrio concretos, puede que tengas un «mal presentimiento» cuando vuelvas allí. Pero eso no es intuición. Es una respuesta de amenaza hipersensible.

En este libro, cuando decimos «intuición», nos referimos a «intuición experta», una manera más rápida de analizar la información utilizando la experiencia acumulada. Pero la experiencia tiene que estar ahí o la intuición no funcionará. A lo que no nos referimos es a calcular a ojo. Por desgracia, eso es lo que piensa mucha gente cuando oye la palabra «intuición». Si eres nuevo en un tema o un negocio, recurrir a la intuición es imprudente y probablemente irresponsable. Pero si con el tiempo has acumulado experiencia, la intuición puede ser el mejor camino a seguir.

Uno de los problemas de investigar adecuadamente la intuición es que a lo largo de los años ha adquirido una reputación poco científica. De hecho, si buscamos la palabra «intuición» en internet, encontraremos una mezcla confusa de neurociencia legítima y palabrería mágica.

En realidad, la intuición experta no tiene nada de mágico. Se basa en una sólida corriente neurocientífica. La intuición, producto de la experiencia y la práctica, funciona combinando la experiencia pasada con pistas externas para llegar a una decisión que se registra en el nivel inconsciente y luego es interpretada por una respuesta corporal a la que comúnmente nos referimos como «corazonada». Según Herbert Simon, el experto en toma de decisiones, «la intuición y el criterio son simplemente análisis convertidos en hábito».[17]

Esas decisiones viscerales no suelen ser tan instantáneas como pueda parecer. Por el contrario, tu mente inconsciente a menudo sienta las bases de una respuesta mucho antes de que hayas tenido la oportunidad de plantear la pregunta.[18] De hecho, a lo largo de tu vida, el inconsciente está acumulando una verdadera enciclopedia de experiencias. Michael Eisner, antiguo consejero delegado de Disney, coincide: «Los instintos viscerales son la suma total de esas experiencias, millones y millones de ellas. Y esa suma total te permite tomar decisiones razonables».[19]

Si bien es cierto que la toma de decisiones intuitiva a veces es susceptible de manipulación, también es cierto que la toma de decisiones racionales, que consume tiempo y con frecuencia dispara los presupuestos, puede ser propensa a errores mayúsculos de criterio.

Por qué no siempre debemos confiar en la toma de decisiones racional

Pocos fiascos empresariales de la historia reciente igualan la presentación en 1985 de la Nueva Coca-Cola, la reformulación meticulosamente pensada de la icónica marca de refrescos, diseñada para vencer a su archirrival Pepsi en la famosa prueba de sabor conocida como el Desafío Pepsi. Aunque Coca-Cola Company tenía muchos datos para respaldar el cambio, el debut de la nueva bebida fue un desastre absoluto. De hecho, para acallar las notables protestas públicas, la empresa se vio obligada a recuperar la «vieja» bebida con el nombre de Coca-Cola Classic al cabo de solo setenta y nueve días. Los consumidores más fieles de este refresco pudieron determinar instantáneamente lo que Coca-Cola había sido incapaz de comprender con meses de investigación y una montaña de datos: «¿Por qué voy a beber una nueva Coca-Cola que sabe más a Pepsi pudiendo beber Pepsi directamente?».

De acuerdo, la intuición no es perfecta, pero tampoco lo es la toma de decisiones racional. La saga de Coca-Cola es solo un célebre ejemplo en el que la toma de decisiones racional fue un error descomunal. Y hay muchos más.

El dilema de los innovadores, el best seller de negocios escrito por Clayton Christensen, cuenta la historia de cómo los sectores ya establecidos creían que los rivales advenedizos no representaban ninguna amenaza. A los grandes almacenes no les preocupaba la idea de las tiendas de descuento. A las empresas de ordenadores centrales tampoco las inquietaba el auge de los ordenadores personales. Los fabricantes de excavadoras accionadas por cable no veían razón alguna para temer la llegada de los equipos alimentados por energía hidráulica. ¿Por qué no estaban preocupadas esas empresas? Porque habían hecho los deberes concienzudamente y tenían los números para demostrarlo. Todas ellas tomaron la decisión racional de mantener el rumbo y emprendieron un camino que demostraría ser una trayectoria de colisión.[20]

Aunque la antaño gigantesca Xerox Corporation dominaba el mercado de las fotocopias, tenía clara la importancia de la investigación y el desarrollo y, con eso en mente, creó Xerox PARC, el centro de investigación de Palo Alto, a principios de los años setenta. Por desgracia, las herramientas que se estaban desarrollando en PARC —incluyendo el ratón, la interfaz gráfica de usuario y la impresora láser— empezaron a poner un poco nerviosos a los directivos. Preocupados por que algunas de esas innovaciones pudieran socavar la actividad principal de la empresa, esto es, las fotocopiadoras, Xerox mantuvo las ideas en secreto. Pero eso no desanimó a los visitantes del centro, entre ellos dos jóvenes llamados Bill Gates y Steve Jobs. Años después, Jobs recordaba aquella visita monumental con incredulidad. «No tenían ni idea de lo que habían conseguido», afirmó.[21] Sin las herramientas desarrolladas en PARC, la informática en la era de Internet sería prácticamente inconcebible. No obstante, la toma de decisiones racional impidió a Xerox sacar provecho de ellas.

En caso de duda, delega

Ante el potencial de fracaso que entrañan tanto la intuición como la toma de decisiones racional, ¿qué debe hacer un líder? Una estrategia de gestión contrastada también se aplica a la toma de decisiones individuales. La manera óptima de utilizar el cerebro en muchos escenarios de toma de decisiones es delegar la mayor parte del trabajo a tu cerebro inconsciente y recurrir a la parte consciente sobre todo para supervisar y examinar el proceso de toma de decisiones inconsciente. El inconsciente destaca por realizar el trabajo con rapidez y eficacia. El cerebro consciente es especialmente bueno con las comprobaciones para cerciorarnos de que todo está bien. ¡Hay una razón por la que las actividades primordiales del córtex prefrontal se denominan funciones ejecutivas!

Consejos para mejorar tus aptitudes en la toma de decisiones intuitiva

Aunque algunas personas son más intuitivas por naturaleza que otras, la intuición se puede mejorar y perfeccionar aumentando la experiencia y la conciencia corporal.

1. **Allana el camino hacia la pericia**. Las mejores decisiones intuitivas surgen cuando aprovechas inconscientemente un caudal considerable de experiencia y conocimientos. Pero si en la actualidad no eres experto en un tema en particular, es mejor que utilices el análisis.
2. **Mejora tu conciencia corporal**. Las llamadas sensaciones viscerales son un componente esencial de la intuición experta. Se ha descubierto que el mindfulness (como se explica en el capítulo 3) densifica la materia gris de la ínsula anterior derecha, la región que permite que tu cuerpo reconozca pequeñas señales de advertencia.[22]
3. **Aprende cuándo confiar en la intuición y cuándo no**. Las decisiones intuitivas basadas en la experiencia acumulada son eficaces y normalmente fiables. Las decisiones basadas en estereotipos o prejuicios arraigados no lo son.

El inconsciente desempeña un papel clave no solo en la toma de decisiones eficaz, sino también en la resolución de problemas. Aunque todavía existe una función vital para las decisiones racionales y calculadas, algunas de las ideas más innovadoras del mundo son producto de percepciones creativas. Han surgido en un destello de inspiración y han llegado como resultado de una mente errante. Conocer los factores que conducen a la visión creativa puede ser crucial para sentar las bases de la innovación.

Resolución racional de problemas

Hay muchos casos en los que la resolución racional de problemas es suficiente e incluso superior y otros casos en los que es tu única opción. Casi cualquier problema matemático, aunque utilices una calculadora, se resuelve racionalmente. Por más que lo intentes, la suma de una larga columna de cifras difícilmente aparecerá en tu cabeza en un momento repentino de inspiración.

Este es un ejemplo clásico de un problema que precisa de la resolución racional. Después de un robo en una casa cercana, la policía pudo detener a cuatro sospechosos —A, B, C y D— y tomarles declaración.

- A dijo: «Lo hizo C».
- B dijo: «Yo no fui».
- C dijo: «Lo hizo D».
- D dijo: «C mintió cuando dijo que fui yo».

Resulta que solo una de las cuatro afirmaciones era cierta y solo uno de los sospechosos cometió el delito. ¿Puedes averiguar quién dijo la verdad y quién cometió el robo? (La respuesta correcta está al final de la página).*

Es prácticamente imposible que la solución a este problema en particular te venga de repente a la cabeza. Debes pensar de manera lógica en los posibles escenarios para llegar a la respuesta correcta. En lugar de aprovechar el amplio espacio de tu inconsciente, la resolución racional de problemas utiliza los confines limitados de su córtex prefrontal para analizar, comparar y reorganizar conscientemente la información.

Otros problemas pueden resolverse de ambas maneras: de forma racional o mediante la percepción creativa. Las sopas de letras son un buen ejemplo. Algunas personas pueden ver los siguientes caracteres y descifrarlos de inmediato:

REBROCE

Quienes lo hacen utilizan la percepción creativa. La velocidad a la que llegan a la respuesta es un testimonio del poder del inconsciente. Es posible que otros necesiten probar metódicamente varias combinaciones de letras para obtener la respuesta acertada. Es un ejemplo de resolución de problemas racional. Puede que sea consciente y sistemática, pero como utiliza el espacio limitado del córtex prefrontal, también es mucho más lenta (por cierto, la respuesta a la palabra desordenada es CEREBRO).

* D decía la verdad. Quien cometió el delito fue B.

Ideas creativas

Arquímedes, matemático y erudito de la antigua Grecia, finalmente descubrió un método para evaluar la pureza del metal mientras se hallaba remojándose en la bañera. Si debemos creernos la historia, estaba tan emocionado por el descubrimiento que corrió desnudo por las calles de Siracusa gritando «Eureka», que en griego significa «lo encontré». Más de dos mil años después, el niño prodigio y pionero de la televisión Philo Farnsworth descubrió una manera de generar una imagen de vídeo mientras segaba metódicamente los campos de heno de la granja de su familia.[23] Como demuestran la conocida leyenda de Arquímedes y la historia no tan conocida de Philo Farnsworth, algunos de los mayores descubrimientos han surgido de un arrebato de percepción creativa.

La anatomía de las ideas creativas

Gracias a una serie de innovaciones técnicas fundamentales en los últimos veinticinco años, los neurocientíficos por fin tienen una idea bastante acertada de cómo se producen esas percepciones creativas. En general, operan en tres etapas: el punto muerto, el momento de percepción y la confirmación.

EL PUNTO MUERTO

Todos conocemos la sensación de haber llegado a un punto muerto. Tenemos un problema que resolver. Llevamos horas devanándonos los sesos, o puede que incluso días, y hemos sido incapaces de encontrar una respuesta. En esas situaciones, el cerebro suele sacar la artillería pesada, las regiones del córtex prefrontal, a fin de utilizar toda la fuerza de su capacidad cognitiva.

Paradójicamente, cuanto más te esfuerces por resolver el problema de manera consciente, más difícil te resultará (todos conocemos esto a un nivel más mundano, con lo que se denomina «fenómeno de la punta de la lengua», en el que sabemos la respuesta pero no conseguimos expresarla). Al fin y al cabo, no se trata de un problema de puro cálculo. No estás sumando una larga columna de cifras o traduciendo un texto desconocido en una lengua ancestral. Aunque a menudo nos cuesta darnos cuenta en tales situaciones, con frecuencia más es menos. Normalmente, nuestra capacidad para concentrarnos con intensidad es una ventaja. Pero en este caso limita nuestra capacidad para realizar el tipo de conexiones que conducen a ideas creativas.

Como ya hemos visto, la concentración intensa recurre a los tres neurotransmisores fundamentales —la dopamina, la noradrenalina y especialmente la acetilcolina— para aislarse de todos los estímulos externos. Pero ¿qué es superfluo cuando se trata de una idea creativa? Ahí está el problema. Por desgracia, este es un caso en el que el córtex prefrontal hace demasiado bien su trabajo a la hora de excluir el material superfluo y descarta enseguida posibles opciones para solventar el problema. De hecho, con frecuencia ocurre de manera inconsciente, por lo que ni siquiera sabemos si alguna vez fueron opciones. Los equipos disfuncionales suelen contar con versiones vivientes del córtex prefrontal. Ya los conoces. Son los que, cuando alguien hace una propuesta poco convencional, responden instintivamente «¡No! ¡Nunca funcionará!», y suelen conseguir que no se hable más del tema. Eso es lo que crea el estancamiento en el pensamiento creativo: la eliminación demasiado estricta por parte del córtex prefrontal de distracciones que puede que en realidad no sean tal cosa.

Para medir la actividad cerebral que conduce a un momento de revelación, los neuropsicólogos con frecuencia utilizan lo que se conoce como problemas de perspicacia. Este es un ejemplo típico:

Rachel y Rebeca nacieron el mismo día del mismo mes del mismo año. Comparten los mismos progenitores y, sin embargo, no son gemelas. ¿Cómo es posible?

En general, menos del 20 por ciento de las personas a las que se plantean problemas como este encuentran la solución. Sin embargo, quienes lo hacen a menudo saben de inmediato que su respuesta es correcta.[24]

Si necesitas entender mejor el tipo de visión túnel que lleva al punto muerto inicial en la percepción creativa, no busques más allá de las tres primeras palabras del problema: Rachel y Rebecca. Tu córtex prefrontal, en un esfuerzo bienintencionado pero erróneo por agilizar el proceso de resolución de problemas, seguramente ha llegado a la conclusión de que las dos chicas son gemelas. Así que, cuando llegas al final del problema y te dicen que no lo son, es demasiado tarde. El córtex prefrontal ya está estancada en esa idea anterior.

La razón por la que el punto muerto es crítico es porque tu mente consciente lo interpreta como una señal para rendirse. El córtex prefrontal básicamente dice: «¿De verdad me he esforzado tanto para eliminar las distracciones y todavía no has resuelto el problema? Me voy a tomar una cerveza. Ahí te quedas».

Y con eso, el córtex prefrontal atenúa el fuerte control que ejercía sobre estímulos entrantes que podrían haberte bombardeado con distracciones agotadoras. De repente, irrumpen todos. Es casi como si llevaras tapones en los oídos y una venda en los ojos y ahora te hubieran quitado ambas cosas. Los sonidos parecen más intensos y la luz normal de la habitación te hace entrecerrar los ojos momentáneamente. Algunas cosas a las que no estabas prestando atención se vuelven casi imposibles de ignorar. Tu córtex prefrontal está tomando una cerveza y ha dejado que las partes inconscientes del cerebro vuelvan a ponerse a trabajar.

Es entonces cuando se obra la magia.

EL MOMENTO DE PERCEPCIÓN

Las ideas creativas proceden de una región del cerebro situada justo encima de la oreja y conocida como giro temporal anterosuperior (GTAS). Mientras que la concentración se basa en la precisión, la perspicacia consiste en establecer conexiones.

De repente te das cuenta de que los gemelos no son los únicos que pueden nacer el mismo día del mismo mes del mismo año. Rachel y Rebecca tienen otra hermana que nació el mismo día que ellas. No son gemelas. ¡Son trillizas!

Uno de los factores clave para predecir una reflexión inminente es la emanación constante de ritmos alfa en el hemisferio derecho.[25] Las ondas alfa indican una desviación de los pensamientos intencionados y orientados a objetivos y son un signo de relajación profunda.[26] Parecen cerrar el paso a estímulos visuales que podrían servir de distracción en la resolución de problemas.[27]

Trescientos milisegundos antes de llegar a la respuesta, se produce un pico en el ritmo gamma de tu cerebro, su máxima frecuencia eléctrica.[28] Se cree que los ritmos gamma proceden de la unión de las neuronas. Tu cerebro está atando cabos de manera casi literal.[29]

La clave es que los cálculos mentales que conducen a las percepciones creativas son inconscientes. «Si Arquímedes hubiera controlado conscientemente sus pensamientos en la bañera» —explica el neurocientífico Joydeep Bhattacharya, de Goldsmiths, Universidad de Londres—, nunca habría gritado "eureka"».[30]

LA CONFIRMACIÓN

Uno de los elementos peculiares de una percepción creativa es la extraña sensación de certeza que se siente al encontrar por fin la solución. El córtex prefrontal se ilumina al reconocer una respuesta correcta, aunque no lleguemos a ella por nosotros mismos.[31] En la práctica, el córtex prefrontal ha estado actuando a nuestras espaldas, involucrando subrepticiamente a las regiones del cerebro que son necesarias para resolver el problema, y solo nos informa de ello después de que hayamos llegado a la respuesta correcta. Cuando la solución irrumpe en la conciencia como un momento de revelación, puede ser lo bastante emocionante como para que salgamos a correr desnudos por las calles de Siracusa, pero para nuestro córtex prefrontal ya es cosa del pasado.[32]

Condiciones para las percepciones creativas

Aunque no puedas desencadenar ideas creativas conscientemente, puedes hacer algunas cosas para ayudar a preparar el camino. Cuando se trata de momentos de revelación, algunas condiciones son más propicias que otras. Lo demostramos en nuestros seminarios cuando dividimos a los asistentes en dos grupos y planteamos a cada uno el mismo rompecabezas de perspicacia creativa.

Ambos grupos reciben seis lápices y se les pide que ideen una forma de crear cuatro triángulos equiláteros con ellos. Inicialmente, el problema se antoja irresoluble, ya que no parece haber suficientes lápices. Lo creas o no, el problema tiene una solución muy elegante.

Siempre a un paso de lo diabólico, preparamos a los dos grupos de manera un poco diferente. Cada uno ignora que el otro ha recibido un contexto ligeramente distinto, aunque el objetivo de ambos es idéntico. Con el primer grupo, intentamos crear un entorno que fomente los momentos de revelación. Con el segundo, hacemos lo contrario, tratando de establecer condiciones que en realidad desalentarían las ideas creativas.

Preparar el escenario para el momento de revelación

Cuando nos enfrentamos a un problema que requiere visión creativa, una serie de factores pueden aumentar las probabilidades de experimentar un momento de revelación.

1. **Haz que sea divertido**. La gente suele tener más posibilidades de generar ideas creativas cuando está contenta y riendo.
2. **Innova**. No te limites a romper el molde; deshazte de él. La creatividad casi siempre prospera en ausencia de restricciones y estructuras.
3. **Cambia de marcha**. Después de trabajar en el problema unos momentos, tómate un descanso y haz algo completamente diferente, como cantar o practicar ejercicio (si la actividad parece una tontería, mucho mejor; véase el punto número 1).

Centrarse exclusivamente en un problema puede ser perjudicial para la creatividad, ya que excluye al resto del cerebro, que de otro modo podría ayudar a encontrar la solución.

4. **Escúchate**. Presta atención a tus sentimientos y ten en cuenta a tu conciencia interior. El silencio proporciona el ambiente ideal para este enfoque. No dudes en cerrar los ojos si te resulta de ayuda. Es el propio cerebro individual el que genera el momento de revelación. No se pueden tener ese tipo de ideas cuando te centras en lo que están haciendo los demás.

5. **Muérdete la lengua**. Espera antes de verbalizar. Hablar no tiene ningún efecto mensurable en la resolución de problemas analítica, pero puede ser perjudicial para la intuición que necesitamos para resolver problemas de perspicacia.[33] Sí, al final tendrás que compartir tu idea ingeniosa, pero un exceso de cháchara puede interferir en la incubación de ideas creativas, no solo las tuyas, sino también las de tus compañeros. En los problemas de perspicacia, los grupos silenciosos encuentran la solución más de un 60 por ciento de las veces, mientras que quienes resuelven los problemas verbalmente hallan la solución algo más de un 30 por ciento de las veces.

Cinco cosas sencillas que puedes hacer para desalentar la creatividad

Aunque estos métodos no son infalibles, si estás decidido a reprimir la creatividad de tu equipo, estas sencillas reglas deberían ayudarte a reducir drásticamente las posibilidades de realizar un gran avance.

1. **Rebaja el estado de ánimo general**. Malas noticias, acusaciones o incluso una buena diatriba deberían contribuir a empezar las cosas con mal pie.

2. **Crea mucho estrés**. Por suerte, el mal humor y el estrés suelen ir de la mano. Si tu equipo parece malhumorado pero extrañamente relajado, calienta los ánimos recordándoles que el fracaso no es una opción y fijando un plazo poco razonable.

3. **Sigue unas directrices estrictas.** Una estructura limitada debería ayudar a controlar cualquier impulso creativo inoportuno. ¡Elabora un guion y cíñete a él!
4. **Mantenlos a todos concentrados.** Despeja la habitación de cualquier cosa que parezca superflua o divertida y exige que la gente preste mucha atención en todo momento.
5. **Fomenta el caos y las conversaciones cruzadas.** El silencio puede ser oro, pero no cuando tu objetivo es torpedear los impulsos creativos. Pídeles que hablen mucho e insiste en que piensen en voz alta.

Utilizando en secreto esas dos listas como guía, preparamos a un grupo según las cinco claves para cultivar la creatividad y al otro utilizando principios diseñados para desalentar deliberadamente la visión creativa. Una y otra vez, nuestros resultados han enviado un poderoso mensaje a los participantes de ambos grupos.

Hay unos pasos que puedes dar para mejorar tus probabilidades de llegar a ideas creativas. Por supuesto, la creatividad no siempre viene de golpe. Personas de profesiones muy diversas siguen pensando de forma creativa sin esperar a que caiga el rayo de inspiración.

La conexión de la creatividad

Cuando el inventor suizo George de Mestral regresó de cazar en las montañas cubierto de pequeños pinchos, se preguntó si el principio que hacía que se aferraran con tanta firmeza podría utilizarse para crear un cierre que no necesitara botones, broches o cremalleras. El resultado de su curiosidad creativa fue el velcro. La idea original de De Mestral nació de su capacidad para ver más allá de lo obvio y establecer conexiones que la mayoría de los excursionistas habrían pasado por alto.

Mientras que la perspicacia creativa consiste en utilizar el poder de tu inconsciente para resolver un problema concreto, la creatividad se caracteriza por la apertura a todo tipo de opciones y la capacidad para aprovechar el inconsciente a fin de establecer vínculos, asociaciones y descubrimientos innovadores que de otro modo no se te habrían ocurrido.

Eso me recuerda: cómo funciona la creatividad

Las personas creativas tienen una mayor capacidad para lo que se conoce como pensamiento divergente, es decir, la capacidad de dar muchas respuestas a una pregunta abierta. Ese proceso de creación de vínculos surge de la corteza asociativa, que sintetiza la información que recibe el cerebro e intenta comprender una variedad de estímulos, tanto internos como externos.[34] La corteza asociativa es más activa cuando la red por defecto (alias la red narrativa) es la dominante (véase el capítulo 3), lo cual explica por qué solemos ser más creativos cuando dejamos divagar la mente.

«LO SÉ. ESTÁS TRABAJANDO»

Cuando aún era adolescente, un escritor al que conocemos estaba sentado en un sillón del comedor, mirando al espacio y aparentemente melancólico. Cuando pasó su madre, le dijo en voz baja: «Lo sé. Estás trabajando».

Tal vez ayudó que su marido, el padre de nuestro amigo, también fuera escritor, pero resulta que tenía toda la razón. Nuestro amigo tenía un encargo creativo y se sentía estancado.

La creatividad no es como hacer salchichas o cortar leña. Girar la manivela aún más rápido o blandir el hacha con mayor ferocidad y fuerza difícilmente mejorarán la producción. Ahora, gracias a la neuroimagen, los psicólogos han confirmado lo que artistas y científicos sospechaban desde hacía tiempo: la creatividad depende tanto de tu mente inconsciente como de tu parte consciente. Y, para ello, requiere tiempo de inactividad consciente.

Fíjate en que hemos matizado el concepto «tiempo de inactividad» con «consciente». Eso no significa que dejes de trabajar, sino que ya no eres consciente de que estás trabajando. Normalmente eso supone apartar el consciente de la tarea que tienes entre manos para que tu inconsciente pueda ocuparse de ella sin molestias. Si tienes una tarea clara que completar, una serie de instrucciones que seguir, una montaña que escalar o incluso un libro o un artículo de revista que terminar de leer, lo mejor es que te concentres con todas tus fuerzas. Pero si el problema o tarea es de índole creativa, concentrarse a menudo puede ser la peor opción.

Centrarse en ser creativo es una contradicción fundamental. Mientras que concentrarse implica eliminar toda la información salvo la más relevante, el objetivo de la creatividad es establecer conexiones únicas a partir de información que al principio podía parecer irrelevante. Cuando piensas de forma creativa, no te concentras. Te desdibujas.

A lo largo de la historia, nuestro instinto nos ha sido útil. Y como dejan cada vez más claro las evidencias científicas, la intuición experta, la perspicacia creativa y la creatividad en general son producto de nuestro poderoso cerebro inconsciente.

A pesar de lo que creyera en un principio, el bombero que evacuó a sus compañeros de una casa en llamas segundos antes de que el suelo se derrumbara no estaba viendo el futuro, sino basándose en la intuición experta.[35]

El calor del salón, el silencio de las llamas en comparación con otros incendios y su aparente resistencia al agua no concordaban con el incendio de una cocina. Eso es porque el fuego no venía de allí, sino del sótano. Por eso el suelo del salón estaba tan caliente y el sonido parecía menos intenso de lo normal. Y como las llamas que habían subido por la cocina eran solo una pequeña parte del incendio, también explicaba por qué el agua era tan ineficaz.[36]

El teniente no era consciente de ninguno de esos detalles, pero, gracias a años de experiencia en la lucha contra incendios, tuvo la poderosa sensación de que algo iba mal, y resultó que estaba en lo cierto.[37]

No hay nada aleatorio o afortunado cuando tomamos una decisión por medio de la intuición o resolvemos un problema utilizando la perspicacia creativa. Aunque el inconsciente es rápido y poderoso, primero tienes que hacer los deberes. Como dijo Louis Pasteur en una ocasión, «El azar solo favorece a la mente preparada».

El camino más claro hacia la preparación que necesitas es el aprendizaje, que, no por casualidad, es el tema del siguiente capítulo.

RESUMEN DEL CAPÍTULO 5

Aspectos clave de «Da rienda suelta al inconsciente»

Tu inconsciente es el que lleva la batuta. Incluso cuando tomas lo que parece ser una decisión consciente, tu cerebro inconsciente es el que lo decide casi todo.

Libera el inconsciente. Cuando disponen de tiempo e información limitados, los expertos suelen tomar mejores decisiones. Las restricciones estrictas obligan al cerebro a aprovechar la potencia, velocidad y capacidad de cálculo de los ganglios basales, donde se almacena la experiencia adquirida.

Confía en nosotros. ¡Somos expertos! Como recurren a los ganglios basales, que son más fuertes y rápidos, las decisiones intuitivas tomadas por expertos suelen ser mejores que las conclusiones racionales a las que se llega mediante un cálculo consciente.

Los principiantes necesitan más tiempo. A diferencia de sus colegas expertos, los líderes con menos experiencia suelen necesitar más tiempo e información y normalmente deben realizar gran parte del procesamiento con la ayuda del córtex prefrontal, más lenta y con menos capacidad.

No obligues a los expertos a explicar sus decisiones. El hecho de que los expertos a menudo tomen sus mejores decisiones inconscientemente puede dificultar la explicación de cómo llegaron a ellas. Obligar a un experto a que justifique una decisión intuitiva puede dar lugar a vacilaciones y dudas que podrían socavar la acción original.

Adopta un planteamiento analítico. Para optimizar las condiciones del procesamiento racional, busca un rincón tranquilo, minimiza las distracciones, concéntrate en el problema y resuélvelo de manera lógica y paso a paso.

Crea las condiciones para un momento de revelación. Si el problema que afrontas es de índole creativa, tu estado de ánimo general, tu nivel de concentración y el ambiente que te rodea pueden desencadenar un destello repentino de creatividad.

Sonríe y puede que venga a ti. Los estudios han demostrado que una disposición alegre puede aumentar las probabilidades de un momento de revelación. Por tanto, si te enfrentas a un enigma creativo, intenta que tú o el equipo que debe solventar el problema estéis de buen humor.

6

FOMENTA EL APRENDIZAJE

Tal vez sea cierto que «no se pueden enseñar trucos nuevos a un perro viejo», pero nosotros no somos perros

Cuando regresaba de México a su casa en California, David, de treinta años, se vio envuelto en un terrible accidente de tráfico que lo dejó en coma durante cinco semanas. Aunque tuvieron que amputarle el brazo derecho y había sufrido un grave traumatismo en la cabeza, cuando por fin recobró el conocimiento, sus padres se sintieron muy aliviados de que no mostrara ningún deterioro en sus capacidades mentales. Además, los médicos no observaron signos evidentes de psicosis u otros trastornos emocionales.

Signos evidentes.

Sus padres no tardaron en descubrir que David ya no los reconocía. No es que no supiera cómo eran sus padres. Sabía exactamente cómo eran, pero estaba convencido de que las dos personas que decían ser sus progenitores eran unos impostores muy astutos. «Es igual que mi padre, pero no lo es», le dijo al médico y, aunque reconoció que el hombre que decía ser su padre parecía simpático, aseguraba que en realidad no era él.[1]

La mujer que insistía en que era la madre de David se encontró en una situación similar. Una noche le preparó una cena que no le gustó y David dijo: «Esa señora que viene por la mañana cocina mucho mejor que tú». Pero, por supuesto, la señora que le había hecho la cena que no le gustaba y la cocinera más habilidosa que había ido a su casa aquella mañana eran la misma persona.[2]

Tras dos meses de ese comportamiento perturbador, los padres de David finalmente pidieron ayuda a V. S. Ramachandran, un neurocientífico reconocido en todo el mundo.

Ramachandran fue capaz de identificar rápidamente el extraño comportamiento como algo denominado «delirio de Capgras». Llamado así por el psiquiatra francés Joseph Capgras, que describió por primera vez el trastorno en 1923, el delirio de Capgras se describe como un «síndrome delirante de suplantación».[3] Aunque se detecta especialmente en casos de esquizofrenia paranoide, también se da en pacientes que han sufrido un traumatismo cerebral o padecen demencia. Quizá porque Capgras era psiquiatra, al principio pensó que el síndrome era de naturaleza edípica. De hecho, la teoría freudiana predominante sugería que, al tachar a ambos progenitores de impostores, el paciente podía estar intentando resolver la intensa ansiedad causada por una atracción sexual hacia su madre.

Como neurocientífico, Ramachandran se mostraba comprensiblemente escéptico con esa interpretación psiquiátrica y señaló casos documentados en los que los pacientes de Capgras creían que incluso el perro de la familia había sido sustituido por un impostor. Para él estaba claro que la causa era otra.

Hubo otro giro inesperado que convirtió una situación ya de por sí extraña en un fenómeno aún más raro. Un día, cuando su padre llamó a casa, fue David quien cogió el teléfono. Aunque seguía firmemente convencido de que vivía con unos padres falsos, David no tuvo problemas para creer que la persona que se encontraba al otro lado de la línea era su padre. ¿Qué le permitía aceptar la autenticidad de su padre por teléfono pero no en persona?

Resulta que la solución al misterio de David es también la clave de por qué recordamos unas cosas y otras no, y de cómo podemos mejorar las probabilidades de que lo que aprendemos se quede con nosotros a largo plazo.

Nuestro cerebro plástico

Antaño, la mayoría de la gente, incluso los neurocientíficos, creían que el aprendizaje se limitaba a nuestra juventud y que el cerebro ya estaba formado cuando llegábamos a la edad adulta. La expresión «no se pueden enseñar trucos nuevos a un perro viejo» ha reforzado esa impresión errónea, al igual que innumerables experiencias de personas que han intentado sin éxito aprender una lengua extranjera en etapas posteriores de la vida o que volvieron a la universidad ya de adultas y descubrieron que estudiar les resultaba muy difícil.

En contra del viejo dicho y a pesar de las pruebas anecdóticas, la neurociencia ha demostrado que el aprendizaje permanente es totalmente posible. Ese concepto se conoce como neuroplasticidad.

En lugar de congelarse cuando eres más joven, las neuronas tienen el potencial de renovarse constantemente a lo largo de tu vida. La neuroplasticidad puede cambiar físicamente la estructura del cerebro, aumentando el tamaño de determinadas regiones y la velocidad con la que estas se comunican entre sí.

Una de las demostraciones más espectaculares de neuroplasticidad incluye a algunos taxis y autobuses y a una de las ciudades más conocidas del mundo.

¡Taxi!

Moverse por Londres no es fácil. Como explicaba una vez el humorista Dave Barry, «Ninguna calle va nunca en la misma dirección o mantiene el mismo nombre durante más de treinta y cinco metros. En ese punto, se desvía en una nueva dirección bajo un nombre nuevo, asumiendo una identidad totalmente distinta».[4] A diferencia de Washington, D. C., que fue cuidadosamente trazada de antemano, Londres se limitó a evolucionar. A lo largo de los siglos se expandió sin cesar, engullendo pueblos y ciudades a su paso como una especie de Godzilla geográfico. No es de extrañar que haya poca lógica en su trazado. Es cierto que, de vez en cuando, la ciudad incorporó alguna que otra innovación, como la sádica rotonda, el malvado hermano mayor de la glorieta estadounidense, que arremolina a los automovilistas hasta que todos excepto los más resistentes están completamente desorientados.

Londres, una auténtica pesadilla para el navegante, y sus veinticinco mil calles constituían un laboratorio ideal para demostrar la extraordinaria capacidad de cambio que posee el cerebro. Los científicos escanearon el cerebro de un grupo de taxistas londinenses. Luego hicieron lo mismo con varios conductores de autobús de la ciudad. Dos años después, escanearon de nuevo el cerebro de ambos grupos. Lo que observaron al comparar los escáneres fue sorprendente. En el caso de los taxistas, el hipocampo posterior, una región asociada al aprendizaje espacial, había aumentado de tamaño, mientras que los conductores de autobús no presentaban cambios similares. ¿A qué obedecía esa disparidad? A diferencia de los conductores de autobús, que hacían la misma ruta día tras día, los taxistas debían recorrer constantemente nuevos recovecos de la alocada geografía de la ciudad. El reto de orientarse les hacía generar más neuronas y su cerebro se expandía literalmente para dar cabida a la nueva información.[5]

Las ramificaciones de ese estudio son sorprendentes. Y desde luego no se limitan a las personas que viven en Londres o se pasan el día conduciendo un taxi. Lo que demuestra el estudio sobre los taxistas londinenses es que podemos seguir adquiriendo nuevas competencias hasta bien entrada la edad adulta y que las regiones cognitivas de nuestro cerebro —comúnmente conocidas como materia gris— aumentarán de tamaño para hacerlo posible. El aprendizaje permanente no es un mero eslogan. Es una realidad apasionante.

Además, la capacidad de cambio no se limita a la materia gris, que solo ocupa aproximadamente la mitad del cerebro. Mientras que esta se encarga del pensamiento, el cálculo, la toma de decisiones y, sobre todo, la memoria, la materia blanca proporciona las conexiones esenciales del cerebro. Si imaginamos la materia gris como los ordenadores del cerebro, entonces podemos concebir la materia blanca como la red que los une. Aumentar la materia blanca puede ser como cambiar un viejo módem de marcación por una línea T1. A medida que la materia blanca se expande, la velocidad a la que puede comunicarse una neurona con otra es cada vez mayor.

Las personas que adquieren nuevas habilidades —desde malabares hasta meditación y bailes de salón— presentan un aumento de la materia blanca a medida que se vuelven cada vez más competentes. En otras palabras, la facilidad y rapidez con la que las regiones clave del cerebro se comunican son cada vez mejores.

Un estudio de Oxford demostró que aprender a hacer malabares propiciaba una mejora de la conectividad en las partes del cerebro que —como cabría esperar— son necesarias para atrapar las pelotas.[6] Tras seis semanas de entrenamiento, los malabaristas mostraron aumentos en la materia blanca del lóbulo parietal, la región utilizada para lo que comúnmente denominamos «coordinación mano-ojo».[7] Lo extraordinario es que todos los sujetos presentaron cambios en su materia blanca, con independencia de sus capacidades.[8] De hecho, los beneficios para el cerebro no tenían su origen en los malabares, sino en el aprendizaje de algo nuevo. Como decía Arne May, de la Universidad de Hamburgo y autora de estudios anteriores sobre malabarismos, a *New Scientist*, «Eso indica que aprender una habilidad es más importante que ejercitar lo que ya se te da bien. El cerebro quiere sentirse desconcertado y aprender algo nuevo».[9]

Cuando realizas una actividad que requiere que neuronas específicas actúen juntas, estas liberan una proteína especial llamada factor neurotrófico derivado del cerebro (BDNF, por sus siglas en inglés), que ayuda a consolidar esas neuronas para que trabajen conjuntamente en el futuro. El BDNF activa el núcleo basal, que a su vez activa la acetilcolina. La acetilcolina, la «A» en el ADN del rendimiento máximo, está asociada a una mayor agudeza en la concentración. El BDNF también estimula el crecimiento de la mielina, una fina capa de grasa que proporciona una cubierta resbaladiza alrededor de cada neurona. La mielina es una especie de Crisco cognitivo, la manteca vegetal blanca y pegajosa que antes se utilizaba habitualmente en la cocina. Es un material graso que se acumula en las conexiones nerviosas y lubrica los patines de las neuronas, haciendo que las conexiones de una neurona a la siguiente sean más eficientes y rápidas.[10] En resumen: es lo que hace que la materia blanca sea blanca.

Por increíble que parezca, la neuroplasticidad incluso permite reeducar las capacidades físicas del cerebro simplemente imaginando una actividad en lugar de realizarla. En varios estudios se observó que la práctica mental producía las mismas alteraciones en el cableado del sistema motor del cerebro que la práctica física.[11] Por tanto, esa guitarra imaginaria que has tocado desde el instituto puede estar ofreciéndote una práctica real.

En el más conocido de esos experimentos, a los sujetos les enseñaron a tocar una melodía sencilla con un teclado. El grupo se dividió en dos. Un grupo ensayó la melodía dos horas al día durante los cinco días posteriores, mientras que el otro se sentó frente al teclado y simplemente se imaginó tocándola. Sorprendentemente, ambos grupos presentaban cambios idénticos en el cerebro.[12] Cuando les pidieron que tocaran la pieza, los sujetos que se habían entrenado con un teclado físico mostraron una ligera ventaja, pero bastó con un ensayo de dos horas para que el grupo de práctica mental se situara al mismo nivel que sus homólogos de práctica física.[13]

En otro estudio que hará saltar de alegría a los adictos al sofá (suponiendo que incluso eso no les parezca demasiado agotador), los sujetos que realizaron ejercicio físico durante cuatro semanas aumentaron su fuerza muscular en un 30 por ciento, mientras que los que solo se imaginaron el ejercicio presentaban un aumento del 22 por ciento en la fuerza muscular durante el mismo periodo de tiempo. Cuando imaginamos de manera gráfica un ejercicio, se activan y fortalecen las neuronas encargadas de encadenar instrucciones para el movimiento, cosa que a su vez fortalece los músculos cuando se contraen.[14]

Practicar la práctica

Educado en Harvard, Bill Robertie, un experto en ajedrez, *backgammon* y póquer de talla mundial, atribuye su extraordinario éxito en esos tres juegos tan diferentes a su capacidad para aprender a aprender. «Sé practicar —dice—. Sé cómo mejorar».[15]

La práctica hace al maestro, y la práctica hace que la práctica sea más perfecta. Del mismo modo que la práctica mejora la habilidad en una actividad determinada, el aprendizaje constante mejora nuestra capacidad general para aprender. Según el doctor Michael Merzenich, pionero de la neuroplasticidad, el aprendizaje cambia la estructura cerebral y, en el proceso, aumenta aún más nuestra capacidad para aprender.[16] En otras palabras: aprender a aprender es una habilidad en sí misma y puede allanar el camino hacia un aprendizaje más fructífero en una variedad de temas.

Cuando eres consciente de cómo adquiere conocimientos tu cerebro y has desarrollado estrategias que aprovechan esa conciencia —los psicólogos lo llaman conciencia metacognitiva—, dispones de un potente conjunto de herramientas y técnicas que deberían hacer que cualquier aprendizaje posterior resulte más fácil y gratificante.[17]

Por cierto, si necesitabas otra razón para no hacer varias cosas a la vez (véase el capítulo 3), aquí la tienes. El doctor Merzenich descubrió que prestar mucha atención era absolutamente esencial para un cambio a largo plazo en el cableado del cerebro. Cuando los monos ejecutaban tareas automáticamente —sin prestar atención—, reconfiguraban el cerebro, pero esos cambios no duraron.[18] La neuroplasticidad duradera depende de ese trío ya conocido que compone el ADN del rendimiento máximo: dopamina, noradrenalina y acetilcolina. Mientras que la noradrenalina te mantiene alerta, las recompensas derivadas del aprendizaje provocan la secreción de dopamina y acetilcolina, que ayudan a asegurar que cualquier recableado perdure.[19]

Por supuesto, la neuroplasticidad no está exenta de inconvenientes. Los malos hábitos pueden cambiar el cerebro tan fácilmente como los buenos. Por eso, si practicas un nuevo deporte o adquieres nueva información, es importante empezar con buen pie.

Lo primero es lo primero

¿Estás pensando en empezar a jugar al golf? Si es así, la mejor opción podría ser apuntarte a clases de inmediato en lugar de esperar a haber jugado unas cuantas veces. Desaprender es al menos tan difícil como aprender, y probablemente incluso más. Cualquiera que haya adquirido un mal hábito lo sabe de primera mano.

En realidad, los malos hábitos reconfiguran el cerebro, lo cual provoca que dichos hábitos sean cada vez más difíciles de desaprender. Este hecho pone de relieve no solo las ventajas de contratar a un profesional del golf, sino también el valor de la educación.[20] Una vez que has practicado las cosas de la manera equivocada y el procedimiento incorrecto se ha almacenado en tus ganglios basales (para más información sobre hábitos, véase el capítulo 4), puede ser difícil eliminarlo. Ese gancho en tu *swing* o ese agarre poco ortodoxo que desarrollaste al principio pueden ser difíciles de erradicar.

La tenacidad de la experiencia inicial de aprendizaje explica por qué varias empresas destacadas (entre ellas HP, IBM y McKinsey) contratan a recién salidos de la universidad (o de la escuela de posgrado) para que lo primero que aprendan en el mundo laboral sea la forma particular que tiene la empresa de hacer las cosas. Las primeras experiencias tienen la ventaja añadida de la novedad, que libera dopamina, ayudando a que tus recuerdos de esa experiencia inicial, sea buena o mala, resulten incluso más fuertes y difíciles de desaprender.[21] Desaprender es complicado, pero no imposible. Solo hace falta la receta adecuada.

Oxitocina y desaprendizaje

Desaprender no es simplemente aprender a la inversa. En ambos procesos intervienen sustancias químicas diferentes. Cuando aprendemos algo nuevo, las neuronas se disparan y se conectan entre sí, y tiene lugar un proceso químico a nivel neuronal denominado «potenciación a largo plazo», o PLP, que refuerza ese cableado.[22]

Cuando el cerebro desaprende asociaciones y desconecta neuronas, se da otro proceso químico denominado «depresión a largo plazo», o DLP (que no tiene nada que ver con un estado de ánimo deprimido). El desaprendizaje y el debilitamiento de las conexiones entre neuronas es un proceso igual de plástico —e importante— que aprenderlas y reforzarlas. Parece que desaprender recuerdos existentes es necesario para hacer hueco a nuevos recuerdos en nuestras redes neuronales. Si solo fortaleciéramos conexiones sin debilitar otras, esas redes se saturarían.[23]

Pero ¿cómo desaprender? Sorprendentemente, las pruebas indican que la oxitocina, la famosa «hormona del abrazo» (véanse los capítulos 2 y 8), desempeña un papel en nuestra capacidad para hacer borrón y cuenta nueva con la información. La oxitocina se produce en una región del cerebro llamada hipotálamo y luego se libera en el torrente sanguíneo.

El biólogo y neurocientífico Walter J. Freeman descubrió que las ovejas liberan oxitocina cuando dan a luz a sus crías. Además, si se bloquea esa liberación, no logran vincularse con su nueva descendencia. Pero aquí está la parte interesante: las ovejas no liberan oxitocina cuando dan a luz a su primera camada. El neuromodulador solo interviene en la segunda camada y las posteriores. Sin embargo, la oveja no parece tener problemas para vincularse con las crías de su primera camada. Por lo visto, la oxitocina borra antiguos vínculos para dar paso a otros nuevos. En otras palabras, en lugar de simplemente fomentar un nuevo comportamiento aprendido, la oxitocina nos ayuda a olvidar viejos comportamientos adquiridos.[24]

Por cierto, el papel de la oxitocina en el aprendizaje y el desaprendizaje no parece limitarse a los corderos. Cualquiera que haya tenido una nueva pareja o cónyuge y haya adoptado —para consternación, diversión o confusión de muchos amigos— nuevos gustos en música, ropa, política e incluso amistades tiene experiencia de primera mano con este fenómeno. Por lo visto, la oxitocina hace que nuestras vías neuronales sean más maleables, lo cual nos permite aprender —y desaprender— con más facilidad de lo que lo haríamos normalmente. Nos volvemos más impresionables y, a consecuencia de ello, el cambio resulta más fácil.

Puede que los viejos hábitos sean muy resistentes, pero las viejas aptitudes se desvanecen rápidamente. Otro inconveniente de la neuroplasticidad es que el cerebro siempre está buscando neuronas en desuso o abandonadas que reclutar para un nuevo propósito.

Las habilidades de tu cerebro son como los okupas. Cuando detectan viviendas que parecen vacías o campos en barbecho, se apoderan de ellos. Eso significa que, si dejas de driblar con una pelota de baloncesto o no practicas el idioma extranjero que aprendiste en el instituto, otra función está esperando para ocupar ese territorio y utilizarlo para sus propios fines.[25]

Muchos nos referimos a esto como «estar oxidado», pero los científicos cognitivos prefieren llamarlo «neuroplasticidad competitiva». Como la mayor parte de nuestro cuerpo, el cerebro vive bajo el lema de «úsalo o piérdelo». Si quieres conservar una habilidad, debes hacerle mantenimiento.

Como ocurre con una persona que está aburrida y busca desesperadamente algo que hacer, las neuronas desatendidas suelen encontrar otras finalidades, y a menudo con bastante rapidez. Según Nancy Kanwisher, profesora e investigadora del MIT, «las neuronas al parecer "quieren" *inputs*».[26]

Esa tendencia oportunista del cerebro con frecuencia juega a nuestro favor. Cuando una persona se queda ciega, por ejemplo, el lóbulo occipital, la parte del cerebro que en su día manejaba los estímulos visuales, no se marchita sin más. Por el contrario, es colonizado por los circuitos utilizados para procesar los sonidos. Así pues, no es casualidad que las personas con discapacidad visual tengan un sentido del oído más agudo, así como las habilidades táctiles extraordinariamente sofisticadas que se necesitan para diferenciar las letras en relieve que utiliza el braille. Su cerebro plástico ha llevado a cabo esa adaptación.[27]

Despertar viejas habilidades

Aunque las aptitudes que una vez aprendiste y que no consigues mantener pueden desvanecerse poco a poco de tu memoria, se olvidan pero no desaparecen. Los caminos siguen ahí, pero el espacio que ocupan y los recursos que consumen se han reducido considerablemente.

Esas vías neuronales latentes son un poco como las grandes pelotas moradas de gimnasia que en su día utilizabas con gran entusiasmo para hacer flexiones o sentarte a tu escritorio, pero de las cuales te acabaste por cansar. Puede que ahora esté desinflada y guardada en una estantería del armario o el garaje, donde ocupa menos espacio. Pero, si decides volver a usarla, no tienes que ir a comprar otra. Lo único que necesitas es sacarla e hincharla, y quedará casi como nueva.

Las vías neuronales establecidas pero poco utilizadas no son moradas y no están exactamente desinfladas. Por el contrario, unas conexiones fundamentales llamadas espinas dendríticas, que se parecen a los brotes de un árbol frutal a principios de primavera, crecen o se contraen en función de si la habilidad se practica o se abandona. En consecuencia, cuando vuelves a aprender una vieja habilidad, no tienes que empezar desde cero. Las espinas despiertan de su invierno de abandono y se expanden en una primavera de renovación.[28] Eso explica, entre otras cosas, por qué puedes montarte en una bicicleta después de una pausa de treinta años y pedalear con la misma habilidad y destreza que desarrollaste cuando eras niño.

Aprende con el corazón, no con la cabeza

A pesar de su potencial aparentemente milagroso, la neuroplasticidad depende de un ingrediente secreto que no encontramos en una píldora ni compramos en una tienda. La imagen estereotipada de una persona muy culta que es fría y eficiente en realidad está reñida con el modo en que funciona el aprendizaje. La clave es que se trata de un proceso fundamentalmente emocional, impulsado por los circuitos de amenaza y recompensa que residen en el sistema límbico. No es de extrañar que una experiencia desagradable, como quemarse la mano con un fogón caliente, provoque un aprendizaje inmediato. Los niños que cometen ese desafortunado error rara vez lo hacen por segunda vez. Lo mismo ocurre con acontecimientos traumáticos como el atentado contra el World Trade Center de 2001, que desencadenó lo que los psicólogos llaman «recuerdo de destello». Las imágenes de esa mañana o los recuerdos vívidos (pero no necesariamente exactos) de dónde estábamos cuando conocimos la noticia están grabados a fuego en las mentes de todo Estados Unidos y gran parte del mundo.

Aunque no son tan potentes como las respuestas a las amenazas, las respuestas a las recompensas son el motor más común y preferido de un aprendizaje exitoso. No es casual que los niños con frecuencia aprendan mejor jugando o divirtiéndose. La importancia de ese elemento emocional decisivo no se limita al aprendizaje durante la infancia. Un hombre que se había esforzado durante años para dominar el inglés finalmente encontró la chispa que le permitió aprender cuando pudo establecer una conexión con uno de sus pasatiempos.

¡GRACIAS POR LA CLASE DE INGLÉS!

Cuando nos reunimos con él, el directivo español se mostró inflexible: nunca sería capaz de aprender inglés. Insistió en que estábamos perdiendo el tiempo y haciéndoselo perder a él.

Pero nosotros teníamos otras ideas. En lugar de seguir los pasos de nuestros fracasados antecesores y empezar con una clase de inglés tradicional, dedicamos tiempo para conocer a nuestro alumno. No tardamos en darnos cuenta de que, aparte de su trabajo, tenía una pasión evidente. Era un estudiante entusiasta de la historia de la Segunda Guerra Mundial y se sentía especialmente fascinado por los tanques. Incluso le gustaba construir maquetas a escala en su escaso tiempo libre.

De repente, encontramos nuestra brecha. Era gratificante ver cómo se le iluminaba el rostro a aquel hombre de más de cincuenta años y cómo empezaba a hablar más rápido cada vez que podía abordar su tema favorito. Cuando nuestra primera sesión llegaba a su fin, le pusimos unos pequeños deberes: traer una de sus maquetas de tanques a la siguiente clase para que pudiera explicárnosla. Si podía hablarnos de los componentes de aquel tanque en español, nosotros le devolveríamos el favor enseñándole a explicar el nombre y función de cada uno en inglés. Notamos que aquel hombre escéptico esperaba con impaciencia su próxima clase de inglés, quizá por primera vez en su vida.

Efectivamente, para la siguiente clase, el directivo trajo una maqueta de tanque construida y pintada con esmero. Y aunque nosotros también tuvimos que hacer los deberes, cuando revisó e identificó metódicamente cada componente del tanque, pudimos responder a su explicación con el equivalente en inglés. Después, pasamos el resto de la clase hablando de tanques, pero solo en inglés.

En poco tiempo, nuestro reticente directivo podía ofrecer una sencilla descripción del tanque y sus componentes en inglés. Con cada clase que pasaba nos alejábamos más de la Segunda Guerra Mundial y los tanques y nos acercábamos más a la actualidad y al vocabulario práctico en inglés que necesita un directivo en un mercado global.

Los fogones de la cocina, los tanques de la Segunda Guerra Mundial y las Torres Gemelas comparten el elemento del impacto emocional. En general, cuando la información nos conmueve, nos asusta, nos complace o nos deja una impresión poderosa, es más probable que la recordemos. Pero incluso esa norma tiene sus inconvenientes y limitaciones.

CUANDO LA NOVEDAD ES CONTRAPRODUCENTE

Si un profesor entra en el aula vestido solo con un slip de baño o un bikini, es casi seguro que esa clase será memorable. En cuanto al contenido, es probable que se pierda en la confusión.

De vez en cuando hay intentos bienintencionados de dar más sentido a la información amenizando la clase de una forma u otra. Por desgracia, existe una tendencia a confundir la relevancia emocional con la pura novedad. Mientras asistíamos a un seminario en la facultad de Psicología de la Universidad Ludwig Maximilian de Múnich, escuchamos la triste historia de cómo los profesores de administración de empresas intentaron animar una aburrida clase de contabilidad cambiando los nombres tradicionalmente genéricos en un ejemplo trillado. «Empresa» se convirtió en «Empresa de carreras de robots», mientras que «Persona 1» y «Persona 2» fueron sustituidos por nombres reales, como «Brad» y «Angelina», todo con el objetivo de hacer que las cosas resultaran un poco más interesantes.

Por un lado, la estrategia funcionó a la perfección. Todo era más interesante. Durante la clase, parecía que los estudiantes se divertían más y prestaban más atención. Pero cuando llegó la hora de los exámenes, la realidad se impuso con rotundidad. Aunque todos los estudiantes eran capaces de recordar el nombre tonto de la empresa, así como los de las personas del ejemplo de contabilidad, sus resultados en los exámenes fueron nefastos. ¡De hecho, fueron los peores de la historia!

¿Qué ocurrió? En lugar de sustentar el ejemplo de la contabilidad, los nombres creativos causaban distracción. Los alumnos se sentían atraídos por la novedad de los nombres, pero se perdían la clase. Los detalles deslumbrantes eclipsaron la información esencial.

Dado que el tamaño de la memoria de trabajo es limitado y los estímulos que bombardean tu cerebro son prácticamente implacables, tu córtex prefrontal suele verse obligado a tomar decisiones difíciles. La dopamina, la «D» en el ADN del rendimiento máximo, es un factor decisivo. La dopamina pregunta: «¿Es nuevo?». Y si la respuesta es afirmativa, es muy probable que el córtex prefrontal se centre en la información y la memoria de trabajo inicie el proceso de retenerla. Pero si la información que es meramente nueva está reñida con la información que es verdaderamente importante, es probable que esta última quede desplazada y nos deje pocos o ningún recuerdo de las cosas que de verdad importan y un dudoso almacén de emoción y trivialidades.

La lección para los líderes es clara: si pretendes mejorar el interés en la información que transmites, cerciórate de que los adornos que añades para amenizar la clase apoyan tu mensaje fundamental en lugar de competir con él.

¿Eso significa que nada de bañadores ni bikinis? No necesariamente. En su libro *Brain Rules* [Las normas del cerebro], el escritor y biólogo molecular John Medina recuerda un curso de historia del cine que hizo como estudiante universitario. Mientras el instructor disertaba sobre la representación de la vulnerabilidad emocional en el cine de arte y ensayo, empezó a quitarse prendas de ropa de forma constante y deliberada. Cuando se quedó en camiseta, finalmente se dispuso a desabrocharse los pantalones, que le cayeron hasta los tobillos. Mientras esto ocurría, los alumnos se quedaron boquiabiertos. Por fortuna, debajo llevaba unos pantalones de deporte. Entonces miró a su embelesado público y dijo triunfante: «Probablemente nunca olvidaréis que algunas películas utilizan la desnudez física para expresar la vulnerabilidad emocional».[29] Y puede que ahora tú tampoco.

Un barrio emocional

A veces las cosas resultan mucho más claras cuando has tenido la oportunidad de echar un vistazo a un mapa. Dado el papel vital de la emoción, tiene sentido que el hipocampo, el área cerebral responsable del aprendizaje, resida justo en el centro del barrio emocional del cerebro: el sistema límbico. A un lado, su vecina es la amígdala, que está asociada con la respuesta a las amenazas. Su vecino del otro lado es el núcleo accumbens, asociado a las recompensas.

Cuando adquirimos nueva información, esta pasa al hipocampo, que decide si esa información es emocionalmente relevante y, en caso afirmativo, si lo es en un sentido positivo o negativo. Entonces, el hipocampo compara esa información con otra información ya almacenada en la memoria a largo plazo para determinar si la «nueva» verdaderamente lo es tanto.

El principio subyacente en el aprendizaje es evolutivo: «minimizar el peligro, maximizar la recompensa». El sistema límbico del cerebro evalúa constantemente tu entorno en busca de cosas que puedan perjudicarte o ayudarte. Cuando las descubre, toma notas mentales que se convierten en nuestro aprendizaje y nuestros recuerdos a largo plazo. No es de extrañar que la mayoría de los datos que incluyen los libros de texto no encajen en ninguna de las dos categorías. No estamos evolutivamente diseñados para obtener un máster, ni siquiera para sacar el máximo rendimiento de una reunión semanal en el trabajo. El cerebro es muy eficiente y hasta un poco perezoso.

Si llega a la conclusión de que la información no es amenazadora ni gratificante, la descarta sin miramientos y sin desperdiciar un preciado potencial mental en algo que considera irrelevante.

Sé más inteligente que tu cerebro

El cerebro puede ser despiadado, pero también se deja engañar con facilidad. Afrontémoslo, no toda la información que necesitamos aprender será emocionalmente relevante. No pasa nada. Si puedes engañar a tu cerebro para que libere cantidades suficientes de dopamina, noradrenalina y acetilcolina, lo más probable es que aun así consigas aprender y recordar. Aunque nada supera a un aprendizaje emocionalmente relevante y divertido, hay maneras de preparar al cerebro para lo que de otro modo podría ser una experiencia de aprendizaje poco gratificante.

No empieces con una recapitulación. Profesores, presentadores y líderes bienintencionados suelen cometer el mismo error: empiezan con un resumen de lo que ha pasado antes. Pero los resúmenes ya son historia. Son precisamente el tipo de información que nuestro cerebro está diseñado para minimizar o ignorar. Es la novedad la que hace que prestemos atención. Tanto si estás presentándote ante un grupo como aprendiendo por tu cuenta, empieza con algo vigorizante e incluso un poco sorprendente. En nuestros seminarios, no es raro que empecemos hablando de las trampas de comparar precios o los malos hábitos de las estrellas de Hollywood. Cuando ya tenemos tu atención, volvemos al punto donde lo dejamos. Con un poco de suerte, la dopamina que libera el cerebro te proporcionará motivación e ímpetu para mantener una atención plena y que estés listo para aprender.

Si no puedes cambiar de tema, cambia de escenario. Si estás atascado con una tarea antigua o poco estimulante, prueba a modificar el entorno. En ocasiones, puede ser tan sencillo como cambiarte de silla. Otras veces puede significar trasladarse a otra oficina o ubicación. Incluso puede ser útil trabajar con otro ordenador o escribir en un tipo de letra diferente. Cualquier cosa que envíe a tu cerebro el mensaje «¡Eh, esto es nuevo!» puede ayudarte a salir del letargo y entrar en un estado de productividad gratificante.

No estructures demasiado

Algo de estructura es bueno, pero demasiada puede socavar el aprendizaje. La mayoría de nosotros aprendemos más eficazmente cuando captamos reglas de manera implícita. Los niños son un ejemplo clásico de este principio. No aprenden a hablar estudiando gramática. Su cerebro identifica inconscientemente las pautas y reglas que estructuran su lengua materna. La mayoría no conocen el pluscuamperfecto del indicativo. Solo saben lo que suena bien.

Aunque parezca sorprendente, el trabajo que requiere dar sentido a algo que esté poco estructurado, extrañamente estructurado o incluso que omite información clave puede hacer que sea más fácil de recordar que algo que está organizado con esmero y con todo en su lugar.

En una presentación en la conferencia TEDx en Sitka, Alaska, Daniel Coyle, autor de *El pequeño libro del talento*, mostró al público dos columnas con parejas de palabras y les dio quince segundos para memorizar tantos elementos de las listas como pudieran.[30]

A	B
océano/brisa	pan/mant_quilla
hoja/árbol	música/l_tra
dulce/agrio	za_ato/calcetín
película/actriz	teléfono/lib_o
gasolina/motor	pata_as/salsa
instituto/universidad	láp_z/papel

Cuando retiró las listas, Coyle pidió a los miembros del público que nombraran tantas parejas como pudieran recordar. Sus respuestas fueron asimétricas. Las combinaciones que recordaban de la columna B superaron ampliamente a las de la columna A. De hecho, cuando se realizó un estudio similar en un laboratorio, los sujetos tenían un 300 por ciento más de probabilidades de recordar elementos de la columna B que de la columna A.[31]

¿A qué se debe la enorme diferencia de recuerdos? Mientras que los pares de palabras de la columna A eran fáciles de leer —estaban correctamente escritas—, las parejas de la columna B suponían un pequeño reto. Ese ligero esfuerzo adicional, esa pequeña brecha en la estructura, bastó para activar una ráfaga de noradrenalina que proporciona la cantidad justa de entusiasmo para que las palabras sean memorables. Un poco de incertidumbre ayuda a que las cosas se nos queden grabadas en la mente.

Aprende con un amigo

Una revolución en lo que se conoce como neurociencia cognitiva social está animando a los científicos a revisar o reevaluar por completo supuestos fundamentales no solo sobre el cerebro, sino también sobre la sociedad en su conjunto. Como veremos en el capítulo 8, muchas creencias arraigadas sobre nuestras necesidades básicas han sido puestas patas arriba. El veredicto parece claro y los datos lo respaldan: ante todo, somos criaturas sociales.

Esa revelación ha afectado a todo, incluidas nuestras ideas sobre el aprendizaje. En muchos casos, si no en la mayoría, es mejor aprender en grupo que individualmente. La interacción social que propicia el aprendizaje con otra persona —un amigo o compañero de estudios— libera oxitocina, que, como ya hemos visto, aumenta la neuroplasticidad y la posibilidad de cambio. Esto no solo explica por qué enamorarse puede cambiar profundamente tu comportamiento e incluso tu personalidad, sino que también es el motivo por el que los niños aprenden tan bien cuando interactúan con sus padres. Asimismo, refuerza la importancia de ser un buen referente para la gente que te rodea. Tras cambiar su dieta y rutina de ejercicios, un exitoso consejero delegado al que conocemos perdió más de trece kilos en menos de seis meses. Aunque nunca lo ha mencionado en el trabajo, se ha dado cuenta de que varios de sus subordinados, antes rellenitos, parecen estar más en forma y más sanos. ¡Si eres el jefe y todo el mundo ve que estás haciendo un gran trabajo, es más probable que aprendan de ti! La interacción social nos hace sentir bien. Y cuando nos sentimos bien, liberamos sustancias químicas que facilitan el aprendizaje.

Haz que las cosas sean manejables

Una de las principales lecciones aprendidas de la aplicación del kaizén (véase el capítulo 4) es que los objetivos son más fáciles de alcanzar cuando se dan pequeños pasos. El mismo principio es aplicable al aprendizaje. Una información sin interrupciones, e incluso valiosa e interesante, puede desencadenar una respuesta a la amenaza. Cuando el cerebro se siente sobrecargado, es probable que active la amígdala, que es el equivalente corporal de una alarma antirrobo. Como explica Robert Maurer, psicólogo y escritor de la UCLA, la clave está en encontrar la forma de «pasar de puntillas junto a tu amígdala».[32] Cuando estés aprendiendo, divide una tarea grande en tareas más manejables y haz descansos frecuentes para que tu memoria consolide lo aprendido hasta ese momento. Asimismo, los miles de datos que quizá debas adquirir se registrarán como algo menos amenazador y más memorizable si haces hincapié en los significados —el panorama más amplio que contiene esos datos— en lugar de empantanarte en un diluvio de detalles que también podrían hacer sonar la alarma.

Utiliza el aprendizaje multimodal

La capacidad de tu memoria de trabajo es sorprendentemente pequeña, pero puede manejar palabras e imágenes de manera simultánea. Es más, otros sentidos, como el olfato, eluden por completo la memoria de trabajo y, sin embargo, pueden servir como desencadenante adicional para los recuerdos.

De hecho, cuantas más partes del cerebro estén implicadas cuando aprendes algo nuevo, más probable es que lo recuerdes. Esto se debe a que los recuerdos de esa información se almacenan en múltiples regiones del cerebro, y las conexiones neuronales se realizan entre esos lugares lejanos. En el futuro, si activas una, también se activarán las otras.

Y cuando están implicadas más partes del cerebro, es mucho más probable que recuerdes. Piensa en una conversación que podrías tener por correo electrónico en comparación con una que mantengas en persona. Incluso los correos más emotivos suelen ser más difíciles de recordar que las conversaciones directas, en las que el cerebro, además de codificar lo que dice la otra persona, toma nota de cómo lo dijo (el volumen, la entonación, etc.), la expresión de su rostro, su postura, el lugar donde se produjo la conversación, la hora del día y puede que incluso el clima.[33] Cada uno de esos elementos proporciona otro asidero que facilita la recuperación del recuerdo.

Mejora tus posibilidades

Hay ciertas medidas que puedes adoptar para aumentar la probabilidad de que lo aprendido perdure. Un estilo de vida saludable de sueño y ejercicio puede influir tanto en el aprendizaje como en la memoria.

Consúltalo con la almohada

Dormir lo suficiente no solo ayuda a regular las emociones (véase el capítulo 2), sino que mejora nuestra capacidad de aprendizaje. Reduce los niveles de hormonas del estrés, como el cortisol en el torrente sanguíneo, al tiempo que fomenta el crecimiento de nuevas células nerviosas que son necesarias para el aprendizaje y la memoria. Y, por último, ayuda al hipocampo a determinar qué informaciones que has adquirido recientemente se almacenarán en la memoria a largo plazo para su uso en el futuro y cuáles se desecharán.[34]

Si no duermes lo suficiente, el hipocampo es incapaz de hacer su trabajo y no consigues recordar. Puedes pensar que recuerdas, pero no es así. Irónicamente, los directivos a menudo se abstienen de dormir para poder dedicar más tiempo al aprendizaje. Aunque suene contradictorio, es más lógico pasar menos tiempo aprendiendo para hacer hueco al sueño.

Sal por piernas

En lo tocante al aprendizaje, el ejercicio puede desempeñar un papel crucial fomentando el crecimiento de nuevas neuronas y aumentando tu rendimiento cognitivo. Las cosas que requieren atención y mucha coordinación entre varias partes del cuerpo, como bailar y el tenis, desencadenan una explosión de dopamina (liberada cuando te diviertes) y acetilcolina (cuando te concentras y estás realmente presente en el momento). Ambos neurotransmisores ayudan al hipocampo a rendir más. Y, como sabemos, el hipocampo es el lugar donde se produce eminentemente el aprendizaje.

DEL APRENDIZAJE A LA ENSEÑANZA

Los principios que sustentan un aprendizaje eficaz también pueden utilizarse para una enseñanza más efectiva. La importancia básica de la relevancia emocional tanto en el aprendizaje como en la memoria se aplica a la enseñanza y la formación. El éxito de la enseñanza en ocasiones depende de la conexión mutua que se establezca entre tú y tu público. Si diriges una conferencia más como un seminario y formulas una serie de preguntas orientativas que ayuden a los participantes a llegar a la conclusión deseada, es más probable que adopten las ideas como propias.[35] Y puede que tú también te beneficies de ello. Cuando tienes que enseñar a alguien que sabe menos que tú, con frecuencia acabas aprendiendo mejor la materia.[36]

Cuéntame una historia

Uno de los medios más eficaces para establecer una conexión emocional es a través de las historias. Un argumento cuidadosamente construido y lleno de datos y cifras puede parecer la mejor manera de exponer tus ideas, pero su impacto no es nada comparado con el de una anécdota atractiva. Como aconsejaba una vez Nelson Mandela, «No hables a su mente; háblale a su corazón».

El uso de historias para apoyar tus ideas estimulará al cerebro social. Como recordarás del capítulo 3, nuestra red mental por defecto también se conoce como red narrativa. Eso es porque contemplamos el pasado y miramos hacia el futuro forjando acontecimientos en cadenas que tengan sentido para nuestro cerebro. En resumen: creamos historias. Esto nos da una idea de por qué las historias pueden ser tan eficaces para captar nuestra atención: se hacen eco de cómo funciona nuestra mente.[37]

Una cosa está clara: contar historias es universal.[38] Algunos neurocientíficos cognitivos sociales afirman que las historias surgieron de la necesidad de cohesión social de un grupo. Las historias que contaban nuestros antepasados podrían ser una manera de comunicar las últimas noticias sobre cada miembro del grupo. Si uno de estos miembros se alejaba demasiado y escapaba por poco de un encuentro con un león, la historia de su aventura no solo elevaría su estatus, sino que también proporcionaría información valiosa y útil para los demás integrantes del clan. Al fin y al cabo, gran parte de lo que aprendemos lo aprendemos indirectamente. Si alguien come bayas de una planta determinada y cae gravemente enfermo, su cuento con moraleja evitará que otros miembros del grupo cometan el mismo error. No es necesario que comamos todos las mismas bayas venenosas para aprender que son malas para nosotros.[39]

Las historias suelen desencadenar una respuesta a la recompensa o la amenaza. Activan nuestras emociones y aumentan nuestra receptividad a la información. Cuando escuchamos una historia, a menudo sentimos el deseo de conectarla con nuestra vida y experiencias. La ínsula (la parte del cerebro que detecta la conciencia corporal) se activa y respondemos visceralmente a la alegría, el dolor, el humor y la repugnancia de la narración. Todas esas reacciones nos ayudan a estar más receptivos y atentos.[40]

De hecho, cuando realmente tienes a tu público embelesado, las pruebas que arrojan las imágenes cerebrales indican que empiezan a prever lo que vas a decir. Eso no significa que tu historia sea aburrida y predecible. ¡Al contrario, demuestra que tus oyentes están tan atentos que les emociona descubrir qué ocurrirá a continuación![41]

Es cierto que no todas las historias son universalmente eficaces. Una historia que convenza a un grupo puede fracasar con otro. Su efecto puede variar incluso entre un mismo público que a primera vista parece estar compuesto por personas de ideas afines. Cierto nivel de conexión es esencial para que una historia tenga éxito. Debemos ser capaces de sentirnos identificados con ella. Un estudio de la psicóloga Melanie C. Green demostró que los conocimientos previos y la experiencia pueden influir en el grado en que uno se sumerge en una historia. Así, un relato sobre un *boy scout* homosexual probablemente tendrá mayor efecto en las personas que son homosexuales o que han sido *boy scouts*. Es más probable, pero no siempre ocurre: Green también descubrió que los individuos que muestran un alto nivel de empatía son más proclives a dejarse llevar por una historia, con independencia de sus conocimientos previos o experiencia.[42]

Estudios neurocognitivos recientes han revelado otro aspecto fascinante de la narración. Nos atraen las historias que pensamos que serán emocionalmente relevantes para los demás miembros de nuestro grupo social. Así que, cuando escuchamos una historia, una parte del cerebro está decidiendo si es un relato que merece la pena volver a contar. Si llegamos a la conclusión de que sí, nuestra atención se intensifica y nuestro aprendizaje y memoria aumentan. Si transmites información en una historia que la gente quiera compartir, ya sea en persona o a través de las redes sociales, habrás triunfado, no solo como narrador, sino también como profesor.

Desde el punto de vista de un líder y un profesor, el poder de las historias no es simplemente que puedan ser conmovedoras y entretenidas. También pueden ser persuasivas. Otro estudio realizado por la doctora Green indica que las personas son más receptivas a las ideas cuando su mente está abierta a escuchar una historia, a diferencia de cuando muestran una actitud más analítica.[43] Si puedes ilustrar tus argumentos utilizando historias, es mucho más probable que consigas transmitir tu mensaje y que sea recordado.

Utilizar palabras e imágenes de forma concertada para narrar una historia también mejorará la eficacia de la enseñanza. Cuantas más partes del cerebro que intervienen en la adquisición de nueva información se activen, más probable es que se retenga y se recuerde. Eso explica en parte por qué los dibujos animados o los memes que encontramos en las redes sociales suelen ser más vívidos y memorables que los artículos de texto que leemos o los mensajes detallados que recibimos.

Utiliza el aprendizaje aversivo con cuidado

Un vídeo de formación de una gran compañía aérea advierte a los empleados que no deben acercarse demasiado a un motor a reacción cuando está en funcionamiento. En lugar de ofrecer reglas o incluso texto, solo muestra a un asistente de vuelo que comete el error de acercarse demasiado y es absorbido por el motor, con un resultado que haría que incluso los espectadores habituados a las películas sangrientas de Hollywood sintieran náuseas. Sin embargo, el vídeo hace llegar su mensaje y la compañía aérea nunca ha sufrido un incidente mortal de ese tipo.

Una empresa de ascensores quería que sus mecánicos fueran muy conscientes del pequeño espacio que hay al fondo de cada hueco de ascensor y que podría salvarles la vida si alguna vez se vieran atrapados debajo de una cabina en caída libre. Pidieron a los nuevos mecánicos que se hicieran un ovillo en la base del hueco y luego el ascensor se enviaba a toda velocidad hacia ellos. Se trató de una experiencia angustiosa y hasta sádica, pero fue una lección a la que todos sobrevivieron y casi seguro que nunca olvidarán.

Aunque la enseñanza suele funcionar mejor apelando a nuestra respuesta a las recompensas, la enseñanza que desencadena la respuesta a las amenazas puede ser muy eficaz si se utiliza con moderación y responsabilidad.

El aprendizaje negativo es bueno para inhibir el comportamiento, pero es terrible para enseñarte a encontrar soluciones creativas.

Esto obedece a que se activa un estado de amenaza, lo cual significa que el córtex prefrontal se apaga temporalmente y con ella sus funciones ejecutivas. Tu reacción puede ser rápida e instintiva, pero exenta de matices o reflexión. En determinados contextos especializados puede estar bien. En situaciones relacionadas con la salud y la seguridad, como los ejemplos de la aerolínea y el ascensor, el condicionamiento del miedo puede ser literalmente una cuestión de vida o muerte. Lo mismo ocurre con muchos procedimientos militares y policiales, en los que un momento de duda puede ser el último. También es valioso en casos de cumplimiento, en los que la gente debe saber que si incumple las reglas o la ley, será castigada.

El misterio del delirio de Capgras, el extraño fenómeno que hizo que David reconociera a sus padres pero no los aceptara como auténticos, resultó ser un misterio emocional. La conexión en el cerebro de David entre su capacidad de reconocimiento y su habilidad para calibrar la relevancia emocional se había visto gravemente dañada en el accidente. Cuando vemos a alguien a quien amamos, nuestro sistema límbico normalmente responde con emoción, enviando un mensaje a nuestro sistema nervioso autónomo. El ritmo cardiaco se acelera y la transpiración aumenta sutilmente. En el cerebro de David, el mensaje nunca se enviaba.

Aunque era la ausencia de emoción lo que creaba confusión en él, así como angustia y frustración en sus padres, en última instancia fue la neuroplasticidad la que salió al rescate. Resulta que el delirio de Capgras no tiene por qué ser permanente y parece curarse solo. Después del accidente, David recuperó poco a poco la respuesta emocional a sus padres y ya no los considera impostores.

Dicho en una sola palabra: aprendió.

RESUMEN DEL CAPÍTULO 6

Aspectos clave de «Fomenta el aprendizaje»

El aprendizaje no tiene límites. Antes se creía que cuando llegamos a los veinte años, el cerebro ya está plenamente formado, pero se ha descubierto que es mucho más maleable y plástico de lo que imaginaban incluso la mayoría de los neurocientíficos. Solo hay que saber aprender.

El aprendizaje es un proceso emocional. Solo ocurre cuando estás emocionalmente involucrado, ya sea de forma positiva o negativa. Sin relevancia emocional, tus posibilidades de retener información nueva a largo plazo disminuyen considerablemente.

Pasar la prueba del hipocampo. El hipocampo sopesa dos factores para decidir si merece la pena recordar la información: relevancia emocional y novedad.

Se trata de sobrevivir. Desde el punto de vista del cerebro, solo la información o las experiencias que activan la respuesta a las recompensas o las amenazas se considera digna de conservar.

Mientras dormías. El sueño es esencial para aprender, ya que suele ser cuando la información considerada digna de retener se transfiere desde el hipocampo a la memoria a largo plazo.

Hacerlo bien a la primera. Buenas o malas, las impresiones más fuertes son las primeras. Por eso es importante invertir tiempo y dinero en formar correctamente a las personas desde el principio.

Utiliza el aprendizaje aversivo con cuidado. Con diferencia, la forma más fuerte de aprendizaje proviene de las experiencias negativas. Pero el aprendizaje aversivo es ineficaz para entrenar el comportamiento positivo. Guárdalo para esas raras situaciones en las que necesites inhibir un comportamiento no deseado.

La empresa que aprende junta... Como criaturas fundamentalmente sociales, aprendemos mejor de los demás y en compañía de otros. Esto subraya el poder de las historias y la importancia de ser un buen modelo a seguir.

TERCERA PARTE

CONSTRUIR EQUIPOS DE ENSUEÑO

7

APROVECHA LA DIVERSIDAD

Una diferencia constructiva en competencias y habilidades comportará un cambio positivo en tu empresa

En 1961, el escritor y editor Stan Lee revolucionó el mundo del cómic al juntar a un grupo de superhéroes descarriados en un solo equipo, los 4 Fantásticos. Cuando los rayos cósmicos bombardean su nave espacial, Reed Richards; su novia, Sue Storm; el hermano pequeño de esta, Johnny, y Ben Grimm, amigo de Reed de la universidad, descubren que la radiación ha mutado sus cuerpos de manera peculiar y distintiva. Reed Richards adquiere entonces el poder de estirar los brazos y las piernas como si estuvieran hechos de goma. Sue Storm es capaz de volverse invisible siempre que quiera. Su hermano Johnny se puede convertir en una antorcha humana con tanta facilidad como si encendiera una lámpara. Quizá la transformación más espectacular es la de Ben Grimm, cuyo cuerpo se convierte literalmente en pura roca, lo cual le da un aspecto espeluznante, pero también una fuerza increíble. Apesadumbrado por la transformación, Ben Grimm se autodenomina la Mole. Sus compañeros también se renombran: Reed Richards se convierte en Sr. Fantástico, Sue Storm en la Mujer Invisible y Johnny en la Antorcha Humana.

La genialidad de los 4 Fantásticos es que reflejan las características de los mejores equipos del mundo empresarial. Cada miembro tiene un punto fuerte único y específico en el que sobresale. Sus estrategias y personalidades son diferentes, en ocasiones contrapuestas. Aunque no siempre se llevan bien fuera del trabajo, cuando aúnan sus esfuerzos logran dejar las diferencias de lado y colaboran para mejorar la humanidad y hacer del mundo un lugar más seguro.

¿Qué es la diversidad?

Cuando oímos la palabra «diversidad», pensamos en diferentes nacionalidades, culturas, etnias, estratos sociales, géneros u orientaciones sexuales. Aunque los miembros de un equipo se parezcan a las Naciones Unidas, siguen compartiendo una estrategia notablemente limitada y homogénea para resolver problemas. Otra forma de fomentar la diversidad es crear equipos en los que cada miembro tenga un punto fuerte o una capacidad específica y cuyos rasgos de personalidad sean variados. Trabajar en un equipo de personas con una mentalidad parecida puede provocar que el cerebro caiga en un estado de complacencia, de manera que perjudicará el rendimiento y desalentará las oportunidades de innovar y fluir.

La intersección entre ciencia y personalidad

Los empleadores han hecho test de personalidad desde hace más de un siglo. Por desgracia, la mayoría carecen de una base neurocientífica real. Sin ella, los perfiles de personalidad son susceptibles a lo que se conoce como sesgo de confirmación.

El problema con los perfiles de personalidad

En 1948, un psicólogo llamado Bertram Forer hizo un test de personalidad a sus estudiantes. Cuando se los entregaron, los tiró a la papelera y, sin decir nada, les dio un perfil de personalidad idéntico a cada uno. Luego les pidió que lo leyeran y que puntuaran la precisión del perfil en una escala del 0 al 5, siendo 5 «excelente» y 4, «bueno».[1]

Increíblemente, la puntuación media acumulativa fue de un 4,26 de precisión. En otras palabras, la mayoría de los estudiantes creyó que la evaluación describía bastante bien su personalidad única. Lo que no sabían —hasta que se lo dijeron— es que Forer había copiado el perfil de una columna de horóscopos del diario. Como es habitual, era ambigua y vagamente elogiosa. Las críticas eran suaves. Gracias a lo que los psicólogos llaman «sesgo de confirmación», los estudiantes se identificaron con los elementos positivos, obviaron los que eran negativos o no tenían nada que ver con ellos, y concluyeron que era una evaluación precisa de sus rasgos de personalidad particulares.[2]

A medida que los científicos cognitivos han empezado a comparar los resultados de las pruebas con escáneres cerebrales, el riesgo del sesgo de confirmación se ha reducido y la evaluación de la personalidad ahora es más precisa. Por ejemplo, se han hecho estudios para comparar las diferencias en el cerebro entre los introvertidos y los extrovertidos.

¿Introvertido o extrovertido? Una cuestión de energía

Los introvertidos no son tímidos por necesidad. Ni los extrovertidos son automáticamente empáticos. Lo que suele distinguirlos es la energía. Los introvertidos tienden a gastar energía en las interacciones sociales, mientras que los extrovertidos ven en estas mismas situaciones una fuente de energía.[3]

Al examinar sus cerebros encontramos pistas de estas diferencias. Los introvertidos tienen un córtex prefrontal más grande y con una materia gris más densa. En las personas muy extrovertidas, la materia gris es más ligera, un rasgo que podría apuntar a que, en lugar de dedicar el tiempo a la contemplación (es decir, utilizando la red por defecto; véase el capítulo 3), los extrovertidos prefieren vivir el momento, una actitud que utiliza la red de experiencia directa.[4]

Tanto los introvertidos como los extrovertidos quieren recompensas. La diferencia está en dónde las buscan. Las conclusiones de un estudio sobre extrovertidos e introvertidos de la Universidad de Cornell apuntan a que los primeros obtienen las sensaciones de recompensa de su entorno inmediato, mientras que los segundos las obtienen de sus pensamientos interiores.[5]

Desde el punto de vista de un líder, es importante saber que los introvertidos necesitan soledad y horas muertas, mientras que los extrovertidos se pondrán nerviosos si pasan mucho tiempo sin algún tipo de interacción social.

HABITÁCULOS DE CRISTAL

Esta sensibilidad respecto a las necesidades de los empleados va mucho más allá de cómo nos planteamos las evaluaciones de rendimiento o cómo escogemos los integrantes de un equipo. También deberíamos tenerla en cuenta cuando pensamos en la configuración del entorno laboral.

En una ocasión, nos encontramos con un diseño de oficina que representa uno de los ejemplos más llamativos de una empresa que ignoró este aspecto. En lugar de utilizar las barreras tradicionales que separan un área de trabajo de otra, la mayoría de las paredes era de un material transparente y duradero parecido al cristal, lo cual permitía que cualquiera viera lo que hacían los demás tanto si la puerta estaba abierta como si no.

Aunque a los extrovertidos les encantó el nuevo diseño, para los introvertidos aquella disposición era algo muy parecido a vivir una pesadilla. Casi de inmediato ajustaron las cosas para que se adecuaran un poco más a su personalidad. Igual que los niños que construyen «fuertes» en medio del salón apilando almohadas y cojines, los introvertidos se hicieron barricadas de estanterías de libros, archiveros, cajas o abrigos estratégicamente colocados. En poco tiempo, aquel diseño que había sido innovador y deslumbrante se convirtió en un espacio que se parecía muchísimo al almacén abarrotado de una tienda de ropa.

El director, que lo hizo con buenas intenciones, tal vez se considerara un visionario del diseño de oficinas, pero obvió claramente el hecho de que entre un tercio y la mitad de la población se define como introvertida.[6] (De hecho, si nos fiamos de los resultados totales del indicador Myers-Briggs, el Center for Applications of Psychological Type estima que el porcentaje de los encuestados que tenía una «I» de introvertido en la puntuación de cuatro letras MBTI estaba entre el 47 y el 55 por ciento).[7] Se esperaba que estas personas cumplieran con sus trabajos ya de por sí exigentes bajo la presión añadida de una respuesta de amenaza instintiva.

Los equipos funcionan mejor cuando reflejan con exactitud los estilos y habilidades diferentes de los empleados de la empresa y cuando el entorno laboral se ajusta todo lo posible a las diversas formas de trabajar. Por descontado, incluso en una empresa caracterizada por una gran diversidad sigue siendo posible formar equipos con miembros que parecen casi clones. Estos equipos homogéneos serán excelentes en términos de comodidad y compañerismo, pero lo más probable es que no estén a la altura cuando se trate de innovación y creatividad.

Ya fuera que el director de esta empresa buscara asesoramiento sobre el nuevo diseño de la oficina en compañeros extrovertidos o tomara la decisión por sí mismo, parece haber pasado completamente por alto el hecho de que, entre sus empleados, hubiera puntos de vista radicalmente diferentes. Si se hubiese ocupado de la diversidad desde el principio, el diseño nunca habría salido del cajón.

Buscando pareja en la sala de reuniones

Aunque existen miles de estudios que nos ayudan a comprender la diversidad en el entorno laboral, los que nos han parecido más útiles y fundamentados en la neurociencia para diferenciar los rasgos de personalidad proceden de una fuente inhabitual, una página web dedicada a poner en contacto a potenciales parejas románticas.

La obra de Helen Fisher, antropóloga biológica de la Universidad de Rutgers, sobre la neurociencia de las relaciones íntimas y las diferencias de personalidad subyacentes, estaba pensada, de inicio, para estudiar la química del amor romántico. Pero la neuroquímica en la que se basa su análisis de las parejas románticas potenciales nos da una información muy valiosa sobre las interacciones de los miembros de equipo en el ámbito corporativo. Y, al contrario que otros instrumentos de evaluación personal usados comúnmente, como el Myers-Briggs, el análisis de la doctora Fisher está basado en la neurociencia.

Química y compatibilidad

«¿Por qué nos enamoramos de una persona y no de otra?». Esta fue la pregunta básica y simple que impulsó en un primer momento la investigación de la doctora Fisher. Se propuso realizar un estudio científico a gran escala que relacionara la actividad cerebral con la elección de pareja. En primer lugar, estudió los sistemas cerebrales y aisló cuatro sistemas neuroquímicos, cada uno de ellos asociado a una constelación específica de rasgos de personalidad basados en la biología. En segundo lugar, diseñó un cuestionario, el Test de Temperamento Fisher, para medir en qué grado los individuos expresaban sus rasgos en los cuatro sistemas cerebrales. Después, a partir de una colaboración con una conocida plataforma de citas de internet, tuvo acceso a los perfiles de más de ochenta mil mujeres y hombres que buscaban pareja, recopiló sus datos en cada escala de personalidad y estudió a quién escogieron para conocer en persona. Luego hizo una IRMf a un grupo de individuos que habían hecho su test. Al poner en relación los datos neurocientíficos de los participantes con su conducta en la web de citas, descubrió un patrón sorprendente.

No escogemos al azar una pareja u otra. Algunas personas se sienten atraídas mutuamente, y el secreto reside en su equilibrio neuroquímico individual. Los individuos nos diferenciamos más o menos según algunas sustancias del cerebro. Estos neuroquímicos modulan nuestra conducta y, en gran medida, también nuestra personalidad. Basándose en la actividad de dos neurotransmisores y dos hormonas (dopamina, serotonina, estrógeno y testosterona), la doctora Fisher identificó cuatro estilos de personalidad básicos. Los llama el Explorador, el Constructor, el Negociador y el Director.[8]

El Explorador

Los Exploradores son buscadores de sensaciones. ¿Recuerdas la «U» invertida del capítulo 1? Gracias a una mayor actividad del sistema de la dopamina y a una inyección extra de noradrenalina (la D y la N del ADN del rendimiento óptimo), los Exploradores suelen ser personas cuya curva de rendimiento tiende a la derecha, es decir, necesitan un nivel de excitación más alto para llegar al rendimiento óptimo. Esto los lleva a buscar nuevas sensaciones, asumir riesgos extraordinarios y cambiar continuamente de enfoque, todo con el objetivo de obtener recompensas mayores.[9]

Pero los Exploradores tienen un inconveniente. La necesidad constante de nuevas experiencias comporta que no gestionen bien el aburrimiento. A menos que estén verdaderamente interesados en algo, o que tengan un reto, les cuesta mantener la atención. No obstante, si tienen interés, son capaces de una concentración notable, aunque no dura mucho. Los Exploradores sienten afinidad por otros Exploradores, con quienes comparten una sed por la aventura.[10]

El Constructor

Mientras que un Explorador vive para la dopamina, la personalidad del Constructor se define en gran medida por la influencia estabilizadora de la serotonina.[11] En muchos aspectos, la serotonina de los Constructores los convierte en lo opuesto de los Exploradores, ávidos de riesgo. De hecho, el psicólogo Marvin Zuckerman denomina a las personas que muestran actividad de la serotonina «buscadores de sensaciones leves».[12] Si tuviéramos que ubicar a los Constructores en el gráfico de la «U» invertida del capítulo 1, casi con seguridad sería en la izquierda, donde requerirían menos excitación para alcanzar el rendimiento óptimo.

Este énfasis en la prudencia y la deliberación no significa que los Constructores sean pasmarotes. Por el contrario, suelen brillar en las interacciones sociales y son excelentes jugadores de equipo. Tampoco implica que sean temerosos. Sencillamente, son reflexivos y fiables, se toman tiempo para aprender de los errores del pasado y se preparan metódicamente para el futuro.[13]

Por descontado, la fiabilidad de los Constructores puede conllevar una obsesión con aferrarse a lo programado caiga quien caiga, así como una intolerancia general a desviarse de los planes establecidos. Pero, si aprovechamos sus puntos fuertes, pueden ser el pegamento que una al grupo. Los Constructores se suelen sentir atraídos por otros Constructores.[14]

El Negociador

La influencia de la hormona estrógeno diferencia a los Negociadores de sus colegas. Aunque se suele considerar que es una hormona femenina, los hombres también la tienen. Hombres o mujeres, los Negociadores acostumbran a expresarse muy bien verbalmente.[15] Además, parecen poseer un sexto sentido para saber qué piensan o sienten los demás.[16] De hecho, los Negociadores que aseguran que pueden «sentir el dolor de otros» quizá no estén exagerando. El presidente Bill Clinton, que hizo famosa esta frase, es un Negociador clásico.[17]

Pero este grado tan alto de empatía puede provocar que los Negociadores se pierdan a sí mismos por el camino: harán casi cualquier cosa para complacer a los demás y evitar el conflicto o la desarmonía. Además, su capacidad para ver una cuestión desde todos los puntos de vista los perjudica a la hora de centrarse en los detalles importantes y tomar decisiones.[18] Les puede llevar una eternidad decidir qué camino tomar. Puesto que sus habilidades se suelen complementar, los Negociadores trabajan bien con los Directores.

El Director

El Director es el yin y el Negociador es el yang. Si en el Negociador la personalidad está determinada por el estrógeno, en el Director la hormona definitoria es la testosterona. De nuevo, aunque se suele considerar una hormona predominantemente masculina, hay muchísimas mujeres Directoras.[19] Por ejemplo, mientras que el presidente

Clinton es famoso por su empatía y exhibe las características típicas que el estrógeno da a los Negociadores, su mujer, la ex secretaria de Estado y candidata presidencial Hillary Clinton, encaja con el perfil fuerte e influido por la testosterona del Director.[20]

Hombre o mujeres, los Directores se definen por su competitividad. Son duros, pragmáticos y extremadamente decisivos, incluso cuando las decisiones son complejas y difíciles. Las competencias que solemos relacionar con el córtex prefrontal —como la lógica y el análisis racional— están entre sus puntos fuertes. Pero esto no significa que carezcan de creatividad. Por el contrario, los caminos que toman suelen ser ingeniosos y atrevidos, aunque no siempre populares.[21]

De hecho, si hay un rasgo del que carecen de forma sistémica es la diplomacia. Su confianza, precisión y franqueza los hacen parecer presuntuosos, tozudos y maleducados. Pero los Directores no son solitarios. Su persistencia, lealtad y entusiasmo por las ideas los convierten en grandes amigos y colegas, sobre todo con los Negociadores, que los ayudan a suavizar algunos de los rasgos más rudos.

¿Qué nos dice esto del liderazgo?

Según el Center for Creative Leadership, los conflictos mal gestionados entre empleados causan al menos un 65 por ciento de todos los problemas de rendimiento.[22] Identificar de forma efectiva los rasgos de personalidad es el primer paso para afrontarlos. Helen Fisher, al centrarse en primer término en el amor romántico, desarrolló un cuestionario basado en sus investigaciones que identifica el equilibrio neuroquímico de las personas. Desde entonces, la doctora Fisher ha redirigido su atención del dormitorio a la sala de juntas al diseñar un segundo test de personalidad basado en los mismos datos cerebrales, el Test de Temperamento NeuroColor, para proporcionar una perspectiva neurocientífica al trabajo, la comunicación, la colaboración y la toma de decisiones del mundo empresarial. Dependiendo de la actividad de estos neurotransmisores y hormonas, preferimos ciertas tareas o modalidades de trabajo conjuntas.[23] Además, cuando formamos un nuevo equipo, podemos incrementar la productividad equilibrando los diferentes estilos de personalidad.

Cada uno de ellos puede contribuir con un conjunto de competencias que es complementario con otros. Por ejemplo, el Explorador, que es curioso y siempre va a toda prisa, mejorará el equipo con su creatividad y espíritu, y hará que trabajar juntos sea divertido. El Negociador será muy sensible al aspecto «humano» de la colaboración y estará particularmente dotado en cualquier cosa que implique expresión verbal y comunicación. El Constructor aportará estabilidad y persistencia para acabar los proyectos. Es quien se asegurará de que se cumplen los plazos y de que los compromisos se toman en serio. El Director, por otro lado, reducirá la complejidad y utilizará sus habilidades lógicas para desentrañar problemas aparentemente confusos, lo cual dará buen ritmo y una dirección correcta al equipo.

¿A quién llamarás?

En la mayoría de nosotros, son varios factores —genéticos, experimentales y ambientales— los que contribuyen a nuestra personalidad y rendimiento general. Dicho esto, el resultado de las diferentes combinaciones de los neuroquímicos en las que se basan los cuatro tipos de personalidad básicos de la doctora Fisher —Explorador, Constructor, Negociador y Director— hace que algunas personas encajen más con ciertos puestos o tareas particulares.

COOPERACIÓN

Los Constructores suelen ser jugadores de equipo excelentes. En los estudios que se han llevado a cabo, la serotonina que caracteriza su personalidad genera empleados que son muy buenos «colaborando con los demás». Según la doctora Fisher, «Una dosis de serotonina nos hace más cooperativos en las tareas de grupo».[24]

TOMA DE DECISIONES

La capacidad de tomar decisiones con frecuencia está relacionada con la testosterona. Quizá no sea una sorpresa, por lo tanto, que los Directores lleven la delantera cuando se trata de tomar decisiones. Aunque los Exploradores también toman decisiones con rapidez —principalmente, porque son impulsivos—, los Directores se deciden incluso más rápido porque son firmes.[25]

NEGOCIAR

Esta debería ser obvia. ¡Por alguna razón se los llama Negociadores!

ESCRIBIR

La facilidad verbal se ha asociado desde hace tiempo con el estrógeno, la hormona dominante de los Negociadores.[26]

VISIÓN GENERAL

Según la doctora Fisher, los Negociadores son excelentes en el «pensamiento de red», lo que muchos de nosotros describimos como «tener una visión general». Lo define como «la capacidad natural para recopilar mucha información dispersa, ponderar la importancia relativa y captar las relaciones internas...».[27] Lo llamemos como lo llamemos, los Negociadores lo tienen.

LA LETRA PEQUEÑA

La capacidad a veces extraordinaria de los Negociadores para pensar en red en lugar de en líneas rectas tiene, no cabe duda, una desventaja. A veces los hace susceptibles de la «ceguera del sistema», una incapacidad para centrarse en los detalles importantes cuando están evaluando la visión general.[28] Si quieres asegurarte de que todas las letras «i» tienen un punto y que todas las letras «t» tienen una raya, confía en los Directores. Suelen ser quisquillosos y detallistas.[29]

ADMINISTRACIÓN

Los Constructores son buenos directores y administradores.[30] En una reunión, aunque el Negociador seguramente sea el mejor moderador, será el Constructor quien se asegure de que se cumpla lo proyectado.

GESTIONAR EL CAOS

Aunque la auténtica multitarea es extremadamente rara (véase el capítulo 3), los Exploradores suelen superar a la media cuando se debe responder a múltiples estímulos. Son muy buenos dividiendo su atención.[31]

CLARIDAD Y PRUDENCIA

Un grupo dominado por Constructores suele ser un poco aburrido y con aversión al riesgo. Un grupo sin ellos carecerá de concentración y será imprudente.

CUMPLIR CON LOS PLAZOS

El inconveniente de la motivación basada en la dopamina que mueve a los Exploradores a veces provoca la postergación de tareas.[32] Confía en los Constructores si te preocupa hacer las cosas a tiempo.

ANIMACIÓN

Los Exploradores son los más optimistas y entusiastas, rasgos que normalmente se asocian con la dopamina.[33]

Equipos de alto rendimiento

Al crear equipos de alto rendimiento es particularmente importante respetar las necesidades de cada uno. Deberías prestar atención a los siguientes puntos cuando tengas a estas personalidades en tu equipo:

Exploradores: se suelen aburrir con facilidad. Alcanzan su nivel óptimo de rendimiento con altos niveles de estrés. Puesto que siempre necesitan un nuevo reto, no deberías asfixiarlos con actividades comunes y corrientes. Pueden ser muy creativos y pensar rápido, así que dales la oportunidad de implicarse en este tipo de actividades.

Negociadores: son muy empáticos y tienen una visión general. Necesitan sentir afinidad y valorar a sus superiores y compañeros. Son muy sensibles a los conflictos no resueltos, y su rendimiento se verá perjudicado si no creas un ambiente basado en la confianza y la valoración. El punto fuerte de los Negociadores es el talento para gestionar personas, la facilidad verbal y la capacidad para encontrar conexiones entre cuestiones en apariencia desconectadas.

Directores: son personas tozudas y muy analíticas. Se crecen en ambientes competitivos donde aportan su capacidad para resolver problemas y estructurar proyectos. Gracias a sus altos niveles de testosterona, los Directores pueden ser bastante duros y poco diplomáticos cuando se comunican. Solo trabajan bien cuando la jerarquía está claramente definida. Si no, el riesgo de un conflicto es grande. A los Directores les encanta liderar y triunfar. ¡No los prives de este placer!

Constructores: como sugiere su nombre, los Constructores son los pilares de la sociedad. Siempre podrás contar con ellos para que cumplan con sus tareas y responsabilidades. Son muy estructurados, leales y con visión a largo plazo, pero los cambios imprevistos en el programa o los acuerdos los pueden sacar de sus casillas. Un Constructor necesita libertad para establecer su propio programa y trabajar en un entorno que no sea caótico, como en la calma y tranquilidad de su propia casa. Dado que a menudo actúa entre bastidores, no subestimes su ética laboral, su lealtad y los valores que aporta al equipo.

Igual que al buscar parejas amorosas, también es importante encontrar buenos compañeros en el trabajo, así como los medios apropiados para comunicarse para facilitar la comprensión y la colaboración entre estas personalidades diferentes. Y, puesto que no existen muchos equipos que encajen a la perfección, es incluso más importante comprender las preferencias biológicas de cada uno y lo que se puede hacer o no con ellos. Te ayudará para sacar el máximo partido de tus compañeros, aunque sean muy distintos a ti.

Por qué se podría hacer una evaluación de rendimiento a las evaluaciones de rendimiento

No llamaríamos a un electricista para arreglar una tubería. Llamaríamos a un fontanero. Y sin duda no le diríamos al electricista: «Eres muy competente con la electrónica, pero creo que deberías dedicarte a mejorar en fontanería».

Todos tenemos puntos fuertes y débiles. Nos enorgullecemos de lo que se nos da bien y la mayoría de nosotros es profundamente consciente de sus debilidades. Hacer algo que se nos da bien agudiza la concentración, provoca una inyección de dopamina y, con frecuencia, entramos en un gratificante estado de fluidez. Trabajar en algo que no se nos da tan bien nos lleva al desánimo, la frustración y a la disipación de la energía. Las lecciones de la «U» invertida de Yerkes-Dodson (véase el capítulo 1) y del modelo de fluidez de Mihaly Csikszentmihalyi (véase el capítulo 3) dejan claro que es un camino destinado al fracaso. Como líderes, ¿por qué querríamos hacer deliberadamente algo que drena la motivación y la energía de los empleados?

No hace falta ser neurocientífico para darse cuenta de que el temor casi universal a las evaluaciones de rendimiento agota las energías y desinfla la motivación. Un análisis de 2012 de la CEB Corporate Leadership Council descubrió que más de tres cuartas partes de los directores, empleados y responsables de recursos humanos encuestados sentía que los resultados de las evaluaciones de rendimiento eran inefectivos, poco precisos o ambas cosas a la vez,[34] y un artículo del *Washington Post* lo decía incluso más sucintamente: «Un estudio descubre que, básicamente, todo el mundo odia las evaluaciones de rendimiento».[35]

Aunque existen ligeras diferencias de una empresa a otra, la evaluación de rendimiento anual implica clasificar los puntos fuertes y débiles de todos los empleados (a menudo solo con cifras, aunque a veces también con comentarios) y, después de elogiar brevemente los puntos fuertes, se focaliza en los puntos débiles para fijar algunos objetivos medibles que se deben mejorar el siguiente año.

Aparte del hecho de que normalmente está vinculado a aumentos de sueldo, no conocemos a muchos directores o empleados que esperen con impaciencia este proceso. Por el contrario, lo odian. Y no es de extrañar. Para los directores, es un montón de trabajo. Y para los empleados, puede ser estresante si no directamente desalentador.

¿Por qué un electricista se debería sentir como un fracasado porque no sabe nada de fontanería? ¿Por qué un empleado que es excelente relacionándose con los clientes debería sentirse mal porque no escribe muy bien? En lugar focalizarse en los puntos fuertes que hacen únicos a sus empleados, demasiadas empresas tratan de corregir sus debilidades. Tal vez las mejoren un poco, pero también tendrá un efecto sobre sus puntos fuertes. Los empleados dejarán de lado lo que se les da bien para mejorar en áreas en las que nunca han sido buenos. En lugar de aspirar a la excelencia, demasiadas empresas se conforman con la mediocridad.

A veces, todo este proceso puede ser un poco absurdo. Conocemos a un piloto de carreras, uno de los mejores del mundo, que se sentía incómodo cada vez que lo ponían delante de un micrófono. Presumiblemente, no se convirtió en un piloto de primer nivel para mejorar sus aptitudes de hablar en público. Su rendimiento al volante ya hablaba alto y claro. Pero, si hubiera sido un empleado de una empresa normal, su director le habría sugerido que, a pesar de que su habilidad para tomar curvas a una velocidad mayor que nadie en el mundo era admirable, sería una buena idea dedicar algo de tiempo a asistir a clases de oratoria e incluso para aprender a debatir. El mundo habría perdido a un gran piloto de carreras y habría recibido, a cambio, un orador mediocre.

Obviamente, dentro de unos límites, si un empleado no cumple con ciertos niveles mínimos, se debe hacer algo al respecto. En lugar de puntuar en una escala de 5 o 10 puntos, preferimos limitar la evaluación a solo cuatro niveles:

1. Inaceptable.
2. Nivel aceptable.
3. Nivel profesional.
4. El mejor de la clase.

Al contrario que algunas gradaciones que se utilizan en las empresas actuales, en las que puede ser difícil determinar, por ejemplo, si alguien merece un 4 o un 5, debería ser relativamente fácil puntuar a los empleados según esta sencilla clasificación. Entonces, después de valorar las habilidades de un empleado en comparación con los estándares de la empresa, podemos dar algunas recomendaciones que serán más efectivas para el trabajador y para la empresa en su conjunto.

Si clasificamos alguna de las competencias como «inaceptable», sin duda debemos hacer algo para mejorar aquellas áreas específicas. Pero aquí es donde disentimos de las evaluaciones de rendimiento tradicionales. Nuestro objetivo no es transformar un área que le cuesta al empleado para convertirla en uno de sus puntos fuertes. Obviamente, es algo que no va a pasar. No trates de transformar a un trabajador en algo que no es. Como dice el refrán, «por muy larga que sea la pista de despegue, un cerdo nunca volará».

Varios estudios han descubierto diferencias claras en la actividad cerebral de individuos a quienes se les da bien un área en particular y en la de quienes no.[36] Es más, las tareas que son difíciles o que no les gustan pueden desencadenar una respuesta de amenaza del cerebro, que, temporalmente, podría bloquear el pensamiento racional, lo cual dinamitaría todavía más las probabilidades de éxito.

Por la razón que sea, aquella habilidad en particular está en contra de la naturaleza del empleado, su disposición genética o quizá, sencillamente, no le gusta. Hasta cierto punto, la razón no importa.

El objetivo debería ser que la puntuación pasara de «inaceptable» a «nivel aceptable», pero no más allá. Es suficiente. Punto.

Enfatizar lo positivo

Después de lograr que lo inaceptable pase a ser aceptable, podemos dedicar el resto del tiempo a mejorar los puntos fuertes del empleado. En lugar de conformarnos con la mediocridad, debemos animarlos a desarrollar sus puntos fuertes para que lleguen a ser de primer nivel. Y, al contrario de las evaluaciones que ponen las debilidades bajo el microscopio, las evaluaciones basadas en los puntos fuertes aprovechan el orgullo y la motivación que sienten los empleados por lo que se les da bien y les inspiran para alcanzar las estrellas.

En el caso del piloto de carreras, por desgracia su habilidad frente al micrófono caía en la categoría de «inaceptable», y estaba claro que se debía hacer algo al respecto. Pero, en lugar de quitar tiempo de entrenamiento en la pista para que recibiera clases de oratoria, aprendió un puñado de frases en diez lenguas diferentes. A partir de entonces, allá a donde iba podía decir algunas frases bien ensayadas al público en su lengua materna. A los aficionados les encantó. Con una cantidad de tiempo y esfuerzo limitado, había pasado de «inaceptable» a «nivel aceptable», y pudo dedicar la parte más importante de su atención allí donde se necesitaba: en las carreras. Para las demás interacciones con los medios locales, contrataron los servicios de un portavoz que era «el primero de la clase» hablando con la prensa. Así es como funciona la diversidad.

Aunque, obviamente, las evaluaciones de los equipos son diferentes a las de los individuos, la estrategia subyacente es la misma. El énfasis debería ponerse en desplegar un equipo de expertos, animarlos para que sacaran el máximo partido de sus puntos fuertes y dedicar una mínima cantidad de tiempo y energía a transformar las habilidades de «inaceptables» a «aceptables», pero no más allá. En resumen, estos son los pasos que recomendamos a los equipos de todo el mundo:

1. Hacer una lista de los KPI (indicadores clave de rendimiento, por sus siglas en inglés) que determinarán el éxito de un equipo.
2. Evaluar a cada miembro del equipo en cada característica.
3. Identificar los «inaceptables» y llevarlos al «nivel aceptable», pero no más allá.
4. Fomentar los puntos fuertes de cada individuo para que lleguen a ser el «mejor de la clase», e infundir una sensación de orgullo en el equipo.
5. En el caso de que la puntuación máxima de los miembros del equipo en un área particular solo llegue a «nivel aceptable», buscar y añadir al grupo a otra persona que sea «la mejor de la clase» en esa área.

La lección para los equipos y la creación de equipos es simple: no todo el mundo tiene que hacer de todo. Esfuérzate por encontrar una combinación de personas, cada una de las cuales sea excelente en un área específica. Busca miembros que tengan el nivel profesional o más en una competencia determinada. Si Reed Richards no puede ser invisible, no pasa nada. Para eso tenemos a Sue Storm. De la misma forma, nadie espera que el adolescente Johnny Storm sea un líder de equipo. Reed Richards, que es mayor y más sabio, además de fenomenalmente flexible, cubre esta área. Pero, cuando se trate de volar por los aires convertido en una bola de fuego autogenerada, Johnny sin duda es «el mejor de la clase». Por lo que respecta al duro como una roca Ben *la Mole* Grimm, su fuerza es literalmente su fuerza. La experiencia combinada de personas con habilidades y puntos de vista diferentes dará al equipo su verdadera diversidad.

RESUMEN DEL CAPÍTULO 7

Puntos clave de «Aprovecha la diversidad»

Las personas son diferentes. Existe una predisposición genética fundamental a la mayoría de las diferentes personalidades. De esto se infiere que tendrán necesidades distintas en el entorno laboral, y si respetas estas necesidades e intentas acomodarlas con tanta flexibilidad como te sea posible, las personas rendirán mucho más y serán más felices en el trabajo.

Los 4 Fantásticos. Según una herramienta psicométrica basada en la ciencia y creada por la doctora Helen Fisher en la Universidad de Rutgers, cuatro neuroquímicos son los responsables de las cuatro personalidades clave, que denomina Explorador, Constructor, Director y Negociador.

Exploradores y Constructores. Los Exploradores son buscadores de sensaciones que heredan ciertos genes del sistema de la dopamina, muy sensible a las novedades. Tienen un optimismo desbordante y una creatividad excelente. Los Constructores son personas valoradas por su lealtad, estabilidad y fiabilidad, y los caracteriza el sistema de la serotonina, que está relacionado con la calma y el bienestar.

Directores y Negociadores. Los hombres (y mujeres) con una alta actividad en el sistema de la testosterona son conocidos como Directores. Suelen ser unos estrategas consumados, decisivos y lógicos. Las mujeres (y los hombres) en las que domina el estrógeno son Negociadoras. Son intuitivas, compasivas, tienen facilidad verbal y a menudo muestran unas habilidades sociales superiores.

Un equipo que se parece a la ONU quizá no sea diverso. Un grupo visualmente diferente no siempre piensa de forma diferente. Los equipos triunfan no porque tengan miembros con un aspecto o un trasfondo variado, sino por la diversidad de habilidades y tipos de personalidad que aúnan.

El mejor de la clase. En lugar de intentar que todos sean equilibrados, contrata a personas que tengan una o dos competencias que necesitas en tu equipo y luego haz que crezcan en los ámbitos en los que ya son buenos, con el objetivo de ayudarlos a convertirse en «el mejor de la clase».

Enfatiza lo positivo. Cuando debas abordar las debilidades del equipo, intenta que cualquier conducta «inaceptable» llegue al «nivel aceptable», pero no vayas más allá. Después, dedica el resto del tiempo a trabajar en los puntos fuertes con el objetivo de que sean «el mejor de la clase» en uno o dos ámbitos.

Identifica a los expertos. Haz una lista de las habilidades más importantes que necesitas en el equipo y luego clasifica a los miembros según la lista. Una vez hecho esto, todos deberían ser capaces de responder con claridad y confianza a la pregunta: «¿Por qué estoy en este equipo?».

No enseñes a volar a un cerdo. Contrata a un pájaro. En lugar de adoptar la estrategia condenada al fracaso de intentar convertir las debilidades en puntos fuertes, contrata a un nuevo empleado que ya tenga una predisposición natural para la habilidad que necesitas.

La misma talla no vale para todo el mundo. No esperes que todos sean buenos en todo, pero asegúrate de que todos son buenos en algo. Haz crecer a las personas basándote en sus puntos fuertes.

8

CULTIVA LA CONFIANZA

Más que la motivación o el dinero, la confianza
es el pegamento que mantiene unidos a los grupos

No sería una exageración decir que una sola pasa cambió el mundo.
A principios de la década de 1990, unos científicos de la Universidad
de Parma, en Italia, estudiaban la actividad neuronal del córtex motor de un macaco mientras este cogía ciertos alimentos pequeños,
como pasas o frutos secos. Habían diferenciado a una sola neurona como la responsable del movimiento específico de coger. Cada vez
que el mono cogía algo, la neurona se activaba y los científicos podían
oír el sonido amplificado de la actividad neuronal por un altavoz que
habían instalado en el laboratorio.

Pero, un día, ocurrió algo sorprendente.

Entre sesión y sesión de prueba, mientras todos —incluido el
mono— se estaban dando un descanso, uno de los doctorandos decidió picar algo. El estudiante cogió lo que tenía más a mano, que
resultó ser una de las pasas del macaco.

De repente, el amplificador conectado al cerebro del mono
emitió el sonido familiar de activación de la neurona. Los científicos se quedaron con la boca abierta. Aunque el mono no estaba haciendo nada en aquel momento, el cerebro transmitía las

mismas señales que si cogiera algo de comer. ¿Cómo podía ser?

Gracias a esta casualidad, el doctor Giacomo Rissolatti y su equipo de investigadores hicieron uno de los descubrimientos más importantes de la neurociencia moderna. El cerebro del macaco —y, como sabemos ahora, el cerebro humano— tiene una función llamada «sistema de neuronas espejo», una red de células nerviosas que se activan cuando están implicadas en una acción particular y cuando observamos a alguien que está realizando esa misma acción.

Esta segunda parte es verdaderamente extraordinaria. Las investigaciones han demostrado que el cerebro no hace mucha distinción entre nuestras acciones y las acciones que observamos en los demás. De hecho, siempre que estamos con otros, el cerebro «refleja» continuamente la conducta de quienes nos rodean.

Muchos neurocientíficos afirman que las neuronas espejo son el fundamento no solo de la empatía, sino de toda la comunicación humana. Como explicó de forma tan elocuente Rizzolatti en el *New York Times*, «Las neuronas espejo nos permiten captar la mente de los demás gracias a la estimulación directa, no a través del razonamiento conceptual. Por el sentimiento, no por el pensamiento».[1]

Este descubrimiento fue un cambio de paradigma en nuestra comprensión de la naturaleza humana. Muchos modelos ya asentados deberán reconsiderarse o descartarse por completo. Una de las primeras bajas importantes de este nuevo paradigma fue la obra muy divulgada de Abraham Maslow.

Estafa piramidal

Si puedes recordar una sola cosa de las clases de psicología del instituto o de la universidad, seguramente sea la «jerarquía de necesidades» de Maslow, la particular progresión con forma de pirámide que comienza con las necesidades fisiológicas, como aire para respirar, agua para beber y comida para comer, sigue con la seguridad, el amor, la sensación de pertenencia y la estima, y culmina con algo que Maslow denominó «autorrealización».

Tenemos que reconocérselo a Maslow. El diseño piramidal fue un toque de genio: fácil de recordar y un poco místico e inspirador. Por esta razón muchos de nosotros lo hemos recordado durante tanto tiempo.

Por desgracia, el modelo bienintencionado de Maslow carecía de las pruebas que a día de hoy proporciona la neurociencia. Aunque la jerarquía de necesidades fue considerada un principio fundamental de la psicología moderna, la verdad es que se basaba en muy pocos datos científicos. Como afirmó una vez el sarcástico periodista H. L. Mencken, «Siempre existe una solución muy divulgada para cada problema humano: clara, plausible y equivocada». Como la idea también equivocada de que solo utilizamos el 10 por ciento del cerebro, conquistó la imaginación de millones de personas, no porque estuviera respaldada por ninguna prueba, sino porque sonaba bien.

Y, sin embargo, solo son necesarios unos pocos minutos para considerar la situación de cualquier niño y darse cuenta de que, sin alguien que lo cuide, no habría durado más de unas pocas horas. Por esta razón las necesidades sociales son absolutamente esenciales para nuestra supervivencia. En vez de estar en la sección media de la pirámide, deberían estar en la base. Tenemos un anhelo básico de conexión arraigado en nosotros que sigue existiendo durante toda nuestra vida. Como humanos, somos fundamentalmente criaturas sociales.

Como líder, ignorar esto supone un riesgo. Gran parte de los comportamientos de lo que a veces llamamos «dinámicas de grupo» dependen de si calificamos a quienes nos rodean como enemigos o como amigos. La recompensa y la amenaza, los dos circuitos clave del sistema límbico que hemos analizado en el capítulo 2, dictan en gran medida nuestra conducta hacia los demás. Hacemos un juicio de valor rápido sobre las personas con las que nos cruzamos o con las que trabajamos. Básicamente, dividimos a todos en dos campos: «nosotros» y «ellos».

Por una cuestión de supervivencia, la respuesta por defecto es tratar a los demás como miembros del campo «ellos», es decir, como amenazas a nuestra existencia hasta que se nos demuestre lo contrario. Por lo que respecta al cerebro, la regla general es «mejor estar seguro que pedir perdón». Esto desencadena lo que los psicólogos llaman la «conducta de evitación», una tendencia a luchar, escapar o quedarse quieto, o, como mínimo, a mirar bien dónde pisamos. La otra cara de la moneda de la conducta de evitación es la «conducta de acercamiento», una respuesta igualmente primitiva que coloca a las personas en el campo «nosotros» y se basa en el sentimiento de confianza. Es la conducta de acercamiento la que nos empuja a tirar las armas, bajar la guardia y abrirnos a quienes nos rodean.

Nadie está condenado para siempre a residir en la columna «ellos» ni nadie será socio toda la vida del club «nosotros». Aunque casi todo el mundo, excepto nuestros familiares más cercanos, empieza en el «ellos», existen formas de ganarse la confianza de los demás que reducen su conducta de evitación al tiempo que facilitan la cercanía hasta que acabamos siendo considerados un miembro orgulloso del «nosotros».

Por descontado, la distinción entre el «nosotros» y el «ellos» depende en gran medida de cómo definamos el contexto. Dos departamentos rivales de una misma empresa se considerarán mutuamente como pertenecientes al campo «ellos», hasta que se encuentren con un desafío que les afecte por igual. De repente, cambia el marco de referencia y se ven trabajando juntos. A veces, los líderes inteligentes utilizan un truco para que los equipos se conjuren contra un enemigo exterior, que puede ser la competencia o incluso una condición amenazante, como una crisis económica o un futuro incierto. Los políticos hacen lo mismo para intentar unificar al electorado. Del mismo modo, también puede ser útil alentar la mentalidad de «ellos» en ciertas situaciones. Mientras que el «nosotros» facilita la cooperación y la confianza, el «ellos» puede aumentar la motivación y la concentración.

Aunque parezca un poco más estable, el estatus «nosotros» también puede ser precario. Incluso personas a quienes queremos o colegas a quienes valoramos pueden caer en desgracia. Al examinar meticulosamente los escáneres cerebrales, los neurocientíficos especializados en la cognición social han determinado que el rechazo social, el abandono o la violación de la confianza, ya sea real o solo percibida, puede ser literalmente tan dolorosa como una herida física. De hecho, la mayoría de las regiones del cerebro que se activan cuando nos golpeamos con la rama de un árbol o cuando nos tiran una piedra son las mismas que se activan cuando nos rechazan o nos ridiculizan. Es cierto que los palos y las piedras nos pueden romper los huesos, pero, en contra de este dicho inglés, las palabras casi siempre nos harán daño.

Si algo te causa dolor, la conducta de evitación no solo es natural, sino también prudente. Si algunas personas en las que confiabas te han herido, traicionado o, en algunos casos, sencillamente te han decepcionado, entonces ya no estarán en el campo del «nosotros», sino en el de «ellos». Es más, este cambio de estatus incluso puede ser inconsciente. El sistema límbico puede haberse reconfigurado sin mantener informado al córtex prefrontal.

Obviamente, como líder, no puedes permitir que las reacciones inconscientes ni el mero azar determinen si tu equipo u organización es armoniosa o caótica, productiva o abúlica. Debes aplicar las herramientas que tienes a mano para que los resultados que desees sean tan predecibles como sea posible.

El tejido de una bufanda

Ahora que hemos desbancado la pirámide de Maslow, ¿dónde estamos? David Rock, autor de *Your Brain At Work* [El funcionamiento del cerebro], ha diseñado un modelo de interacciones sociales que refleja los últimos hallazgos en la neurociencia cognitiva social. Quizá no tenga una forma definida, pero al menos le han dado un nombre memorable: SCARF [bufanda].

Las cinco letras que forman el acrónimo SCARF en inglés representan cinco factores principales —estatus, certidumbre, autonomía, pertenencia y justicia— que determinan si los grupos se caracterizan por la conducta de evitación o de acercamiento. Activar cada una de estas palancas hacia el lado positivo puede ser esencial para el éxito de un proyecto, producto o empresa. Lo que sabemos de las neuronas espejo deja claro que, como líder, estás en una posición única para modelar y fomentar estos cambios. Si sientes que en tu grupo hay dificultades o fricciones, aplica el modelo SCARF como herramienta de diagnóstico para identificar posibles áreas problemáticas y luego utilizar lo que descubras para ayudar a los demás a seguir por el buen camino.[3]

Estatus

A veces el estatus se refiere a un reloj caro, un coche lujoso o una bonificación más cuantiosa. Puede ser, pero no siempre es así. Desde una perspectiva de liderazgo, el estatus se refiere a cómo se sienten los demás después de haber interactuado contigo. ¿Se sienten importantes, valorados o más apreciados? ¿O se sienten insignificantes, inferiores y subestimados?

Desde una perspectiva evolutiva, todos queremos creer que somos una parte clave del grupo. En un estudio, el 68 por ciento de los comerciales de ventas sacrificó comisiones considerables para poder ganar una estrella (en sus tarjetas de empresa), lo cual indicaba que formaba parte de la élite del Presidents Club. Aunque parezca raro, el estatus de aquella estrella era más importante que el dinero.[4]

Como líder, tienes una elección: puedes tratar a los miembros del equipo de manera que se sientan valorados y generar una diferencia genuina. O puedes tratarlos de forma que se vean inferiores e insignificantes.

Trata a tus compañeros con auténtico respeto y asegúrate de que realmente creen que son valorados. No se trata de simular. De hecho, como las afirmaciones positivas que utiliza alguien que no tiene una autoimagen positiva (véase el capítulo 2), los intentos no sinceros de congraciarse con los demás pueden ser contraproducentes. Las personas quieren sentirse importantes. ¿Las haces sentirse importantes o las devalúas?

Certidumbre

El cerebro está intentando constantemente anticiparse al futuro. Según el filósofo y científico cognitivo Daniel Dennett, un ser humano es una «máquina de anticipación».[5] Basándose en las actividades del sistema límbico, saca conclusiones y revisa sus predicciones continuamente. Esta persona ¿me hace sentir cómodo o incómodo? La certidumbre consiste en gran medida en intentar predecir el futuro.

Imagina que has tenido que salir antes del trabajo y has estado lidiando durante una hora con el tráfico para ir al aeropuerto a buscar un pariente que viene de lejos. Pero, cuando llegas a la terminal por los pelos, te das cuenta de que en la pantalla de llegadas no aparece el vuelo. No hay señal de que se haya retrasado. Ni cancelado. No hay nada.

Con los nervios a flor de piel, te diriges a una empleada de la aerolínea para que te dé más información. Ella te recomienda con toda la calma que le des un número de contacto y te asegura que la aerolínea «no puede proporcionar más información por el momento», pero que recibirás un mensaje de voz pregrabado tan pronto como haya información definitiva disponible. Por desgracia, este tipo de respuesta hará que entres en tal estado de amenaza que la presión sanguínea se disparará y fluirá tanto cortisol por tus venas que casi te estarás subiendo por las paredes.

Por suerte para todos los afectados, hace tiempo que la mayoría de las aerolíneas saben que este es precisamente el tipo de respuesta equivocada para una situación de incertidumbre. Normalmente, hace lo siguiente: recomiendan quedarse en la terminal, lo bastante cerca como para que puedan llamarte, y luego te invitan a volver cada diez minutos para actualizar cualquier información sobre el estado del vuelo de tu pariente. Aunque la situación básica no ha cambiado un ápice, la aerolínea ha sustituido la «seguridad del contenido» por la «seguridad del proceso». El paradero del vuelo sigue siendo un misterio, pero el proceso ya no lo es. Ese cambio sutil suele bastar para neutralizar la respuesta de amenaza y para tranquilizar a los más nerviosos.

No es necesario trabajar en una aerolínea para instituir un procedimiento igualmente efectivo para promover una sensación de certidumbre en el entorno laboral, ni siquiera en momentos de alta tensión. Aunque quizá te sea imposible proporcionar el tipo de seguridad del contenido que desean tus empleados, podrás darles, en cambio, una seguridad del proceso.

Por ejemplo, cuando se avecina una restructuración, seguramente muchos empleados estarán en modo amenaza, preguntándose: «¿Estaré en la lista?». Puedes arrojar un poco de luz tranquilizadora en el proceso aclarando todos los pasos en detalle para que sientan que tienen una idea clara de cómo es el procedimiento. Con esto será suficiente para bajar el volumen de la respuesta de amenaza colectiva.

La inseguridad individual detona los instintos de autopreservación y divide a la gente, mientras que la seguridad la une. Cuanto más transparente seas sobre el procedimiento, más seguros se sentirán. Aunque el resultado siga siendo incierto, al menos tienen el consuelo de saber qué pasos se van a dar. En el fondo de esta sensación de certidumbre hay una sensación de control, el mismo factor crucial que subyace en otro elemento clave del modelo SCARF, la autonomía.

Autonomía

Un colega que creció en una familia adinerada tuvo de niño una curiosa experiencia que le hizo mella. Siempre que se le ocurría mencionar un juguete que le interesaba, ya fuera un simple modelo de tren o una figura de LEGO, su padre salía de inmediato a toda prisa y le compraba la versión más elaborada y cara de lo que hubiera pedido. En lugar de sentirse agradecido, se sentía profundamente comprometido. Es más, siempre que mostraba un interés trivial por algo, su padre se veía en la misión de convertirse en un experto de aquella cuestión particular. Sus intenciones eran buenas, pero al niño le amargaban. «Perdía rápidamente el interés por aquellos juguetes —nos dijo— porque nunca sentí que fueran de verdad mis juguetes».

La paradoja de esta historia, que casi siempre provoca un silencio de comprensión y autorreflexión cuando la contamos en nuestros seminarios, es que, aunque al niño estas experiencias le hacían sufrir, era evidente que el padre lo hacía para demostrar a su hijo cuánto lo quería.

En esta época solemos referirnos a los que son como el padre de este colega como «padres helicóptero». En las empresas, el fenómeno es igualmente común, pero el nombre para estas personas es más conocido: los llamamos micromanagers o microgestores. Aunque nazca de la mejor de las intenciones, la microgestión es un ejemplo claro de consecuencias no deseadas. Es un asalto directo y potencialmente devastador a una de nuestras posesiones más preciadas: la autonomía.

La autonomía es la protección número uno contra el estrés. Una gran variedad de líderes influyentes e inspiradores (desde el presidente Franklin Delano Roosevelt hasta el activista antiapartheid Nelson Mandela) han aplicado la última estrofa del poema victoriano «Invictus» como una filosofía de vida:

> No importa lo estrecho que sea el camino
> ni cuantos castigos me impongan:
> soy el amo de mi destino,
> soy el capitán de mi alma.

Sea o no real, cuando sentimos que somos dueños de nuestro destino (los psicólogos utilizan el término ligeramente menos poético de «sensación de control»), mejora nuestro estado de ánimo y se reducen los niveles de estrés. La diferencia entre trabajar horas extra en la presentación de un cliente porque tiene que estar en la mesa del jefe al día siguiente o porque lo hemos decidido personalmente es enorme. La autonomía marca la diferencia.

Como líder, hay varias formas de transmitir a tu equipo una mayor sensación de autonomía sin que los integrantes tengan que irse y fundar su propia empresa. Una de ellas es darles la libertad de trabajar según su propio estilo siempre que haya la voluntad y sean capaces de cumplir con los objetivos que hayáis acordado juntos. Como hemos visto en el capítulo 7, los equipos más sólidos y efectivos suelen ser los más diversos, y esta diversidad a menudo incluirá diferentes estándares y estilos para hacer el trabajo necesario. Si, como líder, encajas estos estilos diferentes, aumentarás la sensación de autonomía que siente cada integrante, y eso supondrá una mayor satisfacción, menos estrés y, sobre todo, un equipo más productivo y exitoso.

Pertenencia

Aunque el dolor nos parezca una sola sensación, se origina en dos regiones separadas y distintas del cerebro. El córtex somatosensorial y la ínsula posterior, ambos en la zona posterior del cerebro, se encargan de los aspectos sensoriales del dolor. Al mismo tiempo, el córtex cingulado dorsal anterior y la ínsula anterior gestionan los aspectos angustiantes del dolor. Es lo que nos hace sentir que el dolor es algo que no nos gusta.[6]

Es sorprendente que la reacción del cerebro al dolor físico y social sea prácticamente idéntica. De hecho, algunas de las experiencias más terribles de la vida son dolores sociales, como la muerte de un ser querido o el rechazo de una persona o grupo a los que apreciamos. Igualmente sorprendente es el descubrimiento de que los analgésicos comunes, como la aspirina y el paracetamol, son efectivos tanto para aliviar el dolor físico como el dolor social.[7]

En caso de que te estés preguntando por qué el dolor de un miembro del equipo debería importarte mientras no interfiera en su trabajo, la realidad es que una persona que siente dolor o se ve amenazada no rendirá óptimamente. La reacción de amenaza puede sabotear la capacidad de planificar, concentrarse y crear.

Los investigadores han demostrado hasta qué punto influye el dolor social con un juego al que llaman Cyberball, en el que cada sujeto juega a lanzarse una pelota electrónica con otros dos jugadores que, de hecho, son un inteligente programa informático. A medida que el sujeto mejoraba lanzando y cogiendo la pelota, tenía una respuesta de recompensa que proviene de jugar a cualquier videojuego.[8] Pero, cuando los otros dos jugadores lo excluían del juego, la reacción de su cerebro era casi la misma que la que experimenta con un dolor físico.[9]

¿Qué podemos aprovechar de esto en un entorno laboral y desde el punto de vista de la pertenencia? ¿Las personas de tu equipo trabajan bien juntas? ¿Se incluye a todo el mundo en los correos importantes? ¿O hay personas que quedan visiblemente excluidas? Cuando llegas al trabajo por la mañana y todo el mundo habla animadamente sobre lo bien que se lo pasaron en la barbacoa de ayer, percatarse de golpe de que ni siquiera te invitaron puede ser tan doloroso como un puñetazo en el plexo solar. De hecho, nos suele sentar peor. Cuando nos sentimos ajenos o excluidos, nos duele. Literalmente.

La necesidad de pertenencia o la reacción a la exclusión probablemente se remontan a los tiempos prehistóricos cuando nuestros ancestros sobrevivían en pequeños grupos. Por entonces, ser expulsado del grupo equivalía a una pena de muerte. A consecuencia de esto, hasta día de hoy, las situaciones en las que nos excluyen se perciben como amenazas, y por una buena razón. Romper los lazos sociales es uno de los mayores factores de riesgo para sufrir depresión o ansiedad. La fortaleza de nuestra conexión con los demás sigue siendo un factor clave para determinar cuánto viviremos.[10]

Para fomentar relaciones sólidas entre los miembros del grupo, dedica tiempo a construir buenas relaciones con ellos. ¿Conoces, por ejemplo, cómo es la situación familiar de las personas con las que trabajas? ¿Promueves un ambiente de inclusión para los nuevos integrantes o hay una barrera social tácita entre los veteranos y los recién llegados?

Un viernes, durante una de nuestras primeras visitas al campus de Google en Mountain View, California, nos dimos cuenta de que había mucha actividad inusual en uno de los comedores más amplios. Nuestro contacto nos explicó la razón de todo aquel jaleo. Se estaban preparando para un encuentro de toda la compañía con los cofundadores de Google Larry Page y Sergey Brin, que iban a pasarse una hora explicando los planes de la empresa y respondiendo a preguntas de los empleados. El ambiente es inclusivo y, en principio, se admiten todo tipo de preguntas. No es un encuentro anual, ni trimestral, ni quiera mensual: este encuentro, que internamente se conoce como TGIF, es semanal. Aunque la confidencialidad de los empleados, como es obvio, es un elemento clave de estos encuentros, son una demostración excelente de lo importante que es para la empresa el valor de la pertenencia. En breves palabras, la pertenencia consiste en construir grandes relaciones personales.

Justicia

Si encontraras un billete de cinco dólares en la acera de una calle desierta, ¿lo cogerías? Casi todos lo haríamos. Y, sin embargo, si un pariente cercano que acabara de ganar la lotería nos ofreciera cinco dólares, la mayoría lo rechazaríamos. ¿Cuál es la diferencia? La diferencia es la justicia. Preferimos no obtener nada de nada que recibir un trato injusto.

Respecto a la justicia, la percepción es la clave. Que una situación sea realmente justa o no es menos importante que la justicia que percibimos. La evaluación de la justicia es una reacción emocional. Desencadena una respuesta de recompensa cuando sentimos que nosotros, o quienes nos rodean, recibimos un trato justo. De hecho, la misma parte del cerebro que reacciona a los placeres físicos (como comer chocolate) reacciona a la justicia.[11] Esta reacción traspasa lo social en el caso, por ejemplo, de que nos paguen lo mismo por el mismo trabajo. Realmente parece que la tengamos grabada a fondo.

Por otro lado, cualquier percepción de ser tratados injustamente desencadena una versión de la reacción de luchar, huir o quedarse inmóvil. Los tratos injustos se almacenan en la ínsula, la parte del cerebro que se encarga de la consciencia corporal. Si no nos tratan equitativamente, lo sentimos «dentro». Además, quienes están sometidos al estrés tienen más probabilidades de percibir una situación injusta, incluso aunque no lo sea.

Si la distribución de bonificaciones de la empresa o la organización del equipo se percibe como injusta, la mayoría reaccionará con una fuerte respuesta de amenaza. La justicia va más allá de solo «hacer lo correcto». Tiene consecuencias tangibles en el contexto empresarial, afecta al rendimiento laboral, a la rotación de empleados, el absentismo y al civismo en la organización.

La oxitocina, la potente «hormona del abrazo» que se suele liberar cuando nos enamoramos, tenemos un hijo e incluso cuando abrazamos a alguien o le damos la mano, tiene un efecto sorprendente en la percepción de la justicia. Unos investigadores descubrieron que, si administraban oxitocina en forma de espray nasal, las personas eran más propensas a dar mucho más dinero.[13] De forma parecida, si antes de ser tratadas de forma injusta les daban oxitocina, solían molestarse menos por la inequidad.

¿Por qué la oxitocina influye en la reacción tradicional a la injusticia? Como muchas otras situaciones, hay una explicación evolutiva. La oxitocina une a las parejas y las familias, las hace más leales y generosas. Aunque a menudo contratamos a personas exteriores a la familia para cuidar de los niños, no hay muchos padres que cobren a sus hijos por vestirlos y darles de comer. Esto se debe a que, en el fondo, la relación paternofilial no es económica. Es una verdad que casi todo el mundo comprende y acepta.

Lo que es más difícil de aceptar, pero casi imposible de ignorar, es que la dinámica fundamental entre los miembros de un equipo tampoco es económica. Si tenemos una buena relación con los clientes, las negociaciones irán como la seda, porque serán menos proclives a contar cada céntimo. Cuando regateamos con el dinero, normalmente se trata más de estatus y justicia que de dinero. Sentimos que nuestra contribución debe ser valorada. En estos casos, no apreciamos el dinero que recibimos por su valor intrínseco —es decir, por su capacidad para ser la entrada de un coche deportivo o para pagar una lujosa cena en un restaurante—, sino porque indica que nuestra contribución al grupo se valora y nos sentimos tratados equitativamente.

En lugar de buscar un apaño que introduzca oxitocina en nuestro entorno laboral, tiene más sentido liberar la oxitocina a la antigua: con la labor paciente y gratificante de fomentar un equipo cohesionado y cooperativo. El modelo SCARF (estatus, certidumbre, autonomía, pertenencia y justicia) no viene en una botella o espray nasal. Pero estos cinco factores juntos representan un remedio claro, tangible y potencialmente duradero para problemas comunes en la empresa y una fórmula demostrada para cultivar la confianza.

RESUMEN DEL CAPÍTULO 8

Puntos clave de «Cultiva la confianza»

Espejito, espejito. Se ha descubierto que una red de neuronas se activa tanto cuando hacemos una acción particular como cuando observamos a otra persona hacerla.

Liderar con el ejemplo. Las implicaciones del descubrimiento de las neuronas espejo son claras. Cuando eres un líder, quienes te rodean imitarán lo que haces. Esto significa que tienes un efecto poderoso y fundamental en cómo actúan y se sienten los demás.

Las recompensas impulsan el rendimiento. Rendimos mejor cuando estamos en un estado de recompensa. La expectativa de una recompensa, que puede ser cualquier cosa que percibamos como placentera, activa la conducta de acercamiento, mientras que lo que percibamos como pesado o desagradable nos llevará al polo opuesto: la conducta de evitación.

El tejido de SCARF. Apelando a las realidades de las conductas de acercamiento y evitación, el modelo SCARF consigue minimizar las amenazas y maximizar las recompensas. En inglés, las cinco letras del acrónimo SCARF se corresponden a las iniciales de estatus, certidumbre, autonomía, pertenencia y justicia.

Estatus. El estatus se refiere a cómo se sienten los demás después de haber interactuado contigo. Como líder, si tratas a los miembros de tu equipo de manera que se sientan verdaderamente valorados, los llevará a creer que pueden contribuir de forma auténtica.

Certidumbre. El cerebro intenta constantemente anticipar el futuro. La incertidumbre nos incomoda y puede desencadenar una respuesta de amenaza, mientras que la percepción de certidumbre activará una sensación de recompensa. Como líder, no siempre puedes controlar los imponderables de ciertas situaciones, pero sí que puedes arrojar algo de luz tranquilizadora en el proceso.

Autonomía. Cuando sentimos que somos los dueños de nuestro destino, mejora el estado de ánimo y baja el estrés. Los líderes pueden dar más sensación de autonomía a los equipos otorgándoles la libertad de trabajar a su aire, siempre y cuando estén de acuerdo en cumplir unos objetivos acordados.

Pertenencia. Rendimos mejor cuando nos sentimos conectados. Para fortalecer las conexiones entre los miembros del grupo, dedica tiempo a construir buenas relaciones con ellos gracias a un ambiente de atención e inclusión.

Justicia. En lugar de maximizar los beneficios, maximizamos las relaciones personales y la justicia. En algunos casos, el cerebro incluso activa una respuesta de recompensa cuando vemos que tratan con justicia a otra persona. Por otro lado, cualquier percepción de que nos están tratando mal activa la alarma de amenazas. Como líder, si te esfuerzas para promover un clima de justicia, saldrán ganando todos y todo, incluso los beneficios de la empresa.

Llevar SCARF **al trabajo**. Puedes aplicar los cinco factores del modelo SCARF para adaptar el entorno laboral de manera que se cubran las necesidades fundamentales de los empleados, se mejoren sus relaciones personales, se eviten o se detecten situaciones conflictivas y se ponga en marcha un proceso de cambio de gestión.

9

CREA EL EQUIPO DEL FUTURO

Cómo construir un equipo y conseguir que todos estén
felices en él, y cómo crear un marco basado en la
neurociencia que facilite un rendimiento del más alto nivel

Los equipos con un rendimiento de primer nivel esperan con impaciencia el momento en que reconozcan sus esfuerzos. En este aspecto, este grupo en particular no era una excepción. Con el paso de los años, había generado más de ocho mil millones de dólares en beneficios y había forjado una marca famosa en todo el mundo. Los miembros fundadores ya habían superado la que normalmente se considera la edad de jubilación. Pero, cuando se subieron al escenario en Melbourne, Australia, en noviembre de 2014, tenían un aire juvenil al caminar. El público respondió con un estruendo atronador cuando los tuvo delante, como si fueran estrellas de rock. Y había una buena razón para ello: los miembros de este equipo de primer nivel eran verdaderas estrellas de rock.

Casi desde el mismo principio, cuando se formó en 1962, fueron conocidos como los canallas del rock and roll. En 1963, mientras los Beatles encandilaban a la princesa Margaret y a la reina en el London Palladium con su versión de una conocida canción de Broadway, los Rolling Stones ya eran famosos por sus letras descarnadas, influidas por el blues, y por sus actos públicos de irreverencia. Todos, desde los sacerdotes a los padres de los jóvenes, advertían severamente de que había que evitarlos.

Y, sin embargo, solo siete años más tarde, después de una pelea rencorosa entre John Lennon y Paul McCartney, los Beatles se separaron mientras que los Stones siguieron. Y siguieron. Y siguieron. Cuando se subieron al escenario del Rod Laver Arena de Melbourne para tocar frente a una muchedumbre de diez mil personas, relativamente modesta para sus conciertos, el equipo nuclear llevaba trabajando unido más de cincuenta años. De hecho, cuando actuaron un poco antes ese mismo año en Tel Aviv, los cuatro miembros tuvieron el mérito de tener más edad que la del país en el que estaban tocando.

Puede que los Rolling Stones parezcan unos modelos inhabituales para un libro pensado para ayudar a los líderes empresariales a aplicar los conocimientos innovadores del cerebro para lograr un rendimiento óptimo, pero, si profundizamos un poco más, veremos que son un ejemplo notable de cómo enfrentarse a los cambios y desafíos del «mundo real» y conseguir mantenerse unidos y rendir al mejor nivel.

Para crear el equipo del futuro, debes construirlo basándote en puntos fuertes ya existentes, los miembros deben ser felices tanto en momentos de éxito como de adversidad, y tienes que desarrollar un marco que fomente su máximo rendimiento y la mayor satisfacción.

CREAR UN EQUIPO BASADO EN LOS PUNTOS FUERTES

Cuando se trata de construir un equipo de alto rendimiento, es mejor contratar que formar. Aunque la formación es importante, tiene sus limitaciones. Es más sensato dedicar tiempo y dinero a detectar personas con talento y a contratarlas que a dedicarlo a formar a alguien para que desarrolle un talento que tal vez ni siquiera tiene. El equipo ideal está integrado por personas con talento que son potentes y se volverán más potentes. En lugar de tener como objetivo un trabajador que sepa hacer de todo, los líderes deberían centrarse en convertir a personas con talento en estrellas. Es mejor contratar a empleados que ya tienen los puntos fuertes que necesitas y después refinarlos que intentar formar a alguien para que se convierta en un experto en un ámbito en el que no tiene talento alguno.

Por esta razón, la habilidad para identificar talento es extremadamente importante. Mientras que los periodistas necesitan «olfato para las noticias», los líderes con éxito precisan un don especial para reconocer el talento.

Buscando talento

Un colega nuestro fue hace tiempo editor jefe de un periódico nacional. Los nuevos empleados que contrataba tenían que dominar profesionalmente un programa de diseño para crear con rapidez las páginas del diario bajo la presión implacable de los plazos de entrega. No era de extrañar, por tanto, que muchos de los candidatos para las vacantes ya hubieran estudiado un curso introductorio del programa en cuestión para que, cuando solicitaran la plaza, pudieran ponerlo en la lista de sus competencias.

Por desgracia, la diferencia entre utilizar un programa en un ambiente de clase controlado y comparativamente más cómodo, y utilizarlo en el entorno intenso y apurado de la redacción era sustancial. Nuestro colega hacía una entrevista a los candidatos y les encargaba diseñar una sola página. Muchos de aquellos candidatos con «experiencia» con el programa fracasaban miserablemente en aquella prueba modesta.

Tiempo después entrevistó a una candidata con un currículum impresionante, pero sin experiencia en absoluto con el programa requerido. Normalmente, esta carencia notoria le habría supuesto una descalificación automática. Pero, dado que ya estaba allí y había un puesto libre, decidió darle una oportunidad para que diseñara una página. Casi de inmediato vio claro que comprendía sin problema todo lo que él le decía y captó el proceso al instante, aunque nunca había utilizado el programa. La candidata acabó la página con rapidez y precisión, y estuvo encantada de probar con otra.

Aquella experiencia fue una lección memorable a la hora de reconocer talento. Muchos de los candidatos tenían las habilidades requeridas, pero pocos poseían un auténtico talento. El conocimiento y las habilidades que habían adquirido con un mínimo de práctica les daba la pátina de la competencia, pero no la profundidad y la flexibilidad que solo puede dar el talento.

También fue una lección valiosa a la hora de actuar decisivamente. Aunque la mujer sin experiencia era la candidata con más talento que había entrevistado hasta ese momento, todavía tenía otras entrevistas programadas para esa vacante en particular y prefirió posponer la decisión final hasta que hubiera entrevistado a todos. Esta duda resultó ser costosa. Entretanto, a la mujer la contrató un periódico rival, donde empezó una carrera fulminante y un ascenso veloz en la industria editorial. Nuestro colega, que necesitaba con desesperación cubrir esa vacante, se vio obligado a contratar a quien tenía las habilidades superficiales requeridas, pero que carecía de aquel impresionante talento.

La moraleja de esta historia es bastante clara: cuando detectes talento, no lo dejes escapar. Pero sé prudente. No confundas el auténtico talento con las rutinas bien aprendidas. Antes de sacar conclusiones duraderas sobre el talento de una persona particular, es importante que la evalúes adecuadamente. Algunos talentos pueden ser tímidos y lentos a la hora de sobresalir, mientras que otras habilidades que parecen talento son unas rutinas bien practicadas y, a menudo, muy limitadas.

Reconocer el verdadero talento

Un amigo a quien le encanta la comida mexicana solía ir a una taquería próxima para comer varias veces por semana y siempre pedía el mismo burrito de frijoles y arroz. La comida era deliciosa, los camareros eran encantadores y enseguida lo reconocieron y sabían lo que quería. Sin embargo, aunque el pedido siempre era el mismo, cuando pedía el burrito de frijoles y arroz, la amable mujer tras el mostrador le preguntaba: «¿Súper? ¿O normal?» (eran los dos tamaños disponibles), a lo que él siempre respondía: «Normal, por favor». Desde su punto de vista, aunque pudiera parecer repetitivo e innecesario, le parecía que era su propio ritual, un poco como cuando se pregunta: «¿Cómo estás?», y responden invariablemente: «Bien, gracias», pero con un poco más de salsa.

Pero un día, cuando entró en el restaurante y pidió lo habitual, se dio cuenta de que no tenía cambio para la propina. Después de buscar en vano en los bolsillos, se dirigió a la mujer tras el mostrador y le preguntó: «¿Me podría dar cambio de un dólar?».

La reacción le dejó de piedra. La cajera se quedó perpleja y boquiabierta, como si la acabaran de hipnotizar. Estaba claro que no tenía ni idea de lo que le preguntaba. Solo entonces nuestro amigo se dio cuenta de que había aprendido un puñado de preguntas y respuestas en inglés y que era incapaz de responder cualquier otra cosa que se saliera del guion. En lugar de tener un talento auténtico por el lenguaje, la cajera (como el piloto de carreras del capítulo 7) solo tenía la capacidad de aprenderse algunas frases básicas.

Aunque algunas personas tienen un verdadero talento, otras solo han aprendido una serie de habilidades que las ayudan a cumplir con su trabajo, pero que no les servirán cuando las circunstancias cambien o sean impredecibles. Por supuesto, estas son el tipo de situaciones en las que se decide el destino de una empresa.

El talento es algo natural

Aunque la organización Gallup es más conocida por sus encuestas de opinión, también se ha dedicado durante décadas a estudiar el talento. «El talento —según Gallup— son patrones de pensamiento, sentimiento o conducta naturalmente recurrentes que se pueden aplicar de forma productiva». Aplicar nuestro talento no solo es admirable; es esencial. Una persona que nunca ha visto un piano puede tener un talento innato mayor como pianista que una que ha tocado el piano durante casi toda su vida. Una persona con músculos de contracción lenta que se entrena con el equipo de atletismo es más proclive a ser mejor corriendo rápido que una persona con músculos de contracción rápida que se pasa la mayor parte del tiempo tirada en el sofá. Pero si este animal de sillón alguna vez decide ponerse a entrenar, ¡cuidado!

Desmintiendo el «empezar de cero»

Un gran número de pruebas indica que si tu madre y tu padre sacaban buenas notas en los exámenes, entonces es muy posible que tú también lo hagas. Y no es solo una cuestión de inteligencia. Unos investigadores del King's College de Londres descubrieron que muchos otros rasgos clave que desempeñan un papel en el rendimiento, como la personalidad, autoexigencia e incluso problemas de conducta, también tienen una influencia genética.[1]

A veces los genes pueden influir en nuestro temperamento, y el temperamento, a su vez, incide en nuestros talentos. Los llamados cinco rasgos principales de la personalidad son la franqueza, la meticulosidad, la extroversión, la simpatía y la neurosis. Los investigadores han empezado a determinar vínculos genéticos con estos rasgos. Aunque no son talentos en sí mismos, a menudo son piezas fundamentales de talentos particulares.

De forma parecida, la reacción al estrés o la disposición a las sensaciones nuevas pueden tener una base genética. No hace mucho los científicos han identificado variaciones genéticas que afectan a la expresión de una molécula llamada neuropéptido Y (NPY), que activa un gran abanico de funciones, entre ellas el peso corporal y las reacciones emocionales. Los niveles diferentes de NPY ayudarían a explicar por qué algunas personas soportan el estrés mejor que otras.[2] Por otro lado, las variaciones del receptor de dopamina D4 (DRD4) parece que influyen en la búsqueda de novedades y pueden aumentar la susceptibilidad a la adicción a las drogas, aunque el alcance de estas conclusiones sigue siendo motivo de debate.[3]

La lección clave de estas investigaciones es que la idea pintoresca de la «página en blanco» (o *tabula rasa*), popularizada en el siglo XVII por el filósofo británico John Locke, es anticuada. Lo que nos dicen estos estudios científicos modernos es que no todos nacemos igual y que tiene sentido tratar a las personas según sus habilidades naturales. Aunque la mera mención de este asunto puede desencadenar una respuesta de amenaza en muchas personas, nos parece que estamos haciendo un favor a todos si hablamos francamente sobre las diferencias inherentes de las personas. Desde nuestra perspectiva, el mundo será un lugar mejor en el que vivir porque es más fácil, más divertido y más probable tener éxito cuando trabajas en un entorno que hace brillar tus puntos fuertes y que tiene en cuenta tus necesidades personales.

No nos malinterpretes: los genes no determinan necesariamente nuestro destino, pero, si careces de un «talento natural» en un ámbito en particular, se te complicarán las cosas. La configuración genética no nos condena a ser un desastre en matemáticas, por ejemplo. Con paciencia y práctica, podemos conseguir un nivel mínimo de competencia. Pero, más allá de esto, quizá no merece la pena un esfuerzo extra, sobre todo cuando hay otras áreas de conocimiento para las que estamos más predispuestos naturalmente y que disfrutamos más.[4]

Epigenética: ¿qué activa los genes?

Una bomba no es un artefacto peligroso hasta que alguien activa el detonador. Por la misma razón, un pastel de cumpleaños no es festivo de verdad hasta que se encienden las velas. Como la bomba inerte o el pastel sin velas, no todos los genes se activan automáticamente cuando nacemos. Algunos de ellos necesitan que los acciones. Una disciplina fascinante llamada epigenética nos da pruebas de cómo los factores exteriores, como la dieta, el estrés e incluso el afecto paternal, pueden influir en el código genético. El epigenoma es la cerilla que enciende o mantiene apagados los genes.

Los talentos no cambian

Muchas personas conocen el poema teológico *Plegaria de la serenidad* de Reinhold Niebuhr.

> Señor, concédeme serenidad para aceptar todo aquello
>   que no puedo cambiar,
> valor para cambiar lo que soy capaz de cambiar
> y sabiduría para entender la diferencia.

Aunque parezca mentira, el mensaje básico de esta plegaria es crucial para los líderes: hay cosas de tus empleados que puedes cambiar y otras que no. Es importante saber cuál es la diferencia. En el fondo, lo que distingue las cosas que puedes cambiar de las que no es el talento. Como los músculos, las habilidades se desarrollan o se atrofian con el tiempo, pero el talento es constante. Si existe talento, se podrán cultivar y mejorar algunas habilidades. Por desgracia, si no existe, entonces seguramente no habrá nada que hacer.

Talento versus puntos fuertes

Incluso si tenemos la suerte de venir al mundo con los genes adecuados, la mera presencia del talento, por muy impresionante que sea, no es garantía de éxito. El talento es una capacidad natural que se puede cultivar o malgastar. Los puntos fuertes son talentos que se vuelven productivos gracias a la adquisición de habilidades y la acumulación de conocimiento.

Las habilidades son capacidades básicas que se pueden aprender (con formación y práctica) y que son específicas para cada situación. Aprender a operar ciertos tipos de máquinas, por ejemplo, es una habilidad. Puede tratarse de una caja registradora o un coche. Nadie nace con el conocimiento de conducir un automóvil. Es algo que tenemos que adquirir. De forma parecida, muchos lectores todavía recordarán la experiencia desconcertante de aprender por primera vez a utilizar un ratón, así como los muchos tipos de ordenador.

Algunas de estas capacidades son más intuitivas que otras y, por lo tanto, más fáciles de adquirir, pero el hecho es que siguen siendo habilidades.

Si las habilidades son las herramientas, entonces el conocimiento es la caja de herramientas. Es la pericia acumulada, el almacén de la experiencia. Proviene de las habilidades que recordamos y de la información que conservamos, y a menudo depende de nuestra capacidad para transferir información de una situación a otra. Si hemos aprendido a conducir un Volkswagen, no tendremos que empezar de nuevo cuando nos subamos a un BMW. Aprender a conducir por primera vez es una habilidad. Conducir todos los coches que hemos conducido desde entonces depende, básicamente, del conocimiento. Y de la práctica.

¿La práctica nos lleva a la perfección?

Un estudio del psicólogo sueco K. Anders Ericsson, que popularizó el autor Malcolm Gladwell en su libro de 2008 *Fuera de serie*, propuso lo que se ha conocido como «la regla de las diez mil horas». La idea básica es que podríamos tener éxito en casi cualquier cosa si le dedicamos diez mil horas de práctica.

Era una idea atractiva. Atractiva, pero equivocada. Por desgracia, aunque la práctica puede desempeñar un papel importante para llegar a ser un experto, su impacto difiere mucho dependiendo del ámbito en cuestión. En 2014, un metaanálisis dirigido por el psicólogo Brooke Macnamara, de la Universidad de Princeton (que ahora está en la Universidad Case Western Reserve), concluyó que «la práctica deliberada es importante, pero no tan importante como se ha defendido».[5]

¿Qué significa en términos concretos? Macnamara y sus colegas determinaron que la práctica, en total, daba cuenta de solo el 12 por ciento en la diferencia de rendimiento. Donde más se nota la práctica es en juegos como el ajedrez, en el que el impacto es del 26 por ciento. En música es de un 21 por ciento y en los deportes es de un 18 por ciento. Paradójicamente, el área donde la práctica parece tener menos efecto es en las profesiones, que es de menos de un 1 por ciento.[6]

Los límites de la práctica

La práctica pude mejorar ciertos aspectos, pero no todos. Solo con talento garantizaremos que todas las horas de formación nos lleven a un dominio magistral. Por esta razón, la mejor idea es formar personas con talento para que sean mejores.

En una cultura corporativa que se centra sobre todo en identificar y mejorar el rendimiento que no llega al nivel requerido, a menudo se considera erróneamente que la formación es una oportunidad para que los empleados más rezagados se suban al carro. Por desgracia, solo se puede liberar y refinar un talento que ya posea el empleado. No se pueden crear de la nada. No podemos besar un sapo y esperar que se convierta en un príncipe por arte de magia.

Desde un punto de vista práctico, significa que gran parte de lo que hagamos para cultivar los talentos de una persona que no los tiene será un desperdicio de tiempo y dinero, y lo más probable es que sea una fuente de frustración para ambas partes y un lastre potencial para todos. De hecho, si buscamos un método garantizado para drenar la energía y la motivación de los miembros del equipo, lo mejor es asignarles tareas en las que no son buenos o que no disfrutan. (Por cierto, verás que ambas cosas suelen ir de la mano. Nos gustan y nos dan energía las cosas en las que somos buenos, y detestamos o tememos las que se nos dan mal. Pocas veces es al revés).

Aprenderemos y creceremos sustancialmente en los ámbitos para los que tenemos un talento natural. Los psicólogos lo saben desde hace décadas. Hace más de sesenta años, un estudio de Nebraska que se focalizaba en aumentar la velocidad de lectura obtuvo unos resultados sorprendentes y contra toda lógica. Los estudiantes que ya leían rápido obtuvieron las mejoras más espectaculares. Sacaban más partido de explotar sus talentos existentes que de tratar de mejorar en aquellas áreas en las que no daban la talla.[7]

Las personas que ya tienen un talento mejoran más que las que no lo tienen. En aquellas áreas que se nos dan mal, creceremos menos. Progresamos más afinando nuestros puntos fuertes porque es el camino que opone menos resistencia. Esto significa, para la mayoría de nosotros, que es más gratificante.

Por supuesto, esto no implica que la jornada laboral de las personas con talento sea divertida todo el tiempo. De vez en cuando, todos tenemos que hacer cosas que no nos gustan. Conocemos a muy pocos, por ejemplo, que esperen con ansiedad el momento de pagar impuestos, cambiar pañales, estar parados en un atasco o sacar la basura. No obstante, estas tareas molestas, pero comparativamente breves, suelen compensarse con lo que nos gusta hacer y con las oportunidades que nos proporcionan. Si no es así, es probable que estés en el trabajo equivocado, o, al menos, en la empresa equivocada. Como líder, debes esforzarte para que los empleados estén en un lugar en el que saquen el máximo partido de su talento. No dejes que se marchiten en un puesto que no es para ellos. Si no puedes mejorar sus condiciones, trasládalos a un entorno donde encajen mejor.

RETENER TALENTO DE PRIMER NIVEL

«El cerebro es como el corazón —dijo Robert McNamara, exdirectivo y exsecretario de Defensa de Estados Unidos—. Va donde lo valoran». Una vez que tengas un equipo de expertos, es esencial que estén contentos y motivados, que sean productivos y, sobre todo, que se sientan valorados. Puedes lograrlo creando un entorno acorde con su cerebro y dándoles incentivos significativos.

Crear un entorno acorde con el cerebro

Los factores de protección que garantizan la resiliencia y la regulación emocional (véase el capítulo 2), y la diversidad, que es clave para una colaboración innovadora (véase el capítulo 7), se aúnan en un entorno laboral que respalda a los miembros del equipo como equipo y que aprovecha las diferencias individuales que los hacen únicos y valiosos. Y, por «entorno», no nos referimos simplemente a las paredes, escritorios y otros objetos que conforman una oficina normal. Nos referimos al ambiente general. Puesto que se ha demostrado que el ejercicio y la nutrición son protectores del estrés (véase el capítulo 2) y que nos ayudan a aprender (véase el capítulo 6), es crucial fomentar un ambiente que los haga posibles.

Las organizaciones del futuro reconocerán que la nutrición es tan importante para el éxito como una ventilación adecuada o un equipamiento de última generación. Encargarán comida saludable para las reuniones, instalarán cocinas para que los empleados puedan satisfacer sus necesidades alimenticias y organizarán salidas en las que la comida del cáterin sea tan gratificante y enriquecedora como la conversación.

La misma estrategia puede funcionar para promocionar el ejercicio físico. A veces, una simple ducha y un lugar donde cambiarse de ropa será todo lo que necesitan los empleados que vivan cerca para ir en bici a la oficina, en lugar de en coche o autobús. Esto infundirá una filosofía general de bienestar en toda la empresa. En trivago, la página web de búsquedas de hotel más importante del mundo, el bienestar y el ejercicio son una parte integral de la cultura de la compañía. «Golf, boxeo, yoga, bádminton. Sea lo que sea lo que quieras, lo tenemos —dice Malte Siewert, cofundadora y directora ejecutiva—. Tenemos un gran equipo en el departamento de Recursos Humanos que se dedica exclusivamente al bienestar de los empleados dentro y fuera del trabajo».

Con un entorno adecuado a sus necesidades, los empleados estarán encantados de venir a trabajar. Y, con los incentivos correctos, no querrán dejar el equipo.

Ofrecer recompensas e incentivos significativos

Hace más de cien años, el descubrimiento de la mecánica cuántica rescribió por completo las reglas de la física, pero muchos de nosotros vivimos como si esta revolución no hubiera ocurrido nunca. Y, en muchos aspectos, aquella forma de pensar obsoleta sigue funcionando. Excepto cuando no funciona. Muchos de los dispositivos modernos, como los reproductores de CD, la cirugía láser, los escáneres de los supermercados y, sí, incluso la herramienta indispensable para los neurocientíficos, la máquina IRMf, serían imposibles sin la física cuántica.

Aunque quizá no haya sido tan famosa, también ha habido una revolución similar en el mundo empresarial. La presunción básica de que lo que más nos motiva es el dinero se ha desbancado. Y, aun así, muchas empresas todavía se aferran a ideas anticuadas sobre lo que motiva a sus empleados para determinar qué incentivos les darán.

¿El dinero es lo importante?

Cuando un viandante te para en la calle para preguntarte por algún lugar, ¿cuánto le cobras normalmente? Cuando llevas una caja de galletas recién horneadas a la oficina, ¿aceptas tarjeta y efectivo? Y, por cierto, ¿cuál es tu tarifa actual por sacar la basura y limpiar los platos en casa?

El concepto de *Homo economicus* postula que nosotros, como humanos, actuamos sobre todo como agentes egoístas. Y, si examinamos selectivamente gran parte de nuestra conducta como especie, encontramos muchas pruebas que lo respaldan. No obstante, en los últimos veinticinco años, una gran cantidad de datos cuestionan si en realidad somos tan egoístas como pareció en un momento dado.[8]

En situaciones de «intercambio impersonal», como las inversiones en bolsa, por ejemplo, la mayoría de las personas actúan de una manera coherente con el modelo del *Homo economicus*.[9] Pero, en lo que los psicólogos y los economistas llaman «intercambio personal», transacciones que implican a personas que conocemos y con las que interactuamos directamente —como los empleados—, la situación es bastante diferente. Por esta razón damos una propina al camarero, por ejemplo, aunque quizá no vayamos a verlo de nuevo.[10]

La adopción generalizada y acrítica del concepto de *Homo economicus* fue el resultado de una lectura superficial de la biología evolutiva. Estrictamente hablando, no *somos* egoístas. Solo lo son nuestros genes.[11] Con frecuencia, el medio más efectivo para garantizar el futuro de nuestros preciosos genes no implica egoísmo y competencia, sino altruismo y cooperación. En el fondo, somos una especie social. No es charlatanería ni una filosofía para hacernos sentir bien. Es una afirmación basada en la neurociencia y respaldada por un montón de datos científicos.

Una nueva perspectiva sobre los incentivos

¿Cómo se traduce esto cuando debemos ofrecer incentivos en la empresa? No hay de qué preocuparse. En gran medida, el dinero sigue siendo un estándar de reconocimiento universal que activa la respuesta de recompensa. Pero los dólares y euros sin duda tienen limitaciones. Pueden padecer las consecuencias de la ley de los rendimientos decrecientes y, en ocasiones, incluso podrían tener un efecto negativo. En muchos casos, serán menos efectivos que algunas recompensas menos convencionales o que no sean pecuniarias.

Aunque existen varias opciones como incentivos, en general debemos tener presentes dos principios clave:

1. **Las recompensas son más potentes cuando no se las espera**. La mayoría de los sistemas de incentivos se basan en la expectativa de una recompensa: el dividendo trimestral, la bonificación por objetivos a final de año o un premio por haber finalizado con éxito un proyecto. Por desgracia, las expectativas asociadas a estos incentivos pueden dinamitar el efecto de la recompensa. Lo que de verdad estimula el cerebro es la novedad, y esta es la razón de que un premio predecible no tenga el mismo impacto que uno que no estamos esperando. De hecho, poniendo en práctica una técnica llamada estimulación profunda del cerebro, los científicos han podido demostrar en el caso de los humanos lo que habían demostrado en otros animales durante décadas: las recompensas que no esperamos nos hacen sentir muy bien. Apelan al centro de recompensas del cerebro, lo cual provoca que los grupos de neuronas de dopamina aumenten su ritmo de activación significativamente.

2. **Los incentivos para los individuos tienen un efecto en todo el equipo**. No cometamos el error de pensar que un incentivo individual es una cuestión únicamente entre nosotros y quien lo recibe. Un premio o una bonificación (sobre todo cuando no se espera) generará una respuesta de recompensa en quien lo reciba, pero puede provocar también una respuesta de amenaza en sus compañeros. Si el incentivo se percibe como justo (véase el capítulo 8), entonces es probable que todos lo celebren o —como mínimo— que pocos lo cuestionen. Pero si el proceso de recompensar a los empleados se percibe como carente de garantías, desequilibrado o sesgado, la reacción de quienes detecten la inequidad provocará que el incentivo sea más perjudicial que beneficioso.

En casi todos los casos, estos dos principios te servirán como guía básica para diseñar recompensas. Además, la neurociencia cognitiva y la economía conductual se han unido para llegar a una serie de conclusiones no evidentes a la hora de determinar incentivos.

PAGAR POCO PUEDE SER PEOR QUE NO PAGAR NADA

Si damos una bonificación monetaria trivial por algo que normalmente se considera parte del trabajo normal (como llegar puntual al trabajo), lo más probable es que el incentivo sea contraproducente. Alguien que siempre llegue tarde concluirá que merece la pena perderse una bonificación ridícula para seguir llegando tarde. Seguramente piense que llegar a la hora sea algo opcional y que va más allá de lo esperado.

Y la misma estrategia puede ser igual de inútil ya sea como palo o como zanahoria. Una guardería de día se cansó de tener que cerrar más tarde porque algunos padres no llegaban a la hora. Así que instauró una multa para todos aquellos que fueran a recoger a sus hijos más tarde de la hora fijada, con la esperanza de que fomentaría la puntualidad. Pero resultó que la multa tuvo el efecto contrario. ¡Hubo más padres que llegaron tarde! Al parecer, pensaron que el coste extra merecía la pena por llegar tarde. Lo que debería haber formado parte del contrato social —ser considerado con los empleados de la guardería para que pudieran volver a casa con sus familias— se convirtió en una cuestión económica. Los padres que llegaban tarde creían que, si pagaban la multa, estaban cumpliendo con su parte del contrato. En resumen, cuando el incentivo o el castigo es demasiado pequeño, puede empeorar las cosas.

Un aumento de sueldo puede provocar una disminución del rendimiento

Seguramente no te costará convencer a quien lleve el presupuesto de tu empresa de que quieres pagar menos por un trabajo o servicio. Pero, en algunos casos, pagar menos comporta obtener mejores resultados. Otorgar un valor económico desmesuradamente alto a una tarea aumentará la percepción de que hay más en juego y, por lo tanto, puede tensar los niveles de estrés hasta el punto de que interfiera en la productividad. En este caso, la culpable es la noradrenalina, el neurotransmisor de «lucha o huye» que activa la alerta cuando se libera en dosis moderadas pero que, si se pasa, puede causar pánico. Aunque el umbral variará de un empleado a otro, si se percibe que lo que está en juego es demasiado importante, un desafío motivador se puede convertir en una amenaza debilitante. Está claro que, para algunos buscadores de sensaciones extremas, lo que está en juego nunca será demasiado importante. Sin embargo, todos rendimos mejor si el reto está un poco por encima de nuestras posibilidades, pero sin que nos sintamos desbordados.[13]

Las recompensas intermitentes son más efectivas que las programadas

En una empresa familiar de tamaño medio que conocemos, el director ejecutivo y su equipo salen a comer fuera con frecuencia. Aunque sería relativamente fácil para él pagar cada comida, solo lo hace de vez en cuando. Normalmente, dividen la cuenta entre todos. Dado que la invitación no es una norma y es impredecible, se percibe como una recompensa auténtica, al contrario que la comida gratis que muchas empresas ofrecen en sus cocinas comunitarias y que enseguida se da por descontada. A sus empleados les encanta este ahorro inesperado, y también le gusta al CEO, que se ahorra dinero a largo plazo al tiempo que hace sentir bien a sus empleados. ¡Es una estrategia en la que ganan todos! Se trata de un ejemplo clásico de una recompensa inesperada.

LOS INCENTIVOS PERSONALIZADOS PUEDEN COSTAR MENOS Y SIGNIFICAR MÁS

Pocos nos oponemos a tener más dinero, pero, para activar la respuesta de recompensa, es importante que el incentivo sea personalizado. Después de todo, el dinero es un medio de intercambio universal. No hay nada especial en una gran bonificación que diga «está pensada específicamente para ti». En cambio, una escapada de fin de semana para un empleado y su pareja a su ciudad preferida o un par de entradas para una obra de teatro de moda o a un evento deportivo para el que ya está todo vendido puede costar menos que una bonificación habitual y, sin embargo, significar mucho más. Además, unos investigadores de la Universidad de Cornell y de la Universidad de Colorado Boulder descubrieron que las personas sentimos un placer retrospectivo mayor de las experiencias que de las compras materiales. En otras palabras, un incentivo vivencial bien escogido, como algunas de las experiencias deportivas que ofrecen empresas como trivago, será más barato, pero sus efectos positivos en la motivación y el rendimiento durarán más.[14]

Incluso algo tan poco importante como un ramo de flores o un libro bien escogido puede tener un impacto más duradero que una bonificación en efectivo. Dar un incentivo que encaje con la personalidad del empleado genera una señal muy potente: estamos prestando atención y nos preocupamos por él. ¿Cuánto vale esto en dólares y centavos? En muchos casos, el efecto no tendrá precio.

A menudo, la cantidad de dinero que recibimos no es tan importante como la comparación con lo que ganan otros colegas o en otras empresas por el mismo trabajo. Un estudio constató que preferimos ganar 50.000 dólares al año y que nuestros compañeros ganen 25.000 dólares que ganar 100.000 y que los demás ganen 250.000.[15] Fundamentalmente, es una cuestión de justicia. Y, como hemos aprendido en el capítulo 8, la percepción de la justicia activa la respuesta de recompensa, mientras que un empleado que se siente injustamente tratado generará una respuesta de amenaza todavía más potente. También es una cuestión de estatus. El dinero no siempre será el incentivo más efectivo, pero sin duda es una forma importante de medir el valor. Si una empleada siente que le están pagando menos que a sus compañeros, entonces no es irrazonable pensar que su trabajo no se valora tanto. Estén o no justificadas sus conclusiones, puede provocar una herida social tan dolorosa como un golpe físico. A veces, incluso más.

LOGRAR EL RENDIMIENTO ÓPTIMO COLECTIVO

«Era casi como si estuviéramos jugando en cámara lenta».[16]

Así es como Bill Russell, jugador de baloncesto incluido en el Salón de la Fama, describió el sentimiento «mágico» que sintió algunas veces jugando con sus compañeros de equipo, los Boston Celtics, cuando todo parecía encajar a la perfección. No se atrevió a hablar de ello mientras fue jugador, pero, después de retirarse, recordaba aquellos tiempos en los que, según sus propias palabras, «ocurrían todo tipo de cosas raras».[17]

«En aquellos momentos —escribió en su autobiografía *Second Mind* [Segunda Mente]— casi podía sentir cómo sería la siguiente jugada o desde dónde se haría el próximo tiro».[18]

Solía acertar con sus premoniciones y, aunque ya era uno de los mejores jugadores de todos los tiempos, sentía que jugaba a un nivel todavía superior. En estas fases llegaba hasta los límites físicos de su cuerpo, pero rara vez sentía dolor.[19]

Lo que hacía de esta experiencia algo extraordinario era que Russell no era el único que se sentía así. En casi todos aquellos momentos, sus compañeros de equipo se sentían exactamente igual. En una ocasión memorable, cuando sonó la bocina y el equipo salía de la cancha victorioso, se miraron entre ellos, asombrados, y se dijeron: «¡Hay que averiguar cómo hacerlo de nuevo!».[20]

Se fluye mejor con los otros

Como se infiere de la historia de Bill Russell, la fluidez que lleva al rendimiento óptimo se puede extender a todo el equipo. El psicólogo Mihaly Csikszentmihalyi, quien acuñó por primera vez el término «fluir» para describir estas experiencias álgidas (véase el capítulo 3), extendió su estudio de los individuos a los grupos y se quedó fascinado con lo que descubrió. Era un fenómeno que no se limitaba en absoluto a la cancha de baloncesto. Halló pruebas de ello en muchos otros lugares.

A pesar de que se asocia mucho con los deportes y el ocio, se fluye tres veces más en el trabajo que en el tiempo libre.[21] Los equipos de cirujanos que colaboran en una operación complicada han descrito su sensación como bailar balé.[22] Otros hablan de formar parte de un solo organismo. Quizá no sea sorprendente que desempeñe un papel clave en las *start-ups*, donde el equipo suele trabajar colectivamente para lograr un objetivo al tiempo que se enfrenta a una presión temporal considerable.

Siempre nos sienta bien fluir, pero «fluir socialmente» nos hace sentir incluso mejor. Las investigaciones han demostrado que cuando un equipo fluye la experiencia es más satisfactoria que cuando cada miembro lo experimenta de forma individual. Según el psicólogo de la Universidad St. Bonaventure, Charles Walker, cuanto más social sea la actividad, más lo disfrutarán los participantes. Es justo el componente social el que aumenta el nivel de satisfacción.[28]

Imagina que tú y tu equipo pudierais poneros en un estado de rendimiento óptimo colectivo siempre que quisierais. En su libro *Group Genius* [Grupos geniales], el doctor Keith Sawyer, un experto en creatividad y exalumno de Csikszentmihalyi, establece diez condiciones que fomentan lo que llama «fluir en grupo».[24] Según nuestra experiencia, existen cuatro factores primordiales que facilitan «fluir socialmente»: la concentración, la flexibilidad, la colaboración y el coste.

Concentrarse: focalizarse en un solo objetivo para entrar en la zona

Las distracciones impiden que podamos fluir socialmente. Por lo tanto, la concentración es esencial. Un objetivo claro, una focalización completa y una gran capacidad para escuchar nos darán la concentración que necesita un equipo para poder fluir. La expectativa de acercarse al objetivo o de completar una fase específica libera dopamina, el neurotransmisor que señala la anticipación de la recompensa y, aún más importante, impulsa la motivación. Un reto de nivel adecuado nos proporciona noradrenalina, que garantiza que todos nos mantengamos alerta. Por último, un objetivo claramente establecido facilita la concentración porque filtra los estímulos que son relevantes para lo que tenemos entre manos. La intensidad de la concentración se basa en otro neurotransmisor, la acetilcolina. En última instancia, una buena orientación hacia un objetivo emocionalmente relevante facilitará el ADN del rendimiento óptimo (véanse los capítulos 1 y 3), y aumentará la probabilidad de que fluyamos socialmente.

Con un objetivo claro en mente, es más fácil concentrarse. Para hacerlo de forma más efectiva cuando fluyamos socialmente, debemos centrarnos en lo que estamos haciendo, en lugar de hacerlo en las recompensas o presiones externas que motivan la actividad del grupo en primer lugar. Los retos son esenciales para fluir. Por descontado, los retos que fomentan la concentración completa para fluir socialmente deberían ser intrínsecos a la tarea en sí y no desviar nuestra atención hacia otras cosas. También es más probable que ocurra si el grupo puede trazar una frontera clara entre su trabajo y el de los demás.[25] Ya sea una frontera física, temporal o meramente simbólica, será en esta zona de concentración completa donde lograremos la fluidez más fructífera.

El último componente esencial para fluir socialmente es la capacidad de escuchar. Para mantener este estado durante un periodo de tiempo prolongado, los miembros del equipo deben ser plenamente conscientes no solo de sus acciones, sino también de las contribuciones de sus compañeros. Esta hiperconsciencia es mucho más compleja en el contexto de un grupo. Se deben reajustar continuamente las acciones y aserciones para reflejar las contribuciones de todos los miembros. Es algo que ya conocen los músicos de jazz, así como los actores que improvisan en el teatro. En lugar de planificar o pensar en qué van a tocar o decir, reaccionan a tiempo real. Todos reaccionan a lo que oyen.[26] Con ello no solo se mejora la concentración, sino que se fomenta la flexibilidad que, no es de extrañar, es la segunda condición clave para lograr fluir socialmente.

Flexibilidad: cuando se trata de fluir, el «sí» es mejor que el «no»

La concentración es esencial para fluir socialmente, pero demasiada rigidez lo impedirá. Es uno de los muchos puntos de equilibrio delicados de los que depende la fluidez. Es importante aprovechar las ideas de los demás, en lugar de rechazarlas de plano, y superar la tendencia normal de afirmar nuestro ego para reforzar la identidad de grupo.

Para modelos excelentes de fluidez y flexibilidad, nos vamos a fijar de nuevo en la improvisación. Una de las reglas de oro para actuar improvisando se conoce como «sí, y…». Los actores con experiencia casi nunca dicen no. Normalmente, tratan de seguir el hilo de la información previa en lugar de llevar la contraria o rechazarla. Decir no es una garantía casi segura para activar la amígdala y desencadenar una respuesta de amenaza. En pocas palabras, con «no», no se fluye. Decir sí es preferible y activará una respuesta de recompensa, pero, a pesar de su naturaleza afirmativa, suele parar en seco todo progreso. La actriz, escritora y comediante Tina Fey, que comenzó su carrera improvisando en teatros, lo explica memorablemente en su autobiografía *Bossypants* [Mandona]:

> Si empiezo una escena con «No me puedo creer que haga tanto calor aquí», y tú te limitas a decir «Sí...», nos quedaremos en un punto muerto. Pero si yo digo «No me puedo creer que haga tanto calor aquí» y tú respondes «¿Qué esperabas? Estamos en el infierno...». O si digo «No me puedo creer que haga tanto calor aquí» y tú dices «Ya te dije que no teníamos que venir a la boca del lobo», entonces ya estamos yendo a alguna parte.[27]

La flexibilidad también significa que debemos controlar el ego. La tentación de ponerse al volante y dirigir los esfuerzos del grupo puede ser difícil de resistir. Por esta razón, ni los recién venidos ni las superestrellas son siempre buenos jugadores de equipo. Los primeros querrán labrarse una reputación, mientras que los segundos querrán conservarla. Al fluir socialmente, los participantes están en sintonía y todos parecen pensar con una sola cabeza.[28] La clave consiste en fundir tu ego con el del resto del equipo, y escuchar bien para equilibrar tu voz respecto a las de los demás en lugar de no dejarlos ni siquiera hablar.

¿Quién es el líder de los Rolling Stones? Aunque muchos dirán Mick Jagger, para quienes sigan de cerca a la banda, la pregunta es un poco más compleja. El guitarrista Keith Richards ha escrito algunos *riffs* de rock and roll inigualables. Y su compañero Ronnie Wood se considera el músico más completo de todos ellos. Por su parte, los miembros de la banda a menudo han señalado al baterista Charlie Watts como la piedra angular del grupo. Como dijo acertadamente Richards, «No me importa quién sea el líder, sino lo que sea lo mejor para el equipo».[29] Sería difícil encontrar un mejor ejemplo de personas con egos potencialmente ingentes que son lo bastante listas para conocer los beneficios de controlarlos.

Colaboración: por qué no existe el «yo» en un equipo

La subordinación de los egos individuales prepara el terreno para el tercer componente crucial que necesitamos para fluir socialmente: la colaboración. Es una idea tan obvia que a menudo se pasa por alto: los grupos que trabajan juntos tendrán más probabilidades de fluir socialmente. El nivel óptimo de colaboración se logra cuando los miembros tienen una familiaridad básica con las funciones y estrategias de los demás (pero no hasta el punto de volverse complacientes), cuando todos participan al mismo nivel y cuando la comunicación general es efectiva.

¿Quién no querría descubrir la receta infalible para el éxito? El sociólogo de la Universidad Northwestern Brian Uzzi adoptó una perspectiva fascinante sobre esta pregunta histórica y analizó los equipos que habían llevado sobre el escenario los mejores musicales y los que habían cosechado fracasos rotundos. ¿Qué diferencia un taquillazo de Broadway de un fiasco descomunal?

La respuesta fue lo que muchos llevamos tiempo sospechando: depende de a quién conozcas. Pero este viejo proverbio quizá no signifique lo que significaba antes. Al parecer, la familiaridad es un arma de doble filo.

Uzzi estableció una clasificación de cinco puntos que llamó «Q» para relacionar el número y la naturaleza que tenían las conexiones de los colaboradores de Broadway. Si todos en un equipo en particular habían trabajado juntos en el pasado, el grupo tenía una Q alta. Si eran totalmente desconocidos entre sí, la Q era baja.[30] Lo que descubrieron Uzzi y su colega Jarrett Spiro es que la relación entre los creadores era notablemente ilustrativa para predecir el éxito o el fracaso de un musical. Los espectáculos que recibían una Q de 1,7 o menos tenían muchas probabilidades de fracasar.[31] Pero si la puntuación Q era demasiado alta —más allá del 3,2—, el espectáculo también se podía resentir, seguramente porque los miembros del equipo carecerían del tipo de pensamiento diverso que hemos explicado en el capítulo 7, y, a causa de ello, la innovación se resentía.[32]

Todos estos datos no serían más que una curiosidad si no fuera por algo más: lo que aprendieron Uzzi y Spiro se puede aplicar más allá de Broadway. Con sus plazos estresantes, el choque de egos y la demanda incansable de novedades, Broadway es un modelo sorprendentemente bueno para el clima empresarial general.[33] De media, ya tengan lugar sobre el escenario o en la bolsa, las colaboraciones creativas que más triunfan son familiares, pero no demasiado. Sin «sangre nueva», los equipos que llevan trabajando juntos mucho tiempo quedarán atrapados en la rutina. Como explicó el antropólogo web Stowe Boyd, «Debe haber cierta tensión, desavenencias o un desacuerdo abierto —algo que permita nuevas perspectivas y formas de hacer— entre aquellos que llevan mucho tiempo y uno o más de los nuevos».[34] Por otro lado, los equipos que estén formados solo por desconocidos perderán energía e inercia porque carecen del conocimiento tácito de cómo trabajan los demás. La creatividad suele flaquear cuando debes aclarar cada idea o dar un contexto amplio en cada nueva estrategia que propongamos.

La colaboración era la preocupación principal de un cliente que nos contrató para ayudarle a mejorar la productividad de las reuniones. Con el tiempo, estas se habían vuelto cada vez más largas, pero les costaba más tomar decisiones. Muchos participantes llevaban años asistiendo y eran buenos amigos tanto dentro como fuera del trabajo. Todos se dieron cuenta de que había algo que no funcionaba. Casi todos se aburrían, aunque ninguno era capaz de hablar claro y señalar lo que los otros ya sabían, pero que no tenían valor de decir públicamente: aquellas reuniones no solo les estaban drenando la energía, sino que ocupaban gran parte de la mañana. Y ¿para qué?

En muchos aspectos, el formato de la reunión era parecido al que conocemos todos. Tenían unas cuestiones agendadas que recorrían sistemáticamente. Por desgracia, allí es donde acababa la eficiencia. Cada vez que se ponía algo sobre la mesa, todos podían decir su opinión, sin importar si tenían conocimiento alguno sobre la cuestión. Y, en muchos casos, todos contribuían. Algunos tomaban la palabra, no porque tuvieran algo ilustrativo que decir, sino porque participar se había convertido en una especie de ritual, casi como un mal hábito.

Dado que la mayoría eran amigos, las discusiones solían ser amigables. Pero la fina pátina de buena voluntad flotaba sobre un profundo océano de aburrimiento y descontento que casi todos sentían, pero del que nadie hablaba. Es decir, hasta que nosotros entramos en escena.

Después de padecer la primera reunión, nos llevamos aparte al líder y le sugerimos el siguiente cambio: cada vez que se pusiera sobre la mesa un nuevo asunto de la agenda, todos aquellos a los que no les afectara directamente o que no eran expertos en el tema en cuestión deberían apartar sus sillas medio metro de la mesa. De este modo, solo los expertos estarían cerca para debatir sobre el asunto. Por descontado, todos seguían en la reunión, pero la distancia física resultó ser una señal importante. Cuando los expertos tomaban una decisión, se presentaba el siguiente punto de la agenda y los asistentes acercaban o alejaban las sillas dependiendo de la relación que tuvieran con él. En todo momento, los «externos» tenían poder de veto, pero, excepto en circunstancias extraordinarias, dejaban que los expertos discutieran sobre los detalles mientras ellos esperaban su turno para intervenir en aquello que les concernía.

El grupo adoptó el nuevo procedimiento rápida y fácilmente, y los resultados fueron evidentes casi de inmediato. La duración de las reuniones se redujo de forma drástica y todos sintieron un entusiasmo renovado. Después de una serie de mediciones antes y después, fuimos capaces de reducir el tiempo que dedicaban a cada tema en un 28 por ciento y aumentamos la satisfacción con las reuniones de un 3,6 a un 4,7 en una escala de 5: todo gracias a una simple intervención. En este caso, nuestra presencia pareció aportar la «sangre nueva» que tanto necesitaban las reuniones. En lugar de sufrirlas, a partir de entonces a todos les encantaron.

Quizá no sea sorprendente saber que Mick Jagger, de los Rolling Stones, tenga una idea intuitiva de lo que implica el aspecto de la participación equitativa para fluir socialmente. «Tienes que comprender —le dijo la legendaria estrella de rock al periodista Jann Wenner en 1995— que todos en la banda estamos más o menos unidos y cada uno de nosotros tenemos un nicho propio, y algunos lideran en un aspecto y otros, en otro».[35]

Para fluir socialmente no solo prescindimos de los líderes, sino que tendremos más probabilidades de hacerlo si todos desempeñan un papel igualitario en el proceso. Lo que esto significa es que todos los miembros, aunque presenten habilidades diferentes, deben tener un nivel de habilidad comparable. Por muy bueno que sea un atleta profesional, es improbable que fluya socialmente si está en un equipo de aficionados. También deben tener una autoridad similar. Los directores pueden fluir socialmente, pero solo como compañeros, no como jefes.[36]

La necesidad de una participación equitativa conlleva de forma natural otro aspecto clave de la colaboración, la comunicación, que proviene de una palabra latina que significa «compartir». Para fluir socialmente, se necesita una comunicación continua. Parte de ella tendrá lugar durante las reuniones programadas, pero en gran medida es algo que ocurre de forma espontánea en conversaciones más informales y menos estructuradas en los pasillos, en correos electrónicos o en chats telefónicos.[37] Para que la comunicación sea efectiva, debería ser colaborativa y espontánea.

Uno de los obstáculos silenciosos de la comunicación efectiva —y, con ella, de la posibilidad de fluir socialmente— es lo que el psiquiatra Gianpiero Petriglieri, profesor de conducta organizativa en la escuela de negocios INSEAD, en Fontainebleau, Francia, llama «buenos modales violentos». Son situaciones en grupo en las que algunos prefieren morderse la lengua que expresar abiertamente sus desacuerdos o dudas.[38] La resolución de problemas y la toma de decisiones se ven perjudicadas porque el alto coste de la inhibición cognitiva (véase el capítulo 2) exprime unos recursos que el cerebro normalmente dedicaría al análisis racional. Mientras tanto, la sensación subyacente de desconfianza activa la respuesta de amenaza, que absorbe la energía para tener una colaboración fructífera. De un solo golpe, perdemos la capacidad de decir lo que pensamos y para construir relaciones significativas.[39]

Otro problema de los buenos modales violentos es que no se difuminan con el tiempo, sino que se enquistan. Guardarnos dentro lo que pensamos no nos da tiempo extra para armarnos de valor y ser más resolutivos. En lugar de ello, lo más probable que es esta deferencia perjudicial se convierta en una parte permanente de tu personalidad corporativa. La aversión a la sinceridad se convierte en una ruta neuronal cada vez más transitada. Dudar se convierte en un hábito. En lugar de morderte conscientemente la lengua, acabas por hacerlo sin darte cuenta. Cuando más asciendes en el organigrama, más generalizada es esta conducta. De hecho, los CEO suelen ser los receptores principales de la insinceridad bien intencionada.[40] Como observó un ejecutivo, «No parece haber crimen en las calles cuando las miras a través del parabrisas de un coche de policía». Los líderes a los que no les gusta decir qué tiempo hace tal vez acaben con una previsión anticiclónica para lo que, en realidad, es un clima tempestuoso y gélido en la oficina.

La única forma de romper el ciclo de buenos modales violentos es el valor: el valor para decir lo que piensas y para respetar a aquellos compañeros que son lo bastante sinceros y conscientes para hacer lo mismo. Es probable que el resultado de esto sean unas relaciones más sólidas y no unas relaciones en peligro.[41] Y sin duda aumentará las probabilidades de fluir socialmente. Por descontado, el valor tiene un coste. Pero también lo tiene el fluir socialmente.

Coste: es más fácil fluir cuando hay algo que perder

¿Alguna vez has jugado al póker con cerillas en lugar de con dinero? Es divertido durante un rato, pero, al final, sin nada verdaderamente en juego, es tan fácil distraerse o apostar imprudentemente que poco a poco pierdes interés. Lo importante no es el dinero, sino el hecho de que estés dispuesto a arriesgar algo de valor. En otros contextos, podría tratarse de tu trabajo, tu reputación, el respeto hacia ti mismo y, sí, en algunos casos, incluso tu vida. (Como observó el autor inglés del siglo XVIII, Samuel Johnson, «Cuando un hombre sabe que lo van a ahorcar al amanecer, concentra su mente de manera maravillosa»).

Si no hay nada en juego, será difícil que fluyamos socialmente. Se necesita una sensación clara de control, que conlleva autonomía, así como una posibilidad real de fracaso. Todos en el grupo deberían llegar al mismo conjunto de conclusiones: es nuestra decisión y es arriesgada, pero estamos dispuestos a aceptar las consecuencias para lograr nuestro objetivo.

Aunque trabajar juntos es esencial para el éxito del grupo, cada miembro debería sentir, a la vez, que tiene el control. La clave es que todos sientan que la dirección les ha otorgado autonomía.[42] Varios estudios han llegado a la misma conclusión: la autonomía del equipo es un predictor clave del rendimiento,[43] mientras que su ausencia puede agotar las energías del mejor de los equipos. Como explica Richard Ryan, profesor de psicología en la Universidad de Rochester, «Los efectos del desgaste energético son más evidentes cuando los empleados tienen poca autonomía».[44]

En un grupo, ¿cómo hacer que la gente se sienta como si tuviera control individual? Es una de las paradojas fascinantes a la hora de fluir socialmente. La clave consiste en que todos sientan como si la dirección les hubiera otorgado autonomía y que estén dispuestos a cederla de forma voluntaria en favor de la autonomía del grupo.[45]

Para que los proyectos tengan potencial de verdad y para que las reuniones realmente importen, es necesario que todos se jueguen algo. Tenemos un buen ejemplo de lo que ocurre cuando lo que está en juego no es lo bastante importante.

Uno de nuestros clientes, un CEO, no solo estaba inquieto; estaba verdaderamente preocupado. Las reuniones del lunes por la mañana, que solían ser un oasis de claridad y acción, se habían convertido en un desierto de indecisión e ineficiencia. Percibió con alarma particular que los subdirectores en los que confiaba parecían mostrar una carencia cada vez más acusada de responsabilidad.

Por definición, las reuniones tenían que ser breves y eficientes. Después de todo, no era una convocatoria anónima y sin participación. Solo había cinco subdirectores. Paradójicamente, el causante del problema fue un cambio que, en principio, debía ser una mejora. Cada miembro podía traer a dos expertos de su área para proporcionar detalles y datos importantes.

La idea era que todos se beneficiarían de aquella información que provenía de personas que sabían más que nadie. En lugar de especular sobre las cuestiones específicas, el equipo podría preguntar al momento para confirmar si una propuesta era de verdad factible. En teoría, sonaba maravilloso. Pero, en la práctica, fue un desastre.

Lo que ocurrió fue que la presencia de dos expertos escogidos permitía a los cinco subdirectores mantenerse aparte y dejar que sus empleados llevaran el peso de la conversación. Al principio, todavía podía tener sentido. Después de todo, a pesar de la historia de amor que muchas empresas parecen tener con los ideales del consenso y una participación igualitaria, son los expertos quienes mejor pueden tomar decisiones que requieren conocimientos profundos.

Entonces, ¿qué fue mal?

Con los expertos allí, los subdirectores enseguida se volvieron superfluos. De hecho, era peor que superfluo. Los expertos no solo hacían todo el trabajo (y llevaban gran parte de la conversación), sino que también servían para que los subdirectores del CEO se desentendieran de cualquier tipo de responsabilidad. Si los consejos de los expertos no suponían un resultado bueno, entonces se les podía echar la culpa. Pero, si las cosas iban bien, los subdirectores no tenían ningún problema en llevarse el crédito por ello.

¿Qué podían hacer? Una posibilidad fue que los subdirectores no asistieran a la reunión de los lunes por la mañana y que se la dejaran a sus dos expertos. Está claro que no hace falta tener mucha experiencia en el mundo empresarial para saber cómo sentó esta idea en particular. Con miedo de que les quitaran el trabajo, los subdirectores activaron su respuesta de amenaza y luego, con el pretexto de la racionalidad, insistieron en que su presencia en la reunión era absolutamente esencial.

La solución definitiva pareció ir contra toda lógica: deshacerse de los expertos. El CEO limitó la reunión a sus cinco subdirectores. En el proceso, cada uno de ellos asumió de nuevo lo que había perdido cuando ampliaron la reunión: responsabilidad.

Las reuniones no solo fueron más eficientes, sino que el cambio también fortaleció a la empresa en su conjunto al aumentar el nivel general de confianza. El CEO demostró esta confianza en las conclusiones de sus subdirectores al no pedir el consejo de los expertos para que las corroboraran. Los expertos, por supuesto, seguían desempeñando un papel clave. Pero ocurría entre bastidores. En lugar de asistir a la reunión semanal, se reunían con sus directores antes y les resumían detalladamente la información para que pudieran debatir con autoridad y exponer su posición con claridad. Esto supuso un aumento de confianza doble. Los expertos debían confiar en que sus directores podrían transmitir sus conclusiones de manera precisa y efectiva, mientras que los directores confiaban en que los expertos les daban unas directrices bien fundamentadas.

Lo que empezó como un problema se convirtió en una innovación. Todos salieron de esta experiencia más fuertes y con más confianza. Los mayores niveles de confianza en toda la empresa no fueron el único beneficio. También hubo una capacidad mejorada para comunicar ideas clave de forma efectiva, así como una idea más clara del estatus y la responsabilidad.

Y con la responsabilidad, llega el riesgo. Después de todo, es difícil culpar a los demás cuando has dejado claro quién tiene el control. La sensación de que eres responsable de tus propias acciones aumenta la concentración y, con la concentración, llega la fluidez. Los escaladores temerarios como Dean Potter comprendieron esto de forma íntima (véase el capítulo 3). Es la sensación de fluir la que los lleva a asumir desafíos cada vez más peligrosos.

Es evidente que los equipos corporativos no suelen tener que arriesgar la vida para fluir socialmente. Pero, cuando hay más en juego, también aumentan las posibilidades de fluir. Por esta razón los actores experimentados a menudo aprenden a aceptar el miedo escénico para que sea el punto de partida para fluir.[46] Por esta razón, muchas personas dan la talla cuando hay mucho en juego, pero cometen errores imperdonables cuando bajan la guardia.

El problema, por descontado, es que la mayoría de las empresas están diseñadas para minimizar riesgos. De hecho, si nos equivocamos, a menudo nos castigan.[47] En cierto aspecto, es una actitud comprensible respecto a la respuesta de amenaza, así como a la realidad económica, pero el autor Keith Sawyer nos recuerda otra realidad: «Las investigaciones demuestran una y otra vez, escribe en su libro

Group Genius, que el hermano gemelo de la innovación es, con frecuencia, el fracaso».[48] Sin que aceche el espectro del fracaso, la probabilidad de llegar a fluir socialmente para poder triunfar se evaporará. Es evidente que fluir socialmente tiene un coste. Pero para quienes han disfrutado de sus beneficios, tanto en el rendimiento como en la satisfacción profunda que siente, es un coste que sin duda merece la pena.

Resulta que uno de los mayores éxitos de los Rolling Stones es también una de sus mayores mentiras. Aunque la canción «(I Can't Get No) Satisfaction» pueda haber expresado la ansiedad juvenil de una época, el tiempo ha demostrado que, durante más de cincuenta años juntos, como uno de los equipos más rentables y conocidos del mundo, además de ganar millones y ser reconocidos, han logrado algo que todos buscamos, tanto individualmente como en equipo: satisfacción.

RESUMEN DEL CAPÍTULO 9

Puntos clave de «Crea el equipo del futuro»

Equipo y talento. Para crear un equipo de alto rendimiento lo más importante es reclutar y desarrollar el mejor talento. Una de las funciones más importantes como líder es reconocer la presencia de verdadero talento. Cuando lo veas, ¡no lo dejes escapar!

Piensa bien en cómo y a quién formas. No malgastes tiempo y dinero para la formación ofreciendo lo mismo a todos. La formación tiene un impacto mucho más alto en las personas que ya poseen talento. Los empleados sacarán más partido de desarrollar los puntos fuertes que ya tienen que de desarrollar los puntos débiles.

Crea un entorno adecuado. Las personas con talento necesitan un entorno que las incite a ir a trabajar y les permita triunfar. Puesto que el ejercicio, la nutrición y el sueño son protectores del estrés, es crucial fomentar y alentar un ambiente que los haga factibles.

Ofrece incentivos significativos. Nos guste o no, cualquier compensación tiene lugar en un contexto social. El dinero es menos importante que la percepción de que nos han compensado bien en relación con nuestros compañeros. La justicia activa la oxitocina, y la oxitocina facilita la colaboración.

A todos nos gusta una sorpresa agradable. Las recompensas inesperadas tienen un efecto mayor en el cerebro que los incentivos que anticipamos. La diferencia es la dopamina, el neurotransmisor de la novedad, que puede ser un motivador muy potente. Con este principio claro, trata de reservar parte de presupuesto para este tipo de bonificaciones. Te sorprenderá lo potentes que pueden ser.

Fluir socialmente es fluir con esteroides. La manera de fluir que nos lleva a un rendimiento óptimo se puede extender a todo el equipo. Los psicólogos que han estudiado este aspecto han llegado a una serie de circunstancias que aumentan significativamente la posibilidad de que esto ocurra. Estos cuatro factores son la concentración, la flexibilidad, la colaboración y el coste.

Concentración. No fluiremos socialmente si hay distracciones. Un objetivo claro, una focalización completa y una buena capacidad para escuchar darán al equipo la concentración que necesita para fluir socialmente.

Flexibilidad. Un exceso de rigidez nos impedirá fluir socialmente. Es importante aprovechar las ideas de los demás en lugar de rechazarlas de plano, y no dejarnos llevar por la tendencia a afirmar nuestro ego para fortalecer la identidad de grupo.

Colaboración. Los grupos que trabajan bien juntos tienen más posibilidades de fluir. El nivel óptimo de colaboración se consigue cuando los miembros del equipo tienen una familiaridad básica con la forma de trabajar de los demás, pero no tanta como para ser complacientes. Todos deben participar al mismo nivel y la comunicación general debe ser efectiva.

Coste. No fluimos socialmente a menos que haya algo en juego. Un riesgo tangible y significativo activa la noradrenalina, que agudiza la concentración. Tanto individualmente como en grupo, una mayor concentración es un precursor del satisfactorio estado de fluir.

ÚLTIMAS PALABRAS:

NO TE SAQUES EL CEREBRO DE LA CABEZA

Es cierto, no todos podemos ser Mick Jagger (ni algunos de nosotros querríamos serlo). Y no todos los equipos pueden esperar alcanzar el éxito estratosférico de los Rolling Stones. Pero los últimos descubrimientos en neurociencia nos dan una base sin precedentes para cumplir nuestros sueños y aspiraciones de una manera que no era posible hace tan solo una década. El objetivo de este libro ha sido que estos avances revolucionarios sean claros, significativos y, sobre todo, útiles. Apoyados por una avalancha de datos, lo que ahora sabemos sobre la neuroquímica para alcanzar nuestro máximo potencial personal, lo que hemos aprendido sobre cómo las rutas neuronales pueden ser conectadas y reconectadas a nuestro favor a lo largo de nuestra vida, y, finalmente, los conocimientos revolucionarios que hemos adquirido sobre lo que realmente importa para construir un equipo feliz y exitoso se han combinado para proporcionarnos una oportunidad para prosperar tanto en nuestros negocios como en nuestras vidas personales, y para convertirnos en cerebros líderes.

NOTAS

PRIMERA PARTE
ALCANZA LA CIMA

Capítulo I

1. Cooper, Gordon y Bruce B. Henderson, *Leap of Faith: An Astronaut's Journey into the Unknown*, Nueva York, Harper Collins, 2000, p. 2.

2. Wolfe, Tom, *The Right Stuff*, Nueva York, Farrar, Straus and Giroux, 1979, p. 402. [Hay trad. cast.: *Lo que hay que tener (Elegidos para la gloria)*, Barcelona, Anagrama, 2010].

3. Ibíd., pp. 334-342.

4. Ibíd., p. 402.

5. Keim, Albert y Louis Lumet, Louis Pasteur, trad. por Frederic Taber Cooper, Nueva York, Frederick A. Stokes Co., 1914, p. 53.

6. Ibíd., p. 65.

7. Ibíd., p. 53.

8. Beilock, Sian, Choke: *What the Secrets of the Brain Reveal About Getting It Right When You Have To* (1.ª ed.), Nueva York, Free Press, 2010, p. 40.

9. Bell, Vaughan, «The Unsexy Truth About Dopamine», *The Observer* (2 de febrero de 2013), <http://www.theguardian.com/science/2013/feb/03/dopamine-the-unsexy-truth>.

10. Beilock, Choke, pp. 81-82.

11. Doidge, Norman, *The Brain That Changes Itself*, Nueva York, Viking, 2007, cap. 3. [Hay trad. cast.: *El cerebro se cambia a sí mismo*, Madrid, Aguilar, 2008].

12. Lusher, J. M., C. Chandler y D. Ball, «Dopamine D4 Receptor Gene (DRD4) Is Associated with Novelty Seeking (NS) and Substance Abuse: The Saga Continues...», *Molecular Psychiatry*, 6 (2001), pp. 497-499.

13. Rabl, Ulrich, et al., «Additive Gene-Environment Effects on Hippocampal Structure in Healthy Humans», *Journal of Neuroscience*, 34, n.º 30 (23 de julio de 2014), pp. 9917-9926.

14. Davidson, Richard J., *The Emotional Life of Your Brain*, Nueva York, Hudson Street Press, 2012, p. 93. [Hay trad. cast.: *El perfil emocional de tu cerebro*, Barcelona, Destino, 2012].

15. Ibíd., p. 101.

16. The Endocrine Society, «Older Age Does Not Cause Testosterone Levels to Decline in Healthy Men», *ScienceDaily* (7 de junio de 2011), <https://www.sciencedaily.com/releases/2011/06/110607121129.htm>.

17. Norton, Elizabeth, «Fatherhood Decreases Testosterone», *Science* (12 de septiembre de 2011), <http://news.sciencemag.org/social-sciences/2011/09/fatherhood-decreases-testosterone>. Barrett, E. S., et al., «Marriage and Motherhood Are Associated with Lower Testosterone Concentrations in Women», *Hormones and Behavior*, 63 (2013), pp. 72-79.

18. Entrevista con el autor.

19. Zoefel, Benedikt, René J. Huster y Christoph S. Herrmann, «Neurofeedback Training of the Upper Alpha Frequency Band in EEG Improves Cognitive Performance», *Neuroimage*, 54, n.º 2 (15 de enero de 2011), pp. 1427-1431.

20. Cohen, Sheldon, Tom Kamarck y Robin Mermelstein, «A Global Measure of Perceived Stress», *Journal of Health and Social Behavior*, 24 (1983), pp. 385-396.

21. Keim y Lumet, Louis Pasteur, p. 70.

22. Wolfe, Right Stuff, p. 402.

23. Ibíd., p. 408.

Capítulo 2

1. Pychyl, Timothy A, «Self-Regulation Failure (Part 4): 8 Tips to Strengthen Willpower», *Psychology Today* (3 de marzo de 2009), <http://www.psychologytoday.com/blog/dont-delay/200903/self-regulation-failure-part-4-8-tips-strengthen-willpower>.

2. Derickson, Alan, «Real Men Go to Sleep», *Harvard Business Review* (11 de noviembre de 2013), <http://blogs.hbr.org/2013/11/real-men-go-to-sleep/>.

3. Anwar, Yasmin, «Sleep Loss Linked to Psychiatric Disorders», Comunicado de prensa de *UC Berkeley News* (22 de octubre de 2007), <http://berkeley.edu/news/media/releases/2007/10/22_sleeploss.shtml>.

4. Ibíd.

5. Breus, Michael J., «Insomnia Impairs Emotional Regulation», *Psychology Today* (5 de julio de 2013), <http://www.psychologyto-day.com/blog/sleep-newzzz/201307/insomnia-impairs-emotional-regulation>.

6. Derickson, «Real Men Go to Sleep».

7. Anwar, «Sleep Loss Linked to Psychiatric Disorders».

8. Breus, «Insomnia Impairs Emotional Regulation».

9. Anwar, «Sleep Loss Linked to Psychiatric Disorders».

10. McNamara, Patrick, «REM Sleep, Emotional Regulation and Prefrontal Cortex», *Psychology Today* (28 de diciembre de 2011), <http://www.psychologytoday.com/blog/dream-catcher/201112/rem-sleep-emotional-regulation-and-prefrontal-cortex>.

11. Ibíd.

12. Sleep.org, «Sleeping at Work: Companies with Nap Rooms and Snooze-Friendly Policies», <https://sleep.org/articles/sleeping-work-companies-nap-rooms-snooze-friendly-policies/>.

13. Derickson, «Real Men Go to Sleep».

14. Medina, John, Brain Rules: *12 Principles for Surviving and Thriving at Work, Home, and School*, Seattle, Pear Press, 2008, p. 14. [Hay trad. cast.: *Tu cerebro manda. 12 principios para sobrevivir y prosperar en el trabajo, el hogar y la escuela*, México, Booket, 2020].

15. Ibíd., p. 16.

16. Ibíd.

17. Ibíd., pp. 16-17.

18. Ibíd., p. 16.

19. Blumenthal, James A., et al., «Effects of Exercise Training on Older Patients with Major Depression», *Archives of Internal Medicine* (25 de octubre de 1999).

20. Medina, Brain Rules, p. 22.

21. Schwarz, Joel, «Scenes of Nature Trump Technology in Reducing Low-Level Stress», Universidad de Washington (10 de junio de 2008), <http://www.washington.edu/news/2008/06/10/scenes-of-nature-trump-technology-in-reducing-low-level-stress/>.

22. Wang, Shirley S., «Coffee Break? Walk in the Park? Why Unwinding Is Hard», *The Wall Street Journal* (30 de agosto de 2011).

23. Berman, Marc G., John Jonides y Stephen Kaplan, «The Cognitive Benefits of Interacting with Nature», *Psychological Science*, 19, n.º 12 (diciembre de 2008), pp. 1207-1212.

24. Wang, «Coffee Break?».

25. Entrevista con el autor.

26. Wurtman, Richard J., et al., «Effects of Normal Meals Rich in Carbohydrates or Proteins on Plasma Tryptophan and Tyrosine Ratios», *American Journal of Clinical Nutrition*, 77 (2003), pp. 128-132.

27. Huang, Li., Adam D. Galinsky, Deborah H. Gruenfeld y Lucia E. Guillory, «Powerful Postures Versus Powerful Roles: Which Is the Proximate Correlate of Thought and Behavior?», *Psychological Science*, 22, n.º 1 (2011), pp. 95-102.

28. Cuddy, Amy J. C., Caroline A. Wilmuth y Dana R. Carney, «The Benefit of Power Posing Before a High-Stakes Social Evaluation», *Harvard Business School Working Paper*, n.º 13-027 (septiembre de 2012).

29. Emmons, Robert A. y Michael E. McCullough, «Counting Blessings Versus Burdens: An Experimental Investigation of Gratitude and Subjective Well-Being in Daily Life», *Journal of Personality and Social Psychology*, 84, n.º 2 (2003), p. 377.

30. Korb, Alex, «The Grateful Brain», *Psychology Today* (20 de noviembre de 2010), <http://www.psychologytoday.com/blog/prefrontal-nudity/201211/the-grateful-brain>.

31. Ibíd.

32. Ibíd.

33. Emmons y McCullough, «Counting Blessings Versus Burdens».

34. Bandura, Albert (1994), «Self-Efficacy», en *Encyclopedia of Human Behavior*, vol. 4, V. S. Ramachaudran (ed.), Nueva York, Academic Press, pp. 71-81. Reimpreso en H. Friedman (ed.), *Encyclopedia of Mental Health*, San Diego, Academic Press, 1998.

35. Ibíd.

36. Warrell, Margie, «Afraid of Being "Found Out?" Overcome Impostor Syndrome», *Forbes* (3 de abril de 2014), <http://www.forbes.com/sites/margiewarrell/2014/04/03/impostor-syndrome/>.

37. Weir, Kirsten, «Feel Like a Fraud?», gradPSYCH (American Psychological Association) (noviembre de 2013), <http://www.apa.org/gradpsych/2013/11/fraud.aspx>.

38. Warrell, «Afraid of Being "Found Out?"».

39. Pinker, Susan, «Field Guide to the Self-Doubter: Extra Credit», *Psychology Today* (1 de noviembre de 2009), <http://www.psychologytoday.com/articles/200911/field-guide-the-self-doubter-extra-credit>.

40. Warrell, «Afraid of Being "Found Out?"».

41. Weir, «Feel Like a Fraud?».

42. Pillay, Srinivasan S., *Your Brain and Business: The Neuroscience of Great Leaders*, Upper Saddle River, NJ, FT Press, 2011, p. 104.

43. Ibíd.

44. Pinker, «Field Guide to the Self-Doubter».

45. Ibíd.

46. Warrell, «Afraid of Being "Found Out?"».

47. Weir, «Feel Like a Fraud?».

48. Ibíd.

49. Ibíd.

50. Pinker, «Field Guide to the Self-Doubter».

51. Carey, Benedict, «Feel Like a Fraud? At Times, Maybe You Should», *The New York Times* (5 de febrero de 2008).

52. Pinker, «Field Guide to the Self-Doubter»; Carey, «Feel Like a Fraud? At Times, Maybe You Should».

53. Ibíd.

54. Pinker, «Field Guide to the Self-Doubter».

55. Ibíd.

56. Weir, «Feel Like a Fraud?».

57. Pinker, «Field Guide to the Self-Doubter».

58. Ibíd.

59. Carey, «Feel Like a Fraud? At Times, Maybe You Should».

60. Ibíd.

61. Pinker, «Field Guide to the Self-Doubter».

62. Ibíd.

63. Weir, «Feel Like a Fraud?».

64. Warrell, «Afraid of Being "Found Out?"»

65. Pinker, «Field Guide to the Self-Doubter».

66. Ibíd.

67. Ibíd.

68. Warrell, «Afraid of Being "Found Out?"»

69. Ibíd.

70. Pinker, «Field Guide to the Self-Doubter».

71. Weir, «Feel Like a Fraud?».

72. Pinker, «Field Guide to the Self-Doubter».

73. Weir, «Feel Like a Fraud?».

74. Pinker, «Field Guide to the Self-Doubter».

75. Ibíd.

76. Dutton, D. G. y Aron, A. P., «Some Evidence for Heightened Sexual Attraction Under Conditions of High Anxiety», *Journal of Personality and Social Psychology*, 30 (1974), pp. 510-517.

77. Lieberman, M. D., Social: *Why Our Brains Are Wired to Connect*, Nueva York, Crown, 2013, cap. 9.

78. Universidad de California en Los Ángeles, «Putting Feelings into Words Produces Therapeutic Effects in the Brain», *ScienceDaily*

(22 de junio de 2007), <www.sciencedaily.com/releases/2007/
06/070622090727.htm>.

79. Lieberman, *Social*.

80. Beilock, *Choke*, p. 161.

81. Universidad de California en Los Ángeles, «Putting Feelings
into Words Produces Therapeutic Effects in the Brain».

Capítulo 3: Mejora la concentración

1. «U.S. Slackline Walker Dean Potter Crosses China Canyon»,
BBC News (Asia) (23 de abril de 2012), <http://www.bbc.com/
news/world-asia-17811115>.

2. Arnold, Katie, «The Man Who Thinks He Can Fly», *ESPN*
(10 de julio de 2012), <http://sports.espn.go.com/espn/magazine/
archives/news/story?page=magazine-20071115-article43>.

3. Chabris, Christopher, y Daniel Simons, *The Invisible Gorilla:
And Other Ways Our Intuitions Deceive Us*, Nueva York, Crown,
2010, pp. 5-6. [Hay trad. cast. *El gorila invisible*, Barcelona, RBA,
2011].

4. *Ibíd.*

5. *Ibíd.*, p. 24.

6. Davidson, Richard J., *The Emotional Life of Your Brain*, Nueva York, Hudson Street Press, 2012, pp. 86-87. [Hay trad. cast.: *El
perfil emocional de tu cerebro*, Barcelona, Destino, 2012].

7. Smaers J. B., *et al.*, «Primate Prefrontal Cortex Evolution:
Human Brains Are the Extreme of a Lateralized Ape Trend», *Brain,
Behavior and Evolution*, 77, n.º 2 (2011), pp. 67-78, <https://www.
karger.com/Article/FullText/323671>.

8. Kotler, Steven, *The Rise of Superman: Decoding the Science of
Ultimate Human Performance*, Seattle, Amazon Publishing, 2014,
cap. 3.

9. «Fuzzy Brain? Increase Your Attention Span», CNNhealth.
com (9 de diciembre de 2008), <http://www.cnn.com/2008/
HEALTH/11/14/rs.increase.your.attention.span/>.

10. Ibíd.

11. Tierney, John, «When the Mind Wanders, Happiness Also Strays», *The New York Times* (16 de noviembre de 2010), p. D1.

12. Medina, John, *Brain Rules, 12 Principles for Surviving and Thriving at Work, Home, and School*, Seattle, Pear Press, 2008, pp. 86-87. [Hay trad. cast.: *Tu cerebro manda. 12 principios para sobrevivir y prosperar en el trabajo, el hogar y la escuela*, México, Booket, 2020].

13. Ibíd., p. 87.

14. Ibíd.

15. Richtel, Matt, «Multitasking Takes Toll on Memory, Study Finds», *The New York Times* (11 de abril de 2011), <http://bits.blogs.nytimes.com/2011/04/11/multitasking-takes-toll-on-memory-study-finds/?_r=0>.

16. Rock, David, *Your Brain at Work*, Nueva York, Harper Business, 2009, p. 36.

17. Silverman, Rachel Emma, «Workplace Distractions: Here's Why You Won't Finish This Article», *The Wall Street Journal* (11 de diciembre de 2012), <http://online.wsj.com/news/articles/SB10001424127887324339204578173252223022388>.

18. Gold, Sunny Sea, «How to Be a Better Driver», *Scientific American Mind* (marzo/abril de 2013), <http://www.scientificamerican.com/article/how-to-be-a-better-driver/>.

19. Kotler, *The Rise of Superman*, cap. 7.

20. Loh, Kep Kee, y Ryota Kanai, «Higher Media Multi-Tasking Activity Is Associated with Smaller Gray-Matter Density in the Anterior Cingulate Cortex», *PLOS ONE*, 9, n.º 9 (24 de septiembre de 2014), <http://journals.plos.org/plosone/article?id=10.1371/journal.pone.0106698>.

21. Poldrack, Russell, «Multitasking: The Brain Seeks Novelty», *The Huffington Post* (28 de octubre de 2009), <http://www.huffingtonpost.com/russell-poldrack/multitasking-the-brain-se_b_334674.html>.

22. Richtel, Matt, «Multitasking Takes Toll on Memory», *The New York Times* (11 de abril de 2011), <http://bits.blogs.nytimes.

com/2011/04/11/multitasking-takes-toll-on-memory-study-finds/?_r=0>.

23. Poldrack, «Multitasking».

24. Richtel, «Multitasking Takes Toll on Memory».

25. University of Utah, «Frequent Multitaskers Are Bad at It: Can't Talk and Drive Well», *ScienceDaily* (23 de enero de 2013), <http://www.sciencedaily.com/releases/2013/01/130123195101.htm>.

26. Carr, Nicholas, *The Shallows: What the Internet Is Doing to Our Brains*, Boston, W. W. Norton & Co., 2011, p. 141. [Hay trad. cast.: *Superficiales*, Barcelona, DeBolsillo, 2018].

27. Ibíd., p. 142.

28. Science Friday, «The Myth of Multitasking» (10 de mayo de 2013) (programa de radio).

29. Mäntylä, Timo, «Gender Differences in Multitasking Reflect Spatial Ability», *Psychological Science*, 24 (2013), pp. 514-520.

30. Hassed, Craig, «Mindfulness, Well-being and Performance», *NeuroLeadership Journal*, 1 (2008).

31. Lapowsky, Issie, «Don't Multitask: Your Brain Will Thank You», Inc. (abril de 2013), <http://www.inc.com/magazine/201304/issie-lapowsky/get-more-done-dont-multitask.html>.

32. Paul, Annie Murphy, «You'll Never Learn! Students Can't Resist Multitasking, and It's Impairing Their Memory», *Slate* (3 de mayo de 2013), <http://www.slate.com/articles/health_and_science/science/2013/05/multitasking_while_studying_divided_attention_and_technological_gadgets.html>.

33. Hill, Audrey, *et al.*, «Prefrontal Cortex Activity During Walking While Multitasking: An fNIR study», Comunicación presentada en los Proceedings of the Human Factors and Ergonomics Society Annual Meeting, 2013.

34. Cantor, Joanne, «Is Background Music a Boost or a Bummer?», *Psychology Today* (27 de mayo de 2013).

35. Lapowsky, Issie, «Don't Multitask».

36. Poldrack, Russell, «Multitasking».

37. Blacksmith, Nikki, y Jim Harter, «Majority of American Workers Not Engaged in Their Jobs», *Gallup* (28 de octubre de

2011), <http://www.gallup.com/poll/150383/majority-american-workers-not-engaged-jobs.aspx>.

38. Brewer, Judson A., *et al.*, «Meditation Experience Is Associated with Differences in Default Mode Network Activity and Connectivity», *PNAS*, 108, n.º 50 (13 de diciembre de 2011), p. 20254.

39. Ibíd., pp. 20254-20259.

40. Tierney, John, «When the Mind Wanders, Happiness Also Strays», *The New York Times* (16 de noviembre de 2010), p. D1.

41. Ibíd.

42. Ibíd.

43. Eisold, Ken, «Concentrating Makes You Happy», *Psychology Today* (8 de febrero de 2011), <http://www.psychologytoday.com/blog/hidden-motives/201102/concentrating-makes-you-happy>.

44. «Super Bowl XLVIII Most-Watched TV Program in U.S. History», NFL.com (3 de febrero de 2014), <http://www.nfl.com/superbowl/story/0ap2000000323430/article/super-bowl-xlviii-most-watched-tv-program-in-us-history>.

45. Roenigk, Alyssa, «Lotus Pose on Two», *ESPN the Magazine* (21 de agosto de 2013), <http://espn.go.com/nfl/story/_/id/9581925/seattle-seahawks-use-unusual-techniques-practice-espn-magazine>.

46. Jha, Amishi P., «Being in the Now», *Scientific American Mind*, 24 (marzo/abril de 2013), p. 28, <http://www.nature.com/scientificamericanmind/journal/v24/n1/full/scientificamericanmind0313-26.html>.

47. Davidson, *The Emotional Life of Your Brain*, p. 235.

48. Brewer, «Meditation Experience».

49. Davidson, Richard J., «Transform Your Mind, Change Your Brain», vídeo de YouTube, 1:05:21, publicado por Google TechTalks (23 de septiembre de 2009), <https://www.youtube.com/watch?v=7tRdDqXgsJ0>.

50. Hölzel, Britta K., *et al.*, «Mindfulness Practice Leads to Increases in Regional Brain Gray Matter Density», *Psychiatry Research: Neuroimaging*, 191, n.º 1 (enero de 2011), p. 36, <doi:10.1016/j.pscychresns.2010.08.006>.

51. Murakami, Hiroki, *et al.*, «The Structure of Mindful Brain»,

PLOS ONE, 7, n.º 9 (28 de septiembre de 2012), <http://journals. plos.org/plosone/article?id=10.1371/journal.pone.0046377>.

52. Konnikova, Maria, «The Power of Concentration», *The New York Times* (15 de diciembre de 2012). Massachusetts General Hospital. «Mindfulness Meditation Training Changes Brain Structure in Eight Weeks», *ScienceDaily* (21 de enero de 2011), <www.science daily.com/releases/2011/01/110121144007.htm>.

53. Murakami, «The Structure of Mindful Brain».

54. Hölzel, «Mindfulness Practice».

55. Konnikova, «The Power of Concentration».

56. Massachusetts General Hospital, «Mindfulness Meditation Training».

57. Brewer, «Meditation Experience», p. 20257.

58. Jha, «Being in the Now».

59. Davidson, *The Emotional Life of Your Brain*, p. 238.

60. Ibíd., p. 239.

61. Ibíd., p. 243.

62. Stahl, Bob, y Elisha Goldstein, *A Mindfulness-Based Stress Reduction Workbook*, Oakland, CA, New Harbinger Publications, 2010, pp. 60-61.

63. Ibíd.

64. Ibíd.

65. Csikszentmihalyi, Mihaly, Sami Abuhamdeh y Jeanne Nakamura, «Flow», cap. 32, en Andrew J. Elliot y Carol S. Dweck (eds.), *Handbook of Competence and Motivation*, Nueva York, Guilford Press, 2005, p. 599.

66. Ibíd., p. 600.

67. Ibíd., p. 601.

68. Csikszentmihalyi, Mihaly, *Good Business*, Nueva York, Viking, 2003, p. 75. [Hay trad. cast.: *Fluir en los negocios*, Barcelona, Kairós, 2003].

69. Kotler, *The Rise of Superman*, cap. 1.

70. Pink, Daniel, «The Puzzle of Motivation», TED.com (julio de 2009), <http://www.ted.com/talks/dan_pink_on_motivation?c= 67552>.

71. Herrero, J. L., *et al.*, «Acetylcholine Contributes Through Muscarinic Receptors to Attentional Modulation in V1», *Nature*, 454, n.º 7208 (28 de agosto de 2008), pp. 1110-1114.

72. Kotler, *The Rise of Superman*, cap. 7.

73. Csikszentmihalyi, *Good Business*, p. 50.

74. Csikszentmihalyi, «Flow», p. 602.

75. Ibíd., p. 603.

76. Ibíd., p. 602.

77. Kotler, *The Rise of Superman*, cap. 6.

78. «U.S. Slackline Walker Dean Potter Crosses China Canyon», BBC News (Asia) (23 de abril de 2012), <http://www.bbc.com/news/world-asia-17811115>.

79. Kotler, *The Rise of Superman*, cap. 3.

80. Longman, Jeré, «900 Feet Up With Nowhere to Go but Down», *The New York Times* (14 de marzo de 2008).

81. Ibíd.

82. Branch, John, «Dean Potter, Extreme Climber, Dies in BASE-Jumping Accident at Yosemite», *The New York Times* (17 de mayo de 2015).

SEGUNDA PARTE
CAMBIA EL CEREBRO

CAPÍTULO 4: GESTIONA LOS HÁBITOS

1. World Entertainment News Network, «Jennifer Aniston Beats the Habit, Quits Smoking», Contactmusic.com (27 de octubre de 2011), <http://www.contactmusic.com/news/jennifer-aniston-beats-the-habit-quits-smoking_1252963>.

2. Ibíd.

3. «Jennifer Aniston Kisses Justin Theroux, Smokes Cigarette at Birthday Party», PageSix.com (13 de febrero de 2012), <http://page-six.com/2012/02/13/jennifer-aniston-kisses-justin-theroux-smokes-cigarette-at-birthday-party/>.

4. «Barack Obama's Smoking Habit: Q&A», *Telegraph* (9 de febrero de 2011), <http://www.telegraph.co.uk/news/worldnews/barackobama/8313620/Barack-Obamas-smoking-habit-QandA.html>.

5. Hurst, Steven R., «Obama Doctor: President Still Smoking Cigarettes, Needs to Lower Cholesterol», *The Huffington Post* (28 de febrero de 2010), <http://www.huffingtonpost.com/2010/03/01/obama-doctor-president-st_n_480450.html>.

6. Ibíd.

7. Diemer, Tom, «Has Obama Finally Licked His Smoking Habit?», *The Huffington Post* (10 de diciembre de 2010).

8. «Barack Obama's Smoking Habit».

9. «Obama: I Quit Smoking 'Because I'm Scared of My Wife'», *CBS Chicago* (24 de septiembre de 2013), <http://chicago.cbslocal.com/2013/09/24/obama-quit-smoking-because-im-scared-of-my-wife/>.

10. University of Southern California, «Habit Makes Bad Food Too Easy to Swallow», *ScienceDaily* (1 de septiembre de 2011), <http://www.sciencedaily.com/releases/2011/09/110901135108.htm>.

11. Duhigg, Charles, *The Power of Habit: Why We Do What We Do in Life and Business*, Nueva York, Random House, 2012, pp. 13-14. [Hay trad. cast.: *El poder de los hábitos*, Barcelona, Vergara, 2019].

12. Ibíd., p. 103.

13. Maurer, Robert, *One Small Step Can Change Your Life: The Kaizen Way*, Nueva York, Workman Publishing Company, 2014 (edición Kindle), prefacio.

14. Ibíd., cap. 2.

15. Ibíd., cap. 3.

16. Ibíd., cap. 4.

17. Ibíd., cap. 5.

18. Ibíd., cap. 6.

19. Ariely, Dan, Uri Gneezy, George Loewenstein, y Nina Mazar, «Large Stakes and Big Mistakes», *Review of Economic Studies*, 76 (2009), pp. 451-469.

20. Ibíd., cap. 6.

21. «Making Money Fast», *Lewiston (Maine) Evening Journal* (7 de julio de 1893), p. 3.

22. Bonné, Jon, «How to Cure Airlines' Ills», *NBCNews.com* (18 de febrero de 2003), <http://www.nbcnews.com/id/3073562/ns/business-us_business/t/how-cure-airlines-ills/>.

23. Gottman, John M., y Nan Silver, *The Seven Principles for Making Marriages Work*, Nueva York, Three Rivers Press, 1999, p. 80.

24. Maurer, *One Small Step*, cap. 7.

25. Ibíd., cap. 1.

26. Entrevista del autor con el doctor Schooler.

27. Schwartz, Jeffrey, y Sharon Begley, *The Mind and the Brain: Neuroplasticity and the Power of Mental Force*, Nueva York, Regan-Books, 2002, pp. 79-91.

28. Ibíd., p. 85.

29. Weil, Andrew, «Sure Cure for Nail-Biting», DrWeil.com (7 de febrero de 2008), <http://www.drweil.com/drw/u/QAA400350/Sure-Cure-for-Nail-Biting.html>.

30. Schwartz y Begley, *The Mind and the Brain* p. 83.

CAPÍTULO 5

1. Klein, Gary A., Sources of Power: How People Make Decisions, Cambridge, MA, MIT Press, 1999, pp. 32-33.

2. Tierney, John, «Do You Suffer from Decision Fatigue?», *The New York Times* (17 de agosto de 2011).

3. Snyder, Kristy M., et al., «What Skilled Typists Don't Know About the QWERTY Keyboard», *Attention, Perception, & Psychophysics*, 76 (2014), pp. 162-171.

4. Lehrer, Jonah, *How We Decide*, Boston, Houghton Mifflin, 2009, p. 159. [Hay trad. cast.: *Cómo decidimos. Y cómo tomar mejores decisiones*, Barcelona, Paidós, 2011].

5. Couric, Katie, «Capt. Sully Worried About Airline Industry».

CBS Evening News (10 de febrero de 2009), <http://www.cbsnews.com/news/capt-sully-worried-about-airline-industry/>.

6. MacKay, Karen, «Intuition: How Leaders Use Their Bias to Evaluate Situations», *Phoenix Legal Inc.* (6 de marzo de 2010), <http://www.phoenix-legal.com/documents/articles/intuition_practice_bias.php>.

7. «Wayne Gretzky», Wikipedia, <http://en.wikipedia.org/w/index.php?title=Wayne_Gretzky&oldid=664984820> (visitada el 4 de junio de 2015).

8. Lehrer, *How We Decide*, pp. 37-38.

9. Beilock, *Choke*, pp. 194-195.

10. Sandbu, Martin, «Lunch with the FT: Magnus Carlsen», *Financial Times* (7 de diciembre de 2012), <http://www.ft.com/cms/s/2/2164608e-3ed2-11e2-87bc-00144feabdc0.html#axzz2yo0k9wvd>.

11. Fox, Justin, «Instinct Can Beat Analytical Thinking», *Harvard Business Review* (junio de 2014), <https://hbr.org/2014/06/instinct-can-beat-analytical-thinking/>.

12. Gigerenzer, Gerd, *Gut Feelings: The Intelligence of the Unconscious*, Nueva York, Viking, 2007, p. 69. [Hay trad. cast.: *Decisiones instintivas. La inteligencia del inconsciente*, Barcelona, Ariel, 2018].

13. Burton, Robert A., *A Skeptic's Guide to the Mind: What Neuroscience Can and Cannot Tell Us About Ourselves*, Nueva York, St. Martin's Griffin, 2013, p. 51.

14. Eagleman, David, *Incognito: The Secret Lives of the Brain*, Nueva York, Pantheon, 2011, pp. 107-109. [Hay trad. cast.: *Incógnito. Las vidas secretas del cerebro*, Barcelona, Anagrama, 2018].

15. Thagard, Paul y Allison Barnes, «Emotional Decisions», *Proceedings of the Eighteenth Annual Conference of the Cognitive Science Society*, Mahwah, NJ, Erlbaum, 1996, pp. 426-429.

16. Ibíd.

17. Hayashi, Alden, «When to Trust Your Gut», *Harvard Business Review* (febrero de 2001), p. 9.

18. Ibíd., p. 7.

19. Ibíd.

20. Christensen, Clayton M., *The Innovator's Dilemma: When New Technologies Cause Great Firms to Fail*, Boston, Harvard Business School Press, 1997. [Hay trad. cast.: *El dilema de los innovadores. Cuando las nuevas tecnologías pueden hacer fracasar a las grandes empresas*, Buenos Aires, Granica, 2022].

21. Crovitz, Gordon L., «Who Really Invented the Internet?», *The Wall Street Journal* (22 de julio de 2012), <http://online.wsj.com/articles/SB100008723963904444643045775390630008406518>.

22. Lazar, Sara W., *et al.*, «Meditation Experience Is Associated with Increased Cortical Thickness», *Neuroreport*, 16, n.º 17 (28 de noviembre de 2005), pp. 1893-1897.

23. Stashower, Daniel, *The Boy Genius and the Mogul: The Untold Story of Television*, Nueva York, Broadway Books, 2002, p. 23.

24. Lehrer, *How We Decide*, p. 118.

25. Lehrer, Jonah, «The Eureka Hunt», *New Yorker* (28 de junio de 2008), p. 43.

26. Norwegian University of Science and Technology (NTNU), «Brain Waves and Meditation», *ScienceDaily* (31 de marzo de 2010), <http://www.sciencedaily.com/releases/2010/03/100319210631.htm> (visitada el 1 de enero de 2014).

27. Jung-Beeman, Mark, et al., «Neural Activity When People Solve Verbal Problems with Insight», *PLOS Biology*, 2, n.º 4 (13 de abril de 2004), e97, doi: 10.1371/journal.pbio.0020097.

28. Ibíd.

29. Lehrer, «Eureka Hunt», p. 43.

30. Bower, Bruce, «Road to Eureka», *Science News*, 173 (22 de marzo de 2008), p. 184.

31. Lehrer, «Eureka Hunt», p. 44.

32. Ibíd., p. 45.

33. Winkielman, Piotr y Jonathan W. Schooler., «Unconscious, Conscious, and Metaconscious in Social Cognition», cap. 3, en Fritz

Strack y Jens Förster (eds.), *Social Cognition: The Basis of Human Interaction*, Nueva York, Psychology Press, 2009, p. 62.

34. Andreasen, Nancy C., «A Journey into Chaos: Creativity and the Unconscious», *Mens Sana Monographs*, 9, n.º 1 (enero-diciembre de 2011), pp. 42-53, doi: 10.4103/0973-1229.77424.

35. Klein, Gary A., *Sources of Power: How People Make Decisions*, Cambridge, MA, MIT Press, 1999, p. 32.

36. Ibíd.

37. Ibíd.

CAPÍTULO 6

1. Hirstein, William y V. S. Ramachandran, «Capgras Syndrome: A Novel Probe for Understanding the Neural Representation of the Identity and Familiarity of Persons», *Proceedings of the Royal Society B: Biological Sciences*, 264, n.º 1380 (22 de marzo de 1997), pp. 437-444.

2. «Secrets of the Mind», NOVA, PBS.org. Public Broadcasting System (23 de octubre de 2001). Transcripción en la página web.

3. Hirstein and Ramachandran, «Capgras Syndrome».

4. Barry, Dave, «Navigating London's Street Witness Protection Program», *McClatchyDC* (25 de julio de 2012), <http://www.mcclatchydc.com/2012/07/25/157647/dave-barry-navigating-londons.html>.

5. Maguire, Eleanor A., Katherine Woollett y Hugo J. Spiers, «London Taxi Drivers and Bus Drivers: A Structural MRI and Neuropsychological Analysis», *Hippocampus*, 16, n.º 12 (2006), pp. 1091-1101.

6. Universidad de Oxford, «Juggling Enhances Connections in the Brain», *ScienceDaily* (17 de octubre de 2009), <http://www.sciencedaily.com/releases/2009/10/091016114055.htm> (visitada el 14 de septiembre de 2013).

7. Hamzelou, Jessica, «Learning to Juggle Grows Brain Networks for Good», *New Scientist* (11 de octubre de 2009).

8. Universidad de Oxford, «Juggling Enhances Connections».

9. Hamzelou, «Learning to Juggle».

10. Doidge, *Brain That Changes Itself*, cap. 3.

11. Ibíd., cap. 8.

12. Carr, Shallows, p. 33.

13. Doidge, *Brain That Changes Itself*.

14. Ibíd.

15. Lehrer, *How We Decide*, p. 50.

16. Doidge, *Brain That Changes Itself*, cap. 3.

17. Hendel-Giller, Ronni *et al.*, «The Neuroscience of Learning: A New Paradigm for Corporate Education», Maritz Institute (mayo de 2010), <http://www.maritz.com/~/media/Files/MaritzDotCom/White%20Papers/Institute/Neuroscience-of-Learning.pdf> (visitada el 23 de mayo de 2014).

18. Doidge, *Brain That Changes Itself*, cap. 3.

19. Ibíd.

20. Ibíd.

21. Ibíd.

22. Ibíd., cap. 4.

23. Ibíd.

24. Freeman, Walter J., *How Brains Make Up Their Minds*, Nueva York, Columbia University Press, 2001.

25. Doidge, *Brain That Changes Itself*, cap. 3.

26. Carr, *Shallows*, p. 29.

27. Ibíd.

28. Hofer, Sonja B. y Tobias Bonhoeffer, «Dendritic Spines: The Stuff That Memories Are Made Of?», *Current Biology*, 20, n.º 4 (23 de febrero de 2010), R157-159.

29. Medina, John, *Brain Rules: 12 Principles for Surviving and Thriving at Work, Home, and School*, Seattle, Pear Press, 2008, p. 116. [Hay trad. cast.: *Tu cerebro manda. 12 principios para sobrevivir y prosperar en el trabajo, el hogar y la escuela*, México, Booket, 2020].

30. Coyle, Daniel, «Growing a Talent Hotbed: Dan Coyle at TEDx Sitka» (archivo de vídeo), <http://www.youtube.com/watch?v=Aq0pHpNy6bs> (visitada el 18 de agosto de 2012).

31. Ibíd.

32. Maurer, *One Small Step*, cap. 1.

33. Medina, *Brain Rules*, p. 111, con considerables extrapolaciones.

34. Wilhelm, I. *et al.*, «Sleep Selectively Enhances Memory Expected to Be of Future Relevance», *Journal of Neuroscience*, 31, n.º 5 (2 de febrero de 2011), p. 1563.

35. Ariely, Dan, *The Upside of Irrationality*, Nueva York, Harper, 2010, p. 121.

36. Beilock, *Choke*, p. 18.

37. Hills, Jan, «How to Use Storytelling to Influence People», *HRZone* (2 de agosto de 2013), <http://www.hrzone.com/feature/ld/how-use-storytelling-influence-people/140417>.

38. Hsu, Jeremy, «The Secrets of Storytelling: Why We Love a Good Yarn», *Scientific American Mind* (1 de agosto de 2008), <http://www.scientificamerican.com/article/the-secrets-of-storytelling/>.

39. Ibíd.

40. Hills, «How to Use Storytelling».

41. Stephens, Greg J., Lauren J. Silbert y Uri Hasson, «Speaker–Listener Neural Coupling Underlies Successful Communication», *PNAS*, 107, n.º 32 (10 de agosto de 2010), p. 14428.

42. Hsu, «Secrets of Storytelling».

43. Ibíd.

TERCERA PARTE
CONSTRUIR UN EQUIPO DE ENSUEÑO

CAPÍTULO 7: APROVECHA LA DIVERSIDAD

1. Carroll, Robert Todd, «Forer Effect», *The Skeptics Dictionary*, <http://www.skepdic.com/forer.html>.

2. Ibíd.

3. Thomas, Ben, «Are the Brains of Introverts and Extroverts Actually Different?», *Discover* (27 de agosto de 2013), <http://blogs.

discovermagazine.com/crux/2013/08/27/are-the-brains-of-intro-verts-and-extroverts-actually-different/>.

4. Ibíd.

5. Ibíd.

6. Cain, Susan, «The Power of Introverts», *The Huffington Post* (18 de abril de 2012), <http://www.huffingtonpost.com/susan-cain/introverts-_b_1432650.html>.

7. «Estimated Frequencies of the Types in the United States Po-pulation», *Center for Applications of Psychological Type*, <http://www.capt.org/mbti-assessment/estimated-frequencies.htm>.

8. Fisher, Helen E., *Why Him? Why Her?*, Nueva York, Henry Holt, 2009, pp. 7-8.

9. Fisher, Helen, «What's Your Love Type?», CNN.com (16 de noviembre de 2007), <http://edition.cnn.com/2007/LIVING/personal/11/12/o.love.types/>.

10. Ibíd.

11. Ibíd.

12. Fisher, *Why Him? Why Her?*, p. 71.

13. Fisher, «What's Your Love Type?».

14. Ibíd.

15. Fisher, *Why Him? Why Her?*, p. 113.

16. Fisher, «What's Your Love Type?».

17. Fisher, *Why Him? Why Her?*, p. 8.

18. Ibíd., p. 121.

19. Fisher, «What's Your Love Type?».

20. Fisher, Helen, «Why the Clintons Are Married», *Big Think* (12 de febrero de 2010), <http://bigthink.com/videos/why-the-clin-tons-are-married>.

21. Fisher, «What's Your Love Type?».

22. Malloy, Michelle, «Managerial Courage: Actively Managing Conflict», *Center for Creative Leadership* [PowerPoint presenta-tion] (2011), <http://www.ccl.org/leadership/pdf/community/Ma-nagerialPresentation.pdf>.

23. Wilde, Douglass J., *Teamology: The Construction and Orga-nization of Effective Teams*, Londres, Springer, 2010.

24. Fisher, *Why Him? Why Her?*, p. 72.

25. Ibíd., p. 91.

26. Ibíd., p. 118.

27. Ibíd., p. 105.

28. Ibíd., p. 121.

29. Ibíd., p. 89.

30. Ibíd., p. 72.

31. Ibíd., p. 52.

32. Ibíd., p. 53.

33. Ibíd., p. 56.

34. Mueller-Hanson, Rose A., y Elaine D. Pulakos, «Putting the 'Performance' Back in Performance Management», *Society for Human Resource Management and Society for Industrial and Organizational Psychology, SHRM-SIOP Science of HR White Paper Series* (2015).

35. McGregor, Jena, «Study Finds That Basically Every Single Person Hates Performance Reviews», *The Washington Post* (27 de enero de 2014), <https://www.washingtonpost.com/news/on-leadership/wp/2014/01/27/study-finds-that-basically-every-single-person-hates-performance-reviews/>.

36. Fox, Cynthia, «Brain Region for Musical Talent Found, Says New Study», *Bioscience Technology* (1 de septiembre de 2015), <http://www.biosciencetechnology.com/articles/2015/09/brain-region-musical-talent-found-says-new-study>.

Capítulo 8: Cultiva la confianza

1. Blakeslee, Sandra, «Cells That Read Minds», *The New York Times* (10 de enero de 2006), <http://www.nytimes.com/2006/01/10/science/10mirr.html>.

2. Rock, *Your Brain at Work*, pp. 195-197.

3. Ibíd.

4. Lieberman, M. D., *Social: Why Our Brains Are Wired to Connect*, Nueva York, Crown, 2013, cap. 11.

5. Gilbert, Daniel, *Stumbling on Happiness*, Nueva York, Vin-

tage, 2006, p. 5. [Hay trad. cast.: *Tropezar con la felicidad*, Barcelona, Destino, 2006].

6. Lieberman, *Social*, cap. 3.

7. Ibíd.

8. Eisenberger, Naomi I., Matthew D. Lieberman y Kipling D. Williams, «Does Rejection Hurt? An fMRI Study of Social Exclusion», *Science*, 302, n.º 5643 (10 de octubre de 2003), pp. 290-292.

9. Ibíd.

10. Lieberman, *Social*, cap. 4.

11. Ibíd.

12. Ibíd., cap. 11.

13. Zak, Paul J., «The Neurobiology of Trust», *Scientific American* (junio de 2008), p. 91.

CAPÍTULO 9: CREA EL EQUIPO DEL FUTURO

1. King's College London. «Why Is Educational Achievement Heritable?», *ScienceDaily* (6 de octubre de 2014), <www.sciencedaily.com/releases/2014/10/141006152151.htm>.

2. NIH/National Institute on Alcohol Abuse and Alcoholism, «Genetic Factor in Stress Response Variability Discovered», *ScienceDaily* (5 de abril de 2008), <www.sciencedaily.com/releases/2008/04/080402131150.htm>.

3. Lusher, Chandler y Ball, «Dopamine D4 Receptor Gene (DRD4)».

4. Rosen, Julia, «About Half of Kids' Learning Ability Is in Their DNA, Study Says», *Los Angeles Times* (11 de julio de 2014), <http://www.latimes.com/science/sciencenow/la-sci-sn-math-reading-genes-20140711-story>.

5. Macnamara, Brooke N., David Z. Hambrick y Frederick L. Oswald, «Deliberate Practice and Performance in Music, Games, Sports, Education, and Professions: A Meta-Analysis», *Psychological Science Online* (1 de julio de 2014).

6. Ibíd.

7. Clifton, Donald O., y James K. Harter, «Investing in Strengths», en K. S. Cameron, J. E. Dutton y R. E. Quinn (eds.), *Positive Organizational Scholarship: Foundations of a New Discipline*, San Francisco, Berrett-Koehler, pp. 111-121.

8. Aktipis, C. Athena, y Robert O. Kurzban, «Is Homo Economicus Extinct? Vernon Smith, Daniel Kahneman and the Evolutionary Perspective», *Advances in Austrian Economics*, 7 (2004), pp. 135-153.

9. Ibíd.

10. Ibíd.

11. Ibíd.

12. Schnabel, Jim, «Scientists Measure 'Unexpected Reward' Response in Humans», *Dana Foundation* (4 de junio de 2009), <http://www.dana.org/News/Details.aspx?id=42964>.

13. Kamenica, Emir, «Behavioral Economics and Psychology of Incentives», *Annual Review of Economics*, 4 (julio de 2012), pp. 427-452.

14. Van Boven, Leaf, y Thomas Gilovich, «To Do or to Have? That Is the Question», *Journal of Personality and Social Psychology*, 85, n.º 6 (2003), pp. 1193-1202.

15. Shermer, Michael, «It Doesn't Add Up: When It Comes to Money, People Are Irrational. Evolution Accounts for a Lot of It», *Los Angeles Times* (13 de enero de 2008), <http://articles.latimes.com/2008/jan/13/opinion/op-schermer13>.

16. Russell, Bill, y Taylor Branch, *Second Wind: The Memoirs of an Opinionated Man*, Nueva York, Ballantine, 1979, p. 177.

17. Ibíd.

18. Ibíd.

19. Ibíd.

20. Walker, Jeffrey, «Collective Flow State: From the Who to Your Team», *The Huffington Post* (4 de febrero de 2013), <http://www.huffingtonpost.com/jeffrey-walker/collective-flow-state-fro_b_2614505.html>.

21. Csikszentmihalyi, Mihaly, y Judith LeFevre, «Optimal Experience in Work and Leisure», *Journal of Personality and Social Psychology*, 56, n.º 5 (mayo de 1989), pp. 815-822.

22. Csikszentmihalyi, Mihaly, *Flow: The Psychology of Optimal Experience*, Nueva York, Harper Perennial Modern Classics, 2008, p. 65. [Hay trad. cast.: *Fluir*, Barcelona, Kairós, 1997].

23. Walker, Charles J., «Experiencing Flow: Is Doing It Together Better Than Doing It Alone?», *Journal of Positive Psychology*, 5, n.º 1 (2010), pp. 3-11, <http://www.tandfonline.com/doi/abs/10.1080/17439760903271116?journalCode=rpos20#preview>.

24. Sawyer, Keith, *Group Genius: The Creative Power of Collaboration*, Nueva York, Basic Books, 2007, pp. 43-56.

25. Ibíd., pp. 47-48.

26. Ibíd., p. 46.

27. Fey, Tina, *Bossypants*, Nueva York, Little, Brown and Co., 2011, p. 84.

28. Sawyer, *Group Genius*, pp. 49-50.

29. Kerr, Michael, «Business, Teamwork and Creativity Advice from Keith Richards?», *Humor at Work* (23 de agosto de 2012), <http://www.mikekerr.com/humour-at-work-blog/teamwork-business-and-creativity-advice-from-keith-richards/>.

30. Lehrer, Jonah, «Groupthink: The Brainstorming Myth», *New Yorker* (30 de enero de 2012), pp. 22-27.

31. Ibíd.

32. Rosen, Rebecca J., «The Q Score: How Y Combinator's Startups Are Like Broadway Musicals», *Atlantic.com* (marzo de 2012), <http://www.theatlantic.com/technology/archive/2012/03/the-q-score-how-y-combinators-startups-are-like-broadway-musicals/254531/>.

33. Burkus, David, «Why the Best Teams Might Be Temporary», *Harvard Business Review* (17 de septiembre de 2013), <https://hbr.org/2013/09/why-the-best-teams-might-be-temporary/>.

34. Boyd, Stowe, «What Makes the Most Creative Teams?», *Nexalogy Environics* (17 de febrero de 2012), <http://nexalogy.com/uncategorized/what-makes-the-most-creative-teams/>.

35. Wenner, Jann S., «The Rolling Stone Interview: Jagger Remembers», *Rolling Stone* (14 de diciembre de 1995), <http://www.jannswenner.com/archives/jagger_remembers.aspx>.

36. Sawyer, *Group Genius*, p. 50.

37. Ibíd., p. 53.

38. Petriglieri, Gianpiero, «Why Work Is Lonely», *Harvard Business Review* (5 de marzo de 2014), <https://hbr.org/2014/03/why-work-is-lonely/>.

39. Ibíd.

40. Ibíd.

41. Ibíd.

42. Sawyer, *Group Genius*, p. 49.

43. Ibíd.

44. Villarica, Hans, «To Keep Willpower from Flagging, Remember the F-Word: 'Fun'», *Time* (21 de octubre de 2010), <http://healthland.time.com/2010/10/21/to-keep-willpower-from-flagging-remember-the-f-word-fun/>.

45. Sawyer, *Group Genius*, p. 49.

46. Ibíd., p. 55.

47. Ibíd.

48. Ibíd.

AGRADECIMIENTOS

Pocos libros se escriben en aislamiento. Al igual que los mejores proyectos, *El cerebro del líder* es el producto de un «equipo de ensueño» de expertos, asesores e inspiraciones.

Gracias a nuestro agente, Jeffrey Herman, quien reconoció el potencial del libro y utilizó su considerable experiencia para encontrarnos rápidamente un editor del cual pudiéramos sentirnos orgullosos. Gracias también al equipo de TarcherPerigee, en especial a nuestra editora, Marian Lizzi, quien tomó un buen libro y lo hizo mucho mejor, y a Brianna Yamashita, quien ha gestionado el marketing de manera eficaz y entusiasta.

La génesis de esta obra surgió de una presentación a ejecutivos del thyssenkrupp. Estamos en deuda con la doctora Janin Schwartau y el doctor Detlef Hunsdiek en thyssenkrupp por tener la visión de apoyar lo que en aquel momento era una idea relativamente extraña y nueva: aplicar los conocimientos de la neurociencia a la formación en liderazgo. Gracias por creer en nosotros. ¡Todo empezó con vosotros!

Gracias también a los participantes en aquel programa original: la doctora Kerstin Böcker, el doctor Jörg Breker, Martin Hurter, Ursula Kiel-Dixon, el doctor Uwe Kinski, el doctor Klaus Müller, Frank Rink y la doctora Ulrike Weber. Sin duda, aquella fue una experiencia que cambió nuestras vidas, y sabemos por sus comentarios y entusiasmo que también cambió la de muchos de vosotros.

Además de ser coautores, ambos formamos parte de un equipo mucho más grande, el Munich Leadership Group (MLG). Hans quiere dar un agradecimiento especial al doctor Paul Schuermann, quien cofundó MLG con él en 2008. Su consejo y apoyo en todas las etapas del libro fueron increíbles; es un verdadero amigo, un gran socio comercial y un modelo a seguir. Agradecimientos adicionales a los expertos de MLG, Martin Spuetz, cuyo cúmulo de talentos y hambre insaciable de aprendizaje han servido de base para un trabajo asombroso; Michael Knieling, por demostrar una paciencia extraordinaria, resistencia y apoyo leal, especialmente cuando las cosas se ponen difíciles y el tiempo apremia; y al profesor John Barr, cuya sabiduría y conocimiento en liderazgo nos han dado innumerables beneficios durante muchos años. También nos gustaría dar un agradecimiento especial a Stephanie Jagdhuber y Anja Wiendl, quienes han trabajado incansablemente para mantener todo en sincronía y según los plazos en todas las etapas de la creación de este libro.

A todos nuestros colegas de MLG en Estados Unidos, en Europa y en Asia Pacífico, que contribuyeron con tantos ejemplos de la aplicación práctica de los conocimientos neurocientíficos en este libro y que trabajan arduamente todos los días para hacer del mundo empresarial un lugar lleno de respeto, colaboración inspiradora, innovación creativa y rendimiento apasionado. Siempre es un placer y un privilegio trabajar con vosotros: Margarita Aguilar, Simone Albrecht, Ulrich Albrecht-Früh, Monica Ambrosini, Deanna Banks, Matt Beadle, Martina Bohnenstiel, Klaus Dürrbeck, Roland Fichtel, Thomas Ganslmayr, Paige K. Graham, Mark Guo, Jürgen Hessenauer, Gabor Holch, David Hyatt, Glyn Jones, Kate Klawitter, Serdar Lale, Jane Millar, Vivianne Näslund, Susanne Rentel, Natalie Rosengart, Margaret A. Sanchez, Georg Schuster, Laura Schwan, Heather L. Todd, Eric Vanetti, Christine Xue, Biran Yılancıoğlu y Stephen Yong.

Una cosa que distingue *El cerebro del líder* de los libros tradicionales de liderazgo es que se basa en investigaciones neurocientíficas válidas. Aunque ambos tenemos experiencia en psicología y neuropsicología, a menudo recurrimos al conocimiento de expertos para reforzar nuestro argumento. En ese sentido, estamos en deuda con la doctora Helen Fisher de la Universidad de Rutgers, cuya investigación pionera proporcionó la inspiración para el capítulo 7 y quien amablemente lo revisó y nos brindó una orientación muy útil. Asimismo, el doctor Jonathan Schooler, profesor de ciencias psicológicas y cerebrales en la Universidad de California, Santa Bárbara, nos proporcionó profundos conocimientos científicos e inspiración durante nuestras numerosas reuniones con él.

Por supuesto, *El cerebro del líder* no trata solo sobre la ciencia del cerebro. También es un libro de empresa, y nos encantó recibir apoyo y consejos de algunos líderes verdaderamente visionarios. Liam Condon, miembro del consejo de Bayer AG, se ha dedicado a hacer del mundo empresarial un lugar mejor. No sorprende que Uli Heitzlhofer, director del programa global de desarrollo personal en Google, sea un aprendiz extremadamente rápido, siempre listo para compartir (¡y cuestionar!) algunos conocimientos únicos y emocionantes. Peter Gerber, CEO de Lufthansa Cargo AG, utilizó su impresionante conocimiento general y su exhaustiva experiencia práctica para transmitirnos valiosos comentarios sobre un borrador del libro. Julie Teigland, socia gerente de EY, es una valiosa defensora del liderazgo basado en la neurociencia y ha sido tenaz en su búsqueda del objetivo de EY de crear un mundo laboral mejor. Alexander Wilke, director de comunicaciones en thyssenkrupp, tiene una pasión por la novedad y un insaciable sentido de la curiosidad que ha supuesto un maravilloso ejemplo.

También estamos en deuda con numerosos innovadores del ámbito académico, cuyo trabajo paciente y persistente en laboratorios y aulas ha tenido un emocionante efecto dominó, generando ondas que han cambiado el rumbo del mundo empresarial. Entre ellos, destaca Ken Singer, director del Sutardja Center for Entrepreneurship and Technology en la Universidad de California, Berkeley. Ken es un verdadero fenómeno, no solo por su insaciable curiosidad y sus teorías y prácticas innovadoras, sino también por su manera única de traducir todo esto en impresionantes conocimientos para empresas emergentes. El colega de Ken en Berkeley, el profesor

Henry Chesbrough, ha enfatizado durante mucho tiempo la innovación como uno de los temas más relevantes en el liderazgo y nos ayudó con entusiasmo a añadir la neurociencia a esa ecuación de liderazgo. Dan Ariely, de la Universidad de Duke, autor y autoridad en economía conductual, fue importante tanto como fuente de fascinantes investigaciones como guía para navegar por el a veces confuso mundo editorial.

Ambos podemos señalar con gran respeto y gratitud a un mentor cuyos inspiradores ejemplos y apoyo impagable alteraron fundamentalmente la trayectoria de nuestras vidas y carreras. Hans quiere dar un reconocimiento especial al fallecido Lutz von Rosenstiel, de la Universidad Ludwig Maximilian de Múnich, cuyo incomparable entendimiento de la psicología tanto en teoría como en práctica lo convirtió en un modelo a seguir por su pasión por la vida social en las organizaciones. Friederike está agradecida al doctor Wolf Singer, director emérito del Instituto Max Planck de Investigación del Cerebro, por compartir su considerable sabiduría y conocimiento, por brindarle muchas oportunidades en el campo de la neurociencia y, en última instancia, por su apoyo en la creación de esta obra.

Cada contribución a la escritura de *El cerebro del líder*, sin importar cuán grande o pequeña sea, ha desempeñado un papel vital en la composición del libro que tienes en las manos. Dicho esto, hay un puñado de personas que merecen un agradecimiento especial: Matthias Hohensee, jefe en Silicon Valley y columnista de la revista semanal de negocios alemana *Wirtschaftswoche*, es un notable identificador de tendencias que reconoció desde el principio el tremendo potencial de aplicar la neurociencia al liderazgo. Dirk Kanngiesser, extraordinario nódulo de redes en Silicon Valley, hizo un trabajo increíble al ponernos en contacto con tantas personas inspiradoras del mundo de los negocios y la academia. El profesor Dietmar Harhoff, director del Instituto Max Planck de Innovación y Competencia, y una de las personas más inteligentes del mundo, nos hizo comentarios y consejos invaluables. Jeremy Clark, director de Servicios de Innovación en el Centro de Investigación de Palo Alto (PARC), siempre parecía tener un pensamiento creativo esclarecedor, precisamente cuando más se necesitaba. Navi Radjou, autor de *Jugaad Innovation*, y un hombre que claramente practica lo que predica, nos inspiraba en todo momento a pensar aún más rápido, y más ágil y directamente. Angela Adams, de la Saïd Business School en la Universidad de Oxford, compartió su sabiduría y experiencia editorial, en especial durante el proceso de finalización del manuscrito y para encontrar un agente y un editor para este libro. Laurence Williams, también de la Saïd Business School, es un verdadero colega y talentoso formador, que nos acompañó en nuestro viaje. Andy Goldstein, director ejecutivo del Centro de Emprendimiento en LMU, y director ejecutivo de Deloitte Digital, nos permitió aprovechar su asombrosa red personal, lo que nos permitió conectar con muchísimas personas interesantes. Koen Gonnissen, exentrenador del equipo de la Copa Davis de Bélgica, sabe mejor que nadie cómo aplicar las reglas del éxito de los deportes al mundo empresarial. Tuvimos el placer de trabajar codo a codo con Koen en muchos programas de liderazgo ejecutivo, así como el honor de compartir el escenario con Marko Koers, Steffi Thomas y otros inspiradores héroes olímpicos. Finalmente, esta lista no estaría completa sin mencionar a Viktoria Kraemmer, Andrew Wright, Peter Haugaard, Sebastian Kolberg, Lou Dobrev, Horst-Uwe Groh, Christoph Göbel, Wolfgang Zellerhoff, Marcus Krug, Arnie Wilson, Jutta Juliane Meier, Klaus Poggemann, Eric Strutz, Gwendolyn Owens y Torsten Blaschke. ¡Gracias a todos!

En cuanto al proceso real y, en ocasiones, arduo de escribir, reescribir y editar *El cerebro del líder*, Ross J. Q. Owens fue importantísimo. Rápidamente pareció comprender lo que queríamos decir y, a menudo, lo mejoró, asegurándose de que el libro no solo fuera científicamente válido, sino que también estuviera lleno de consejos prácticos y una generosa dosis de humor. Estamos en deuda con él.

Asimismo, Friederike está agradecida a Hans, quien tuvo la idea de este libro y quien ha compartido su conocimiento de muchos años en el desarrollo de liderazgo. Gracias por hacerme reír siempre cuando trabajamos juntos. Es imposible aburrirse cuando estás cerca.

Y Hans está agradecido a Friederike: siempre es un placer trabajar contigo. ¡Escribir el libro juntos fue una pasada! Eres la combinación perfecta de experta en neurociencia, pensadora estimulante y, sobre todo, colega divertida.

De parte de Friederike: Me gustaría agradecer a Anna de la Roux, Elin Gustavsson, Sandra Harbert, Madelene Hjelm y Baerbel Wayand su amistad. Además, estoy profundamente agradecida a mis padres, la doctora Marianne von Siegfried y el doctor Bernhard Wiedemann, así como a mis hermanos, la doctora Juliane Ebert y Konrad Wiedemann, por permitirme crecer en un ambiente lleno de amor y modelos inspiradores que me dieron la fuerza y el ánimo para seguir mis pasiones dondequiera que me llevaran. Pero, sobre todo, mi más profundo agradecimiento es para mi amado esposo, Jochen, no solo por todo tu amor y apoyo, sino también por recurrir a tu experiencia personal en liderazgo para hacer comentarios tan inteligentes sobre el manuscrito. Y finalmente, quiero agradecer a nuestros encantadores hijos, Benita, Wolf y Heinrich, que brindan una fuente inagotable de felicidad. Significan el mundo para mí.

De parte de Hans: Mi amor a mi esposa, Heinke, y mi más profundo agradecimiento no solo por compartir tu vida conmigo y por hacer la mía tan maravillosa, sino también por tu paciencia al leer y discutir todos esos detalles del libro. Tus conocimientos en arte contemporáneo fueron una sorprendente fuente de inspiración. Gracias también a nuestros maravillosos hijos, Oskar, Anton y Tom, que representan una nueva generación que, con suerte, encontrará maneras inteligentes de hacer de este mundo un lugar mejor.